SUZANNE WARD

Révélations

Pour une ère nouvelle

Traduit de l'américain par Jean Hudon

Titre original anglais
Revelations for a New Era

Matthew Books
P.O. Box 1043
Camas, Washington 98607
www.matthewbooks.com
suzy@matthewbooks.com

1209, av. Bernard O., bureau 110, Outremont, Qc
Canada H2V 1V7
Tél. : 514-276-2949, Fax. : 514-276-4121
Courrier électronique : info@ariane.qc.ca
www.ariane.qc.ca

Traduction : Jean Hudon
Révision linguistique : Monique Riendeau, Michelle Bachand
Mise en page : Carl Lemyre
Graphisme : Carl Lemyre

Première impression : août 2008
ISBN : 978-2-89626-050-8

Dépôt légal : 3e trimestre 2008
Bibliothèque nationale du Québec
Bibliothèque nationale du Canada
Bibliothèque nationale de Paris

Diffusion
Canada : ADA Diffusion – (450) 929-0296
www.ada-inc.com
France, Belgique : D.G. Diffusion – 05.61.000.999
www.dgdiffusion.com
Suisse : Transat – 23.42.77.40

Gouvernement du Québec — Programme de crédit d'impôt
pour l'édition de livres — Gestion SODEC

Imprimé au Canada

Table des matières

Quatrième partie – La Création

Cinquième partie – Visions de la Terre et d'autres mondes

Sixième partie – La fraternité universelle

Septième partie – Le Décret du Créateur

Huitième partie – Les controverses

Neuvième partie

Avant-propos

C'est au début de 1994 que s'amorça la rédaction de *Révélations pour une ère nouvelle*, lorsqu'un lien télépathique fut établi pour la première fois avec mon fils, Matthieu. Cet événement se produisit presque quatorze ans après sa mort, survenue le 17 avril 1980, à l'âge de 17 ans.

Toutefois, dans le contexte du continuum spatiotemporel universel, la genèse de ce livre est littéralement intemporelle. Elle fut arrangée avant la naissance de Matthieu, avant la mienne et celle de son père, avant la naissance de nos parents et de leurs propres parents, *ad infinitum*. Ainsi que Matthieu me l'a expliqué, nos esprits n'ont pas la capacité de comprendre ce qui se passe en dehors de notre structure temporelle linéaire formée d'un passé, d'un présent et d'un avenir, et même d'un point de vue universel, l'imbrication de toutes ces âmes et de leurs relations simultanées n'est pas une mince affaire. Néanmoins, toutes les influences génétiques et environnementales de notre lignage remontant jusqu'à l'antiquité étaient nécessaires pour que Matthieu et moi puissions devenir exactement qui il nous fallait être à ce point-ci du périple de nos âmes, soit des collaborateurs dans une entreprise inusitée entre le Ciel et la Terre.

Bien évidemment, je ne savais rien de tout cela lorsque Matthieu et moi avons établi pour la première fois une communion télépathique. Nos séances quotidiennes étaient pour moi une source de joie et d'émerveillement alors que je notais à l'ordinateur les étonnantes informations que je recevais de lui et des autres êtres avec lesquels il m'a mise en contact.

Toutefois, ainsi que je l'ai appris, il y avait un objectif beaucoup plus important derrière tout cela : des livres !

Lorsque je consentis finalement à entreprendre l'énorme tâche consistant à préparer le premier manuscrit – après avoir appris de Matthieu qu'il s'agissait là de la mission principale de ma vie et de la *sienne* –, j'avais jusque-là tapé à l'ordinateur plus de 1 500 pages de transmissions télépathiques, et l'information continuait à affluer. Malgré mon expérience en rédaction, cela représentait une tâche monumentale. J'avais l'habitude de supprimer les longueurs et les redondances de textes d'auteurs, et généralement de polir leurs écrits tout en préservant l'intégrité du message et la personnalité du « messager ». Matthieu m'assura que ma profession n'était pas l'effet du hasard, mais que c'était une clause de notre contrat de vie, et naturellement, il s'attendait à bénéficier de la même assistance, tout comme les autres êtres de qui j'allais recevoir de longues transmissions.

Comme j'avais travaillé jusqu'alors avec des écrivains vivant sur la Terre, et non avec des sources célestes, je me sentais intimidée par la distance me séparant de ces auteurs invisibles. Mais une fois attelée à la tâche, j'éprouvai le net sentiment d'être divinement guidée, ainsi que Matthieu me l'avait promis, tant dans le choix du matériel que dans sa mise au point, et c'est avec une facilité grandissante que j'assemblai tout le matériel reçu pour en faire un livre. Conformément au mandat que Dieu lui a confié, le Conseil du Nirvana (l'instance décisionnelle du royaume que nous appelons le Ciel) a invité des représentants d'autres civilisations à transmettre des messages aux habitants de la Terre. Tous leurs exposés avaient le même thème : *Nous sommes venus dans un esprit d'amour et d'amitié afin de vous éclairer, de vous conseiller et de vous aider, ainsi que votre planète*. Je n'osais pas interviewer ces vastes entités dont la puissance dépassait mon entendement, mais j'avais tout de même parfois des questions à leur poser, et celles-ci aboutirent à la révélation de stupéfiantes informations. Comme je ne pouvais éliminer mes interventions, ce qui aurait rompu l'enchaînement logique des messages, leurs transmissions, qui étaient censées être des présentations formelles, finirent souvent par prendre la forme de conversations.

Pour ceux qui ne sont pas familiers avec la télépathie, je me dois d'en mentionner ici certaines facettes. Bien que les résidents du Nirvana et les membres d'autres civilisations représentées dans ce livre soient capables de parler de façon audible, la télépathie est leur mode de communication habituel, et les communications extraterrestres avec la Terre se déroulent toujours par voie télépathique. Non seulement les autres civilisations étudient-elles les langues de la Terre, mais elles peuvent aussi comprendre clairement les langues parlées partout dans l'univers grâce à un processus de traduction universelle qui interprète les impressions mentales, un peu à la manière de nos systèmes informatiques interactifs.

Bien que les êtres d'autres mondes communiquant avec nous n'envahissent jamais l'intimité de nos pensées et de nos sentiments, ils en deviennent pleinement conscients par l'intermédiaire de la connexion énergétique spontanée que nous établissons par nos pensées et nos sentiments à leur égard. C'est ce qui explique pourquoi Matthieu et mes autres interlocuteurs célestes peuvent répondre aux questions se formant dans mon esprit et commenter mes réactions à ce qu'ils me disent. Et j'entends – *littéralement* – des voix s'exprimant sur un ton normal de conversation, chacune avec sa sonorité et ses inflexions propres, tout comme lorsque nous échangeons avec d'autres personnes.

Vous vous demanderez peut-être pourquoi Matthieu me parle parfois avec familiarité et, à d'autres moments, de manière assez officielle, souvent dans le cours de la même conversation. La différence est due à la nature même de l'âme. Matthieu est une partie indépendante et souveraine d'une âme-entité plus vaste qu'il appelle son « âme cumulative ». Il parle de sa vie, alors qu'il était mon fils, comme d'un « personnage », qui est l'un des aspects de son âme-entité plus vaste, laquelle comporte de nombreux personnages, et chacun d'eux a une pleine connaissance du vécu de tous les autres. Alors que Matthieu et toutes les autres âmes parvenues à son stade d'évolution ont accès au savoir composite de leurs âmes cumulatives respectives, telle une pratique bibliothèque de référence, nous n'avons aucunement conscience de ces aspects de notre âme. (Les rapports que nous entretenons avec nos personnages sont expliqués au début du chapitre sur l'âme, en troisième partie.)

Matthieu adapte ses propos à la nature de mes sentiments et de mes intérêts. Lorsque ceux-ci sont d'ordre personnel, son personnage est dominant parce que mes vibrations énergétiques évoquent cet aspect, et il s'exprime alors naturellement sur le ton d'une conversation entre une mère et son fils. Si mon intérêt revient sur un plan plus théorique qu'émotionnel, son âme cumulative réagit automatiquement à cette différence dans mes vibrations, et il s'exprime alors comme un professeur donnant un cours magistral. En ce qui concerne les autres transmetteurs de messages, vous pourrez juger par vous-même de leurs attitudes et de leurs réactions respectives.

Comme résultat inévitable de l'agencement des parties et des chapitres que j'ai réalisé dans la séquence qui me paraissait la plus logique, certains aspects mentionnés brièvement dans le contexte d'un sujet principal ne sont abordés en détail que dans des chapitres ultérieurs. Une partie de l'information contenue dans ce livre, qui n'est pas présentée dans l'ordre où elle fut transmise, est tirée de séances s'étant déroulées entre les mois de mars et d'août 1994. Certains chapitres (des cinquième et huitième parties), qui m'avaient été transmis à divers moments entre 1995 et 2003, ont fait l'objet d'une mise à jour en 2008 afin d'inclure l'information la plus récente sur ces sujets. Par ailleurs, il est intéressant de noter que les données recueillies par des scientifiques et d'autres chercheurs depuis le 11 septembre 2001 démontrent la validité des informations reçues à cette époque et présentées dans la neuvième partie de ce livre.

Les lecteurs de la version française de ce deuxième tome bénéficieront des nombreuses améliorations apportées à la suite d'une révision en profondeur effectuée avec la collaboration de Matthieu et de plusieurs autres sources à l'origine du contenu dans ce livre. Ainsi, plusieurs éléments d'information jugés moins pertinents aujourd'hui ont été éliminés, alors que d'autres parties furent résumées pour ne conserver que l'essentiel.

Le premier tome, *Matthieu, raconte-moi ta vie au paradis*, comporte des explications détaillées sur de nombreux sujets à peine effleurés dans ce livre, mais qui sont néanmoins indispensables pour mieux comprendre le but de nos incarnations physiques et le genre d'existence que nous menons entre nos vies. Toutefois, il est impossible d'inclure toutes ces informations ici, car il y en aurait beaucoup trop ! Par conséquent, même si *Révélations pour une ère nouvelle* est conçu pour former un tout en soi et être parfaitement compréhensible, la lecture de *Matthieu, raconte-moi ta vie au paradis* sera très utile pour mieux vous éclairer.

Habituellement, Matthieu emploie la forme masculine pour désigner à la fois le masculin et le féminin. Ainsi qu'il m'a demandé de le préciser, *« veuillez accepter ceci tel que je l'ai voulu, uniquement pour alléger le texte, JAMAIS pour laisser supposer une quelconque priorité du masculin sur le féminin »*.

Finalement, une lecture préalable du lexique serait indiquée, puisque le sens de certains termes diffère de la définition habituelle que l'on en donne.

Première partie

Notre héritage cosmique

La hiérarchie du Créateur

Matthieu : Pour comprendre le but de nos vies, il faut d'abord comprendre la nature de notre relation avec le Créateur. On pourrait tout simplement la comparer à la relation entre un père et ses enfants, mais une formulation aussi simple ne reflète pas le fait que nos âmes trouvent leur origine au sein même du Créateur.

L'expression Créateur/Création est la désignation correcte de la Totalité. C'est également celle qui en décrit le mieux la nature fondamentale, puisqu'elle englobe à la fois l'ensemble de son essence et son action créatrice. Mais pour plus de simplicité, nous nous contentons habituellement de parler du Créateur.

Avant qu'Il ne se manifeste, rien d'autre n'existait que la puissance dormante du Créateur. Sa Première Expression survint lors de cet événement cosmique, que certains ont appelé le *Big Bang*, représentant la fragmentation originale de l'Amour, de la sagesse et de la puissance du Créateur en d'innombrables âmes-entités. Dans ce contexte, le terme « fragmentation » ne décrit pas une dissociation ni une rupture du Tout, mais plutôt un partage conférant aux éléments nés de la division les mêmes attributs que possède le Tout.

Même si cette analogie peut sembler irrévérencieuse, j'aimerais comparer la hiérarchie du Créateur à une tarte parce que c'est une représentation visuelle utile. La tarte tout entière symbolise l'âme du Créateur, la Totalité omnipotente du cosmos. L'esprit du Créateur réside au centre, siège de Son omniscience. En partant de ce point central, imaginez une série d'anneaux concentriques superposés sur l'ensemble de la tarte. Ces anneaux symbolisent les sphères de la hiérarchie, qui sont des divisions flexibles du Créateur.

La suite de cette analogie visuelle nécessite une perspective inhabituelle pour bien se représenter ce qui se passe. Imaginez cette tarte tranchée en d'innombrables pointes dont les parties les plus larges touchent l'esprit illimité du Créateur, et deviennent plus étroites à mesure qu'elles franchissent les anneaux successifs situés de plus en plus loin de ce point d'origine. Les pointes représentent les fragments du Créateur ayant été créés au fil des âges et formant autant d'entités douées d'une existence autonome. Chaque infime portion contient, toutes proportions gardées, exactement les mêmes ingrédients que l'ensemble de la tarte. Il en est de même pour la Création tout entière. *RIEN* n'est séparé du Créateur.

Lorsque l'âme du Créateur se subdivisa pour la première fois, chacun de Ses fragments à l'intérieur de cette première sphère possédait des pouvoirs identiques à ceux du Créateur. Ces fragments sont les anges occupant la position la plus élevée dans Sa hiérarchie. Aucune forme n'existe au sein de cette sphère, mais seulement la Lumière et la pureté parfaites. C'est là qu'est générée l'énergie christique, et où réside le pouvoir paternel que l'on appelle les archanges, comme l'archange Michaël.

Durant cette période de pure conscience, le Créateur conféra à tous les éléments angéliques de Son Être le plus précieux de tous les dons, soit le libre arbitre, avec son pouvoir inné de cocréation. Puis, dans Sa manifestation suivante, le Créateur et les archanges créèrent l'échelon suivant, soit celui des anges, qui ne sont pas aussi proches de l'esprit du Créateur que ne le sont les archanges, mais qui demeurent toujours de pures entités de Lumière sans forme ni substance.

Conjointement avec le Créateur, les êtres des royaumes angéliques créèrent la troisième sphère d'existence, soit des formes potentielles de vie qui, au terme d'une période de réflexion incommensurablement longue, eurent le choix de demeurer désincarnées ou de se manifester sous une forme quelconque. Ces formes potentielles de vie devinrent les corps célestes des univers et les dieux qui se dispersèrent plus tard pour régner sur ceux-ci. Un de ces dieux devint l'Être suprême de notre univers et créa, avec le Créateur, toute vie s'y trouvant. Comme notre Être suprême est appelé Dieu par certaines religions terrestres, et que c'est le nom que tu emploies quand tu penses à Lui, mère, c'est donc ainsi que je L'appellerai.

Pour vivre un éventail d'expériences toujours plus vaste, les tout premiers êtres issus de Dieu, appelés âmes souches, se scindèrent en fragments d'âme ou étincelles divines. À leur tour, ces entités se fractionnèrent en micro-étincelles qui, elles-mêmes, se subdivisèrent de nouveau en submicro-étincelles, nom que l'on donne également à toutes les autres fragmentations subséquentes. Ce processus ne détermine pas le degré d'évolution de l'âme, mais indique seulement son ordre d'apparition dans la hiérarchie du Créateur. Finalement, les myriades d'existences individuelles et autonomes vécues par chaque âme à tous les niveaux de fragmentation sont appelées personnages.

Ces diverses désignations servent à indiquer l'ordre d'apparition des âmes dans les différentes sphères rayonnant à partir de l'esprit du Créateur, mais le mot « âme » conviendra ici pour notre propos. Il n'existe aucune différence dans le lien que chacune entretient avec le Créateur, pas plus que dans ce qui la constitue. La Force de vie présente même dans le plus minuscule fragment d'âme est *toujours* inséparablement liée au Créateur, tout comme chacune des cellules de ton corps est à la fois une cellule viable au fonctionnement autonome et un élément inséparable de toi-même.

Suzanne : *Où se situe notre population terrestre actuelle dans cette hiérarchie ?*

Essentiellement au niveau de la submicro-étincelle. Souviens-toi, mère, que cela ne fait aucunement référence à l'évolution de l'âme, mais uniquement à l'ordre d'émergence des âmes. Je pense que votre expression « vieille âme » se rapporte à son degré d'évolution et non à son ordre d'apparition. Ces deux aspects n'ont sans doute rien à voir l'un avec l'autre, puisque la croissance spirituelle – ou son absence – est déterminée par les choix librement consentis de chaque âme et non par le nombre de vies nécessaires pour effectuer les choix lui permettant d'atteindre les niveaux supérieurs d'évolution spirituelle.

Oui, je vois. Merci. Peut-on dire que le Créateur est l'Être suprême du cosmos, et Dieu, son assistant ?

Non. Les mots « cosmos » et « univers » sont souvent employés de façon interchangeable comme s'ils étaient synonymes, mais chaque univers ne constitue en fait qu'une partie du cosmos. Notre univers n'en est qu'un parmi bien d'autres, et chaque univers possède son propre Dieu. Comme les gens vivant sur Terre ne savent pas qu'il existe d'autres univers et une hiérarchie dans la Création, certaines religions ont donné le nom de Dieu au Créateur. On a fait un nom propre d'un terme générique, un peu comme si on avait appelé un bébé fille du nom de « Fille », et il n'est pas rare ni incorrect que l'on appelle Dieu « notre Créateur », puisqu'Il l'est aussi, mais cela ne fait qu'ajouter à la confusion en ce qui concerne ces deux êtres, le Créateur et Dieu, et le nom qu'on leur attribue.

Je ne sais pas comment à débuté l'erreur dans l'emploi de ce nom. Il y a peut-être eu une déviation terminologique dans une très haute antiquité, alors que chaque être savait que le Créateur était la Source de Tout Ce Qui Est, le Je Suis universel, le Tout-Puissant, l'Un, la Totalité ou tout autre nom désignant le Créateur comme l'Être régnant sur l'ensemble du cosmos. Mais, au fond, le nom employé importe peu. Lorsque des âmes communiquent avec amour et vénération avec Celui qu'elles considèrent comme le Créateur, la communion de ces âmes avec ce dernier est pleinement honorée.

Le concept de la trinité divine des Églises chrétiennes pourrait être interprété de la façon suivante : le Père – représentant le Créateur, le pouvoir suprême du cosmos, que les religions terrestres désignent du nom de Dieu et de divers autres noms ; le Fils – représentant Dieu qui se manifeste dans Sa Création, le fils du Créateur, l'Être suprême de notre univers qui n'est généralement pas reconnu sur Terre comme étant différent du Créateur ; et le Saint-Esprit – représentant le royaume angélique le plus élevé, également appelé le royaume christique, où les êtres se manifestent sous forme de lumières rayonnant d'un Amour absolu, et d'où émanent les âmes qui se sont incarnées partout dans cet univers en tant que figures religieuses majeures comme Jésus et Bouddha.

Quelles que soient les différences en termes de noms et d'interprétations, les liens étroits entre les éléments de cette trinité sont partout les mêmes. On ne saurait également établir de distinction entre la nature divine de l'Être tout-puissant, omnipotent et omniscient et les puissances secondaires qui en découlent, si ce n'est par les noms qu'on leur a attribués au fil de l'évolution de cet univers.

Dieu

Y a-t-il d'autres différences entre Dieu et le Créateur, à part l'étendue de leur «juridiction»?

Il y a deux différences essentielles. Dieu est en réalité le Créateur de cet univers. Par Son omniscience, Son Amour, et l'autorité ainsi que la responsabilité qu'Il exerce sur cet univers, il est l'expression de l'esprit, du cœur et du pouvoir du Créateur. Dieu est donc la somme de toute l'intelligence, la sagesse, la connaissance et la puissance universelles, et il n'y a pas de différence dans la qualité ou l'étendue de Ses attributs comparativement à ceux du Créateur. Comme toute partie de la Totalité en possède tous les aspects, notre Dieu est une expression parfaite et non diluée du Créateur, exception faite des différences essentielles suivantes.

Premièrement, une fonction vitale de l'essence même du Créateur ne manifeste aucune forme d'activité visible. On pourrait la comparer à l'essieu d'une roue fournissant la stabilité nécessaire au mouvement des autres parties du Créateur et permettant l'évolution constante de tous Ses aspects. Si cette stabilité venait à disparaître, l'ordre universel cesserait aussitôt et le chaos s'installerait. Cette essence immanente est le centre sur lequel reposent l'ordre et la vie dans le cosmos, et sans le rythme mesuré des fréquences énergétiques qui en émanent, aucune forme de vie n'aurait pu se manifester.

Dans le cas de Dieu, il en va autrement. En tant qu'essence divine responsable de l'ensemble de cet univers, tous les aspects de Son être sont davantage orientés vers l'activité. Dieu est la force active dynamique du Créateur en cet univers et Il est à l'origine, avec le Créateur, de toutes les formes de vie qui s'y trouvent et de l'ordre qui y règne. Rien n'existe dans cet univers qui n'ait résulté de la volonté créatrice de Dieu agissant de concert avec le Créateur.

De par Sa nature même, Dieu est la Source de l'Amour et de la Lumière s'exprimant dans notre univers, ce qui permet à toutes Ses créatures de prospérer. La fréquence énergétique la plus élevée de la Lumière est l'Amour, une force mouvante animée d'une perpétuelle fluctuation dont la puissance ne cesse de s'accroître afin d'englober une capacité d'aimer et de ressentir toujours plus vaste. L'Amour est une énergie infinie, et la Lumière ne peut être capturée – on ne peut que la diriger. Telle est l'essence de chacune des âmes interagissant avec Dieu.

Comme la vie sous toutes ses formes est une émanation de Dieu et en est inséparable, il est juste de dire que les êtres humains sont créés à Son image. L'idée de l'apparence humaine ainsi que la matière constituant les corps physiques proviennent de l'esprit de Dieu.

Avec la création de la vie dans notre univers, Il mit en mouvement l'irrésistible force dynamique des lois gouvernant tout ce qui existe, à partir du mouvement giratoire des galaxies jusqu'à la plus petite semence capable de germer au bon moment et de s'épanouir jusqu'à sa pleine expression. Depuis l'aube des temps incommensurablement reculés où tout a commencé, seuls des raffinements technologiques apportés à la direction prise par l'énergie initiale ont changé le cours original du but et du mouvement de l'énergie divine. Il ne peut y avoir de changement au sein de l'énergie elle-même parce que l'énergie *EST* la création. La clef du processus de création réside dans la manière de capter et d'utiliser l'énergie.

Au commencement, tout ce qui avait été créé dans cet univers était sans défaut, pur, saint et rayonnant d'Amour. L'harmonie et l'unité parfaites régnaient, sans la moindre trace de division, de déshonneur ou de chagrin. C'est dans un tel état de grâce que la vie était censée être vécue. Le Créateur voulait que le libre arbitre soit une bénédiction et non une malédiction, mais il est possible que ce don, le plus précieux d'entre tous, la liberté totale de choisir accordée aux âmes, ait mené à de tels abus qu'on ne puisse plus désormais le considérer comme le cadeau merveilleux qu'il était jadis. Dans certains univers, nous dit-on, le libre arbitre est inconnu. Il semble même que certaines parties de cet univers aient absorbé ce don dans une telle radiance qu'il ne relève plus d'une décision individuelle. Sur la Terre, le libre arbitre est la règle de vie en vertu de laquelle la conscience de Dieu observe tout ce qui se passe, mais n'impose jamais la moindre restriction.

La deuxième différence essentielle entre le Créateur et Dieu est celle-ci : bien que le Créateur soit conscient de chacune des vies d'un bout à l'autre du cosmos, il n'y a pas de règle fixe régissant le rôle qu'Il joue dans les vies des âmes. Non seulement Dieu est-il conscient de la situation de chaque âme dans cet univers, mais il connaît également le moindre de leurs chagrins, de leurs rêves secrets et de leurs tourments ainsi que l'ensemble de leurs joies et de leurs peurs. Dieu sait absolument tout.

Lorsque le Créateur sortit de son état d'immobilité sublime, c'était dans le but de vivre l'expérience de la création. Comme expression parfaite du Créateur, Dieu poursuit le même objectif, et Sa conscience imprègne chacune de ses créations, qu'elles soient dans une forme de vie incarnée ou désincarnée. Il peut éprouver les émotions et les sensations physiques ressenties par toutes les âmes dans n'importe quelle forme, et pas un seul instant n'est-Il détaché de l'ensemble de ce qu'éprouve chaque âme dans notre univers. Il en est ainsi, quel que soit le degré d'évolution spirituelle des âmes et peu importe la nature des choix qu'elles ont faits en toute liberté, et cela concerne tout aussi bien les formes de vie du royaume animal que celles du royaume végétal.

Sur un plan beaucoup plus élevé, Il éprouve l'angoisse de la Terre dans les bouleversements et l'extrême négativité qu'elle subit présentement, tout autant que les sensations de tous les autres corps célestes. Je ne peux répéter trop souvent à quel point Dieu est inséparable de chaque forme de vie dans Son univers, et il en va de même pour chaque âme qui est intimement liée à toutes les autres âmes dans toutes les formes de vie qui existent.

Comme Il n'intervient pas dans le déroulement de nos vies, cela veut-il dire que, contrairement à Dieu, le Créateur ne ressent pas la douleur physique et la souffrance émotionnelle des âmes ?

(N.D.T. : Dans sa question en anglais, Suzanne hésite entre l'emploi de «*He*» et de «*It*» relativement au Créateur.)

Mère, l'emploi du pronom «*It*» pour le Créateur ne diminue pas le respect qu'on Lui doit. Contrairement à l'usage habituel que vous en faites pour indiquer qu'il s'agit d'une chose plutôt que d'un être, le fait de recourir à «*It*» pour désigner le Créateur s'apparente à la couleur blanche, en ce sens que le blanc n'indique pas l'absence de toute couleur, puisqu'il résulte du mélange de *toutes* les couleurs, et qu'à partir de la lumière blanche on peut, par réfraction à travers un prisme, faire apparaître toutes les couleurs de l'univers. En outre, même si on utilise généralement le pronom «Il» pour faire référence à Dieu – ce qui explique pourquoi je recours à ce terme dans mes conversations avec toi –, Dieu n'est ni mâle ni femelle puisque Son énergie androgyne est en parfait équilibre entre les deux.

Par ailleurs, le Créateur perçoit tout ce qu'éprouve l'humanité, et ce, à un degré de sensibilité considérablement plus élevé que celui dont vos corps de troisième densité sont capables, mais Il n'intervient pas dans les circonstances propres à chaque âme, pas plus qu'Il ne donne de réponses personnelles. Toutefois, Dieu met constamment tout en œuvre pour porter assistance à Ses âmes, dans les limites permises par les choix convenus dans le contrat prénatal de chacune d'entre elles.

Les univers

De ton point de vue, comment décrirais-tu notre univers et les autres ?

À certains égards, notre perception de l'univers est identique à la description qu'en fait votre science. Nous voyons l'ensemble de toutes les galaxies, avec leurs étoiles entourées de planètes, de lunes, d'astéroïdes, de comètes, d'anneaux de débris et de matière gazeuse, comme faisant partie des paramètres physiques de cet univers. Le nombre de corps célestes nous paraît presque infini, une perception qui n'est toutefois pas partagée par Dieu et le Créateur, qui en connaissent le nombre exact. Nous percevons également tous les mouvements et tous les astres évoluant à l'intérieur de frontières flexibles comme formant la masse universelle, et toutes les manifestations d'intelligence comme constituant le reflet de la conscience universelle.

Tout est constamment en mouvement dans tous les univers, comme si cela leur permettait de se purifier à l'instar d'une eau vive en perpétuel mouvement. Ce mouvement continu est fait d'expansions et de contractions, et il a moins d'effet sur les distances qu'il n'en a sur l'intensité des énergies en cause.

L'expérience de la vie dans notre univers est conforme au dessein de Dieu lorsqu'Il créa la famille humaine au tout début, mais on ne peut que présumer qu'il en est de même dans les autres univers. Nous n'en savons rien à notre niveau de compréhension du mystère divin qu'est le cosmos.

Bien qu'on ne puisse établir avec certitude le nombre d'univers qui existent en raison de la fluidité de mouvement pouvant entraîner la dissolution de leurs frontières alors qu'une conscience universelle se fusionne avec une autre, nous estimons que leur nombre se monte présentement à sept. On nous a dit qu'une telle fusion ne peut survenir que de façon harmonieuse, et jamais par voie de conquête. La lumière émanant de l'union de deux consciences universelles est interprétée à tort sur Terre comme étant le résultat de l'explosion d'une étoile.

Notre définition de l'univers est différente de la vôtre, car, pour nous, un univers est toute zone d'apprentissage progressif du Tout où une âme entre, chacune des phases de son évolution étant un nouvel univers à explorer. Il ne faut pas croire que chaque période de vie incarnée ou désincarnée se déroule dans un univers différent, puisque chacune de ces deux étapes de croissance requiert que l'âme se rende dans un nouvel endroit si distinct du précédent que des possibilités d'expériences entièrement nouvelles s'offrent à elle pour lui permettre de poursuivre son évolution. De ce point de vue, le nombre d'univers est infini. On pourrait également affirmer que ce que vous appelez les « trous noirs » constituent en réalité des points d'entrée grâce auxquels les âmes peuvent accéder à de nouvelles expériences, tandis que les « trous blancs » en seraient les sorties. C'est comme si vous entriez dans l'obscurité parce que vous êtes dans la plus complète ignorance et que vous sortiez dans la lumière parce que vous avez vécu toutes les expériences d'apprentissage que cet endroit pouvait vous offrir.

DEUXIÈME PARTIE

L'énergie universelle

Énergie et attachements énergétiques

Matthieu : Dans l'univers, tout commence par l'énergie, et c'est grâce à elle que tout peut continuer. Rien n'existe ou ne se produit sans qu'il y ait un mouvement d'énergie. L'énergie en soi est neutre, mais les attachements énergétiques sont de nature positive ou négative. Pour simplifier, il nous arrive souvent de laisser tomber le mot « attachement » et de qualifier l'énergie selon l'intention qui est à l'origine de son usage, ou selon la capacité que confèrent ses attachements, comme lorsqu'on parle d'une énergie lumineuse ou obscure, positive ou négative.

Il n'existe qu'une seule source d'énergie, et c'est le Créateur. Par contre, il y a d'innombrables sources d'attachements énergétiques, soit tout ce qui a été créé ! Je vais expliquer ceci dans le contexte de certains phénomènes que l'on peut observer sur Terre. Le déchaînement des éléments peut être perçu comme étant causé par des entités négatives qui tentent de tuer votre planète. Quand les énergies se sont suffisamment accumulées pour engendrer le mouvement, des désastres naturels peuvent alors survenir. Ces énergies possèdent leurs propres fréquences, lesquelles viennent s'ajouter au vortex d'énergies accumulées, ce qui alimente un momentum impossible à stopper, mais qui doit suivre son cours jusqu'à épuisement complet.

À ce stade-ci de son évolution, la Terre doit se soulager des pressions que lui font subir les attachements négatifs. Certaines ont été intentionnellement créées. Elles sont la conséquence des actions de l'humanité et d'autres êtres qui ont sciemment et délibérément causé du tort, des souffrances, de la peine et des problèmes à d'autres humains et d'autres formes de vie. Tant les gestes délibérés que les souffrances qui en ont résulté contribuent à créer des énergies négatives qui, sous l'effet de ces influences déterminantes, exercent une pression écrasante sur la planète.

La négativité qui s'accumule en de profondes poches et dans la haute atmosphère a également un effet majeur sur les mouvements d'énergie près de la surface du globe. Lorsque ces forces se combinent, des trépidations sont déclenchées qui doivent pouvoir suivre leur cours naturel. Une fois que l'impulsion initiale s'est enflée jusqu'à atteindre le seuil critique de l'éruption imminente, on observe une activité compensatrice d'une ampleur requise pour permettre la dissipation de l'énergie cinétique accumulée juste au-dessus et au-dessous de la surface de la planète. Parmi les phénomènes naturels capables de libérer cette énergie accumulée, il y a notamment les éruptions volcaniques, les tremblements de terre et les tempêtes violentes.

Une fois que l'énergie à l'origine de ces désastres naturels s'est dissipée, elle redevient complètement neutre, car elle est alors libre de toute influence. Elle rejoint ainsi un réservoir universel également neutre de ressources en énergie cinétique et devient disponible pour le début d'un nouveau cycle. Les formes-pensées de nature positive ou négative des humains de la Terre attirent alors de nouveau cette énergie neutre sous leur influence, comme si un appel était lancé à une multitude de moutons pour qu'ils se rassemblent en un seul troupeau.

Le « jeu » de l'énergie est tout aussi neutre que cette dernière. Ce qui donne à l'énergie ses attachements positifs ou négatifs, ce sont les formes-pensées engendrées par ce qui est à l'origine des résultats observés ou par l'interprétation qui est faite de ces mêmes événements. Par exemple, lorsque des pluies torrentielles provoquent des inondations et des dommages très étendus, la réaction des gens à ces pluies est généralement négative. Les vibrations négatives suscitées par ces émotions, une fois mises en mouvement sous la forme d'ondes de pensées, créent d'autres forces qui viennent s'ajouter au réservoir commun de négativité de la Terre. Par contre, en période de sécheresse, la pluie est accueillie avec reconnaissance, et cette énergie positive s'ajoute alors au réservoir d'énergie positive. Voilà comment sont créées les forces opposées de l'énergie.

Toutefois, les énergies collectives affectant la Terre ne proviennent pas toutes de tels événements météorologiques. Ils sont la cause d'une bonne partie des accumulations d'énergie au cours des dernières décennies, mais elles sont le résultat et non la cause de l'abondance d'énergie tourbillonnant à l'intérieur et autour du globe. Ce sont surtout les innombrables formes-pensées ayant engendré ces phénomènes climatiques qui sont à l'origine de ces mouvements d'énergie.

Même si toutes les formes-pensées sont universellement interconnectées, chaque pensée, aussi insignifiante soit-elle à vos yeux, a son existence propre. Les formes-pensées créées par les humains ont un impact majeur sur la planète parce qu'elles sont très proches de vous. Mais comme vous n'utilisez qu'une petite partie de vos capacités cérébrales, la portée de vos formes-pensées est donc forcément limitée. Leur force ne représente qu'une infime fraction de la puissance de celles qui proviennent de certains êtres vivant ailleurs et chez qui le développement des facultés cérébrales dépasse de loin celui atteint par la plupart des gens sur Terre. L'énergie de leurs formes-pensées atteint votre monde et se mélange à celle qui s'y trouve déjà.

Suzanne : *Comment l'énergie de ces sources éloignées de formes-pensées parvient-elle à se rendre jusqu'ici ?*

Vous l'invitez ! *Ce qui se ressemble s'assemble !* De puissantes forces sont à l'œuvre dans l'univers qui sont « pour » ou

« contre » le bien de la Terre. Les formes-pensées que vous émettez attirent celles émanant d'entités universelles dont la puissance cérébrale est beaucoup plus grande que la vôtre. Conformément à la loi universelle, ces entités doivent recevoir une invitation de votre part avant de pouvoir venir à vous, et elles ont bel et bien été invitées ! Ce sont vos intentions qui sont à l'origine de cette invitation. Les intentions exercent un grand effet sur vous et sur votre planète, car c'est de celles-ci que les formes-pensées émergent. Qu'une intention soit « bonne » ou « mauvaise », elle a pour effet d'inviter les esprits ayant des intentions similaires à se joindre à vous et à vous dynamiser.

C'est donc de cette manière que la négativité engendre encore plus de négativité dont les effets peuvent être perçus partout sur Terre ! Les formes-pensées ne peuvent jamais être détruites et rien ne peut les désintégrer, et celles de nature négative sont comme des tessons de verre ou des cailloux aux arêtes vives. Imaginez si l'atmosphère de la Terre était remplie de tels débris tranchants volant en tous sens et l'impact qu'ils auraient sur tout ce qui y vit. Les formes-pensées négatives ont exactement le même effet destructeur.

Vous attribuez la pollution aux déchets toxiques, aux émanations polluantes, aux précipitations acides, au smog, et ainsi de suite, mais tout cela est le résultat de la négativité. C'est elle qui forme les polluants et qui est la cause des dommages observés. Grâce aux effets curatifs des formes-pensées positives, particulièrement celles émanant d'un amour inconditionnel, les effets nocifs des formes-pensées négatives peuvent être soulagés et, finalement, guéris. C'est le *seul* moyen ! Remplacer toutes les pensées et toutes les émotions négatives par de l'amour est réellement le seul et unique moyen d'y parvenir !

Mère, ce sujet suscite beaucoup d'émotions en moi, et mon message est devenu passablement décousu. Je te prie de remédier à ce problème. Nos paroles ne sont pas plus sacrées que celles que tu considères comme les tiennes. Toutefois, notre information…

Hatonn : Utilise des lettres majuscules Suzanne.

Hatonn ?

Oui ! *NOTRE INFORMATION EST SACRÉE…*

… mais nous nous gardons bien de penser qu'un exposé mal construit devrait demeurer inchangé uniquement parce qu'il provient de ce côté-ci du voile.

Matthieu, sais-tu que Hatonn vient de t'interrompre ? Ou bien me suis-je imaginé qu'il a prononcé quelques-uns des mots dans ta déclaration ?

Non, mère, ce n'est pas le fruit de ton imagination. C'était bien Hatonn. Il est impossible, comme tu le sais, de ne pas reconnaître son énergie. Comme il est le principal responsable des transferts d'information entre notre monde et le vôtre, et qu'il a manifestement senti le besoin de souligner l'importance de ce message à l'intention des gens de la Terre, il n'a fait qu'exercer sa prérogative en m'interrompant.

Formes-pensées

Bonjour mère. Ton énergie est magnifique aujourd'hui ! Lorsque tu es aussi enthousiaste qu'en ce moment, le courant passe entre nous tel un torrent rapide, comme si tu exultais de joie à la perspective des découvertes qui t'attendent. Compte tenu de ta réceptivité à une énergie autre que la mienne, aimerais-tu qu'Imaca vienne à tout le moins te dire bonjour ?

Oui, bien sûr.

Elle est ici, en réponse à mon appel énergétique.

Bonjour, Imaca. Je suis contente de vous rencontrer de nouveau.

Imaca : Il me fait plaisir de reprendre contact avec vous, Miss Suzy. Il y a un bon moment que nous n'avons pas parlé ensemble et échangé des pensées. Je vous félicite de vos progrès. Je me réjouis d'être de retour dans votre champ énergétique, qui est si doux et si accueillant envers mes pensées.

Aimeriez-vous avoir une discussion approfondie avec moi ou bien préféreriez-vous attendre à demain ? Je vois votre préférence pour demain. Et à présent, je vois aussi votre question sur mon emploi du mot « voir » dans ce contexte. Une pensée peut être vue parce qu'elle a une forme substantielle. Vos pensées émettent des pulsations qui captent notre attention. Nous reconnaissons instantanément l'intention derrière chacune de vos pensées, mais nous voyons aussi littéralement les formes-pensées.

Ce que vous percevez est-il uniquement lié à mon activité cérébrale ou bien cela relève-t-il de l'âme elle-même ?

L'activité mentale est du domaine de l'âme qui se sert du cerveau comme d'un instrument, un peu de la même façon que vous utilisez un ordinateur pour enregistrer les mots que vous désirez exprimer. Le cerveau n'est rien de plus qu'un outil. On peut le comparer à votre ordinateur qui ne peut fonctionner de lui-même, mais uniquement quand vous interagissez avec celui-ci, et alors il peut exécuter les tâches que vous lui demandez. L'âme et le cerveau entretiennent le même type d'interactivité. L'âme « allume » le cerveau, qui alors stimule l'émergence des connaissances enfouies au fond de l'âme et les met à bon usage au sein de l'esprit humain.

Les seules connaissances stockées dans le cerveau sont celles que l'âme y met en mémoire. L'ensemble du savoir que vous avez accumulé au fil des âges n'est pas aussi aisément accessible durant les incarnations actuelles sur Terre qu'il l'était lors de nombreuses périodes antérieures de l'histoire de votre planète. Les barrières que vous avez érigées ont été fort efficaces pour dissimuler à votre conscience la majeure partie de ces informations.

Merci de ces explications Imaca.

Tout le plaisir est pour moi, Miss Suzy. Si j'ai pu, au cours de ce bref échange, partager avec vous des informations utiles, c'est essentiellement grâce à votre question. Je vous remercie du service que vous avez rendu par votre réceptivité. Je vais maintenant vous faire mes adieux dans l'Amour et la Lumière, car Matthieu attend le plaisir de se retrouver en votre compagnie.

Je suis bien heureuse que vous soyez venue aujourd'hui, Imaca, et je vous en remercie. Rebonjour Matthieu. J'ai essayé de comprendre les propos d'Imaca, mais l'idée de « voir des pensées » dépasse mon entendement. Je suppose que toi aussi tu vois mes pensées.

Il m'est aussi facile de les voir que ça l'est pour moi de connaître ton cœur, mère. Tes pensées tout autant que tes émotions engendrent des formes qui sont de nature indélébile. J'en ai conscience en me projetant en elles, mais seulement si je suis invité à le faire. Cette invitation est perçue en réaction à l'intensité de tes émotions et de tes pensées à mon égard. Je ne peux y avoir accès que sur ton invitation.

Ne t'arrive-t-il jamais de te demander si ton interprétation de mes pensées est exacte ?

Cela ne m'effleure jamais l'esprit ! Mère, il n'y a aucune divergence entre tes pensées, ou entre les idées que tu tapes à l'ordinateur, ou que tu exprimes de vive voix, et la conscience que j'en ai, lorsque tu désires me les faire partager. Ou bien j'ignore tout de ce que tu penses parce que je n'ai pas été invité dans tes pensées, ou je le sais très précisément parce que je l'ai été. Aucune barrière n'existe entre ton énergie et la mienne lorsque notre communion répond à ton désir, quelle que soit la forme qu'il prenne.

Comment peux-tu être si sûr que c'est bien mon énergie que tu perçois et non celle de quelqu'un d'autre ?

Il m'est impossible de ne pas la reconnaître. Non seulement sa fréquence vibratoire est-elle très similaire à la mienne, mais elle est également différente de toutes les autres. Je capte ta signature énergétique, que tu aies conscience ou non de diriger ton attention vers moi, comme lors de nos conversations. Lorsque tu penses à moi, cette forme-pensée se transforme en une vibration et sa tonalité unique la distingue de toutes les autres tonalités partout ailleurs dans l'univers.

Pour te faire comprendre comment j'arrive à discerner tes pensées parmi toutes les autres, supposons que l'on attribue à chacune d'elles une pulsation énergétique précise sur une échelle de tonalités variant de 1 à 1 000. Supposons également qu'entre chacun de ces nombres se trouvent des ouvertures latérales permettant aux pensées et aux messages d'être triés, classés et distribués en fonction de leurs fréquences respectives. Imaginons enfin qu'il y a sur cette échelle graduée très flexible des rainures permettant aux différentes longueurs d'onde, ou tonalités sonores, émises par les formes-pensées d'être identifiées selon l'endroit où elles se situent sur cette échelle.

Ce même processus instantané et précis de tri et d'identification s'applique aux pensées de n'importe quel individu. Je peux ainsi aisément déterminer si les tonalités que je perçois sont les tiennes ou bien celles de mes frères Eric et Michael ou de ma sœur Betsy, et ainsi de suite. Je sens leur fréquence, que j'identifie sans devoir la vérifier, comme lorsque tu vas regarder dans la boîte aux lettres pour vérifier s'il y a du courrier.

Sache également, mère, que l'amour imprégnant tes formes-pensées me parvient intact. Il possède une belle texture sonore qui suscite en moi une agréable vibration ou sensation de pétillement. Il s'agit d'une expérience tout à fait délicieuse que j'apprécie vivement, tout comme toutes les autres âmes dans ce royaume céleste.

Que voilà une merveilleuse pensée à considérer, pour moi, et à voir, pour toi Matthieu. Imaca et toi avez employé le terme « forme-pensée », mais je ne sais pas vraiment ce que c'est. Pourrais-tu, s'il te plaît, m'en donner une explication simple ?

L'énergie et les formes-pensées sont la base de toute vie, et ces dernières constituent la substance éternelle de la connaissance universelle. Il est essentiel de bien saisir de quoi il s'agit pour comprendre notre propre nature.

Tout ce qui existe dans l'univers a été engendré par une forme-pensée, et l'énergie en est en quelque sorte le matériau de construction. Les formes-pensées « harnachent » la quantité d'énergie nécessaire pour façonner une forme dense. Ton corps est une forme-pensée. Il a pris forme dans la conscience universelle avant ta naissance, et aussi grâce à l'entente convenue entre tes parents, entre les leurs, et ainsi de suite, et aussi entre les membres de notre propre famille et tes amis les plus proches dans cette vie-ci. Les formes-pensées précèdent les processus de germination et de gestation de chaque vie.

Une pulsation énergétique émane constamment des matériaux formant ton corps. Si tel n'était pas le cas, ta vie physique cesserait. C'est le mouvement de l'énergie qui maintient la vie, et non le battement du cœur ou l'activité cérébrale. Le mouvement suscité par ta respiration est bien visible, mais celui des atomes composant la lampe se trouvant près de toi est tout aussi réel, même si ta vision ne peut en discerner la fréquence vibratoire. C'est une forme-pensée qui est à l'origine de ces deux formes d'existence fort différentes l'une de l'autre.

Ainsi que tu le sais, il existe des formes-pensées négatives aussi bien que positives, et ces dernières ne peuvent pas détruire ni neutraliser les premières. Quant à l'Amour, il est la synthèse de toute vie. L'Amour absorbe les entités équilibrées et influence celles qui ne le sont pas, mais sans pouvoir les éliminer. La neutralisation n'est pas une forme d'action agressive ; elle apporte plutôt une influence adoucissante. Une forme-pensée négative peut dans certains cas réagir à une telle influence et revenir à l'équilibre.

Tu peines à comprendre, mère, et ce n'est pas étonnant. Tu as demandé une explication simple, et celle que je t'offre ne l'est pas. Ce serait pour toi le moment idéal pour entendre ce qu'Ithaca peut offrir à toute personne désireuse, comme toi, de recevoir cette information.

Son énergie est ici en ce moment. Elle s'est instantanément branchée avec moi, tandis que je dirigeais mes pensées vers elle avec la nette intention de la contacter. Alors, qu'en dis-tu ?

Je te remercie de ta proposition. Bonjour Ithaca. Merci de bien vouloir venir à mon aide.

Ithaca : Bonjour, chère âme. Il me fait plaisir de vous saluer et de pouvoir vous offrir mon aide. C'est une joie pour moi de me trouver dans votre énergie, si réceptive à la mienne. Sachez que je n'en sais pas davantage que Matthieu à propos des formes-pensées, mais que j'ai eu plus souvent l'occasion que lui d'en parler et que ce sujet m'est donc familier. Puis-je commencer mon exposé ?

Oui, volontiers.

Les formes-pensées sont des substances nébuleuses émanant de la conscience même, et toute activité découle de ces formes. Elles sont partout et toujours disponibles pour quiconque désire les utiliser. Elles sont constituées de plasma, une substance plus subtile que les particules d'énergie déjà identifiées par les scientifiques de la Terre. Le plasma possède sa propre densité, ainsi que la propriété d'adhérer à toute pensée ou forme-pensée correspondant à sa fréquence vibratoire.

Lorsqu'une personne a une inspiration subite, c'est qu'un lien s'est établi entre sa pensée qui cherchait à identifier une idée et la forme-pensée existante correspondant au sujet recherché. Par exemple, supposons qu'un scientifique forme le projet de concevoir un petit objet capable de produire de la lumière. Au début, il n'a qu'une vague idée de la forme que pourrait prendre ce qu'il cherche, mais aucune image précise ne lui vient à l'esprit. Son idée d'un petit objet produisant de la lumière établit alors un lien avec la forme d'une ampoule lumineuse existant déjà dans le réservoir des connaissances universelles. Lorsque l'image de l'ampoule apparaît soudain dans son esprit, ce scientifique se dit qu'il a eu une « inspiration ».

Pour résumer comment cela se passe, disons que le scientifique a d'abord eu l'idée d'une chose dont il ignorait qu'elle existait déjà dans le réservoir de la connaissance universelle. Puis, guidé par le désir et l'intention de créer un petit objet capable de produire de la lumière, une forme-pensée imprécise a peu à peu émergé dans son esprit. Cette ébauche de forme-pensée a alors attiré à elle, en raison de la similitude existant entre les deux, celle déjà bien définie de l'objet en question. Enfin, l'image d'une ampoule lui est venue à l'esprit, une idée dont le scientifique s'est alors entièrement attribué la paternité.

Merci Ithaca. C'était là une merveilleuse façon de décrire l'action d'une forme-pensée. J'aimerais que vous me donniez un exemple basé sur quelque chose de plus commun qu'une découverte scientifique.

Avec plaisir ! Imaginez que vous passez devant une boutique et que vous apercevez à travers la fenêtre une fleur magnifique ayant des pétales orange, un centre brun et de belles feuilles vertes. En voyant cette fleur, est-ce que son image se forme d'abord en votre esprit et qu'ensuite seulement viennent les mots pour la décrire et la nommer, si vous en connaissez le nom ?

Eh bien, tout cela semble se produire simultanément.

L'ensemble du processus survient si rapidement que vous n'avez pas conscience de toute une série d'étapes successives entre votre première perception de cette chose et votre reconnaissance du fait qu'il s'agit d'une fleur. Dès que vos yeux se sont posés sur elle, l'image associée à cette forme-pensée fut projetée vers la masse de toutes les formes-pensées présentes dans l'univers, et vous avez accédé à la forme-pensée correspondante qui vous a permis d'identifier qu'il s'agissait d'une fleur. Les deux formes-pensées ont instantanément établi un lien entre elles, et l'image résultante, que vous reconnaissez comme étant celle d'une certaine fleur, est apparue dans votre esprit.

Si le nom de cette fleur vous avait été inconnu, votre forme-pensée aurait alors uniquement comporté une sensation agréable et une représentation visuelle d'une fleur ayant des pétales orange, un centre brun et des feuilles vertes. La corrélation sensorielle résulte de la sensation de plaisir qui fut perçue de manière apparemment instantanée. Toutefois, c'est l'image inscrite dans votre forme-pensée, en combinaison avec la forme-pensée correspondante dans le réservoir universel, qui vous a permis d'identifier la fleur aperçue à l'intérieur de la boutique.

Comment une personne aveugle de naissance pourrait-elle réussir à établir un lien menant à la reconnaissance d'un objet ? Elle ne dispose d'aucun souvenir visuel grâce auquel ce processus pourrait fonctionner.

Vous soulevez là un point intéressant. Nous ne subissons aucune limite de vision ici, mais je comprends maintenant que le recours au sens de la vue n'est pas la référence idéale pour les fins de cette explication. La capacité à créer une image conviendrait mieux à cet égard. Une personne privée de la vue dispose tout de même de sa faculté d'imagination. L'image qu'une personne forme dans sa tête stimule une certaine région du cerveau qui émet alors une requête ultrarapide afin d'obtenir une référence ou une description pouvant l'aider à comprendre ce qu'elle perçoit. Parfois, il suffit de la forme-pensée d'un mot ou encore de celle d'une image pour qu'elle puisse reconnaître, par association d'idées, de quoi il s'agit.

Supposons, par exemple, qu'une personne aveugle touche la fleur évoquée dans mon exemple. Même si elle ne la voit pas, elle peut quand même s'en former une image mentale. Le processus de reconnaissance mentale d'un objet, d'un état ou d'une situation, combiné au processus de corrélation sensorielle ou émotionnelle, produit une forme-pensée aux contours définis. Ces contours peuvent faire office de morceaux d'un puzzle, chaque élément ne pouvant s'insérer qu'à un seul et unique endroit dans l'ensemble du tableau. Une fois l'emplacement correct trouvé, ces deux processus sont enclenchés jusqu'à ce que la compréhension totale soit achevée. Toutes les étapes, depuis la perception initiale d'un objet, de l'état d'une chose ou d'une situation jusqu'à la reconnaissance mentale et la prise de conscience sensorielle, se succèdent à une telle vitesse que vous ne prenez jamais conscience de l'existence d'un délai avant que la compréhension ne se fasse. Le principe de fonctionnement de ce processus est le même tant pour une personne aveugle que pour une personne ayant une bonne vision.

Je pourrais évidemment mentionner plusieurs autres aspects relatifs à la façon dont une forme-pensée entre en résonance harmonique avec ce qui lui est apparenté dans le réservoir des connaissances universelles. Toutefois, cet exemple de l'image agréable et lumineuse d'une fleur vous aidera à bien saisir la nature de ce processus. Sur ce, je vous dis bonjour, Miss Suzy. J'espère avoir de nouveau l'occasion de partager mes pensées avec vous.

La peur

Matthieu, les formes-pensées négatives flottant au loin contribuent-elles aux difficiles problèmes émotionnels auxquels les gens sont parfois confrontés ? Par exemple, si un individu éprouve une grande frayeur, sa peur est-elle alors amplifiée par une forme-pensée correspondante existant ailleurs dans l'univers ?

Oui, c'est précisément ce qui se passe. Toute émotion intense attire vers la personne qui l'éprouve des formes-pensées ayant pour effet d'amplifier l'émotion suscitée par la chose ou la situation ayant capté son attention. Cependant, la peur est une émotion tellement puissante et elle est chargée de tant d'énergie que la chose ou la situation l'ayant provoquée est alors détournée du courant principal d'énergie et amplifiée dans une proportion équivalente à l'intensité de l'émotion ressentie par la personne.

Par exemple, comme tu n'es pas attirée par les sports à risque tels l'alpinisme ou la plongée sous-marine, tu ne penses donc pas aux dangers liés à ces activités, et la peur qu'elles peuvent susciter n'a aucun écho en toi. Chez d'autres personnes, par contre, de tels sports engendrent de réelles angoisses, mais elles ne peuvent tout de même s'empêcher de les pratiquer. Le fait d'avoir à surmonter certaines craintes peut constituer une leçon que ces âmes ont choisi de vivre dans leur contrat prénatal, et elles se soumettent donc à des défis risqués susceptibles d'engendrer ces peurs. Si elles parviennent à les vaincre au cours de telles activités, rien ne peut alors leur arriver qui puisse provoquer ce qu'elles craignaient. Les alpinistes escaladent les montagnes et en redescendent sans incident, et les plongeurs s'adonnent à leur sport en toute sécurité. Mais il suffit que la peur vienne les perturber et qu'ils n'arrivent pas à la vaincre pour que cette énergie attire alors précisément ce qui est craint, comme se blesser ou même mourir, le pire de tous les scénarios générés par la peur.

Laisse-moi te donner un autre exemple illustrant comment cela fonctionne. Tu ne montres aucun intérêt pour les exercices de tir à la cible et tu as en horreur que l'on tue des animaux pour le sport. Il t'arrive donc à l'occasion de penser aux fusils et d'éprouver des émotions à ce sujet, mais celles-ci n'incluent pas la peur, car tes sentiments à l'égard des armes à feu n'occupent que peu de place dans ton esprit. Si l'existence même des armes à feu t'inspirait une intense frayeur, celle-ci laisserait en toi une marque profonde et attirerait à toi une situation dans laquelle une arme présenterait le grave danger redouté. Tu pourrais alors être l'infortunée victime d'une fusillade routière ou d'un massacre. Autrement dit, en ce cas il n'est pas nécessaire de *vouloir* participer à un événement présentant le danger que l'on craint.

Certaines personnes éprouvent une peur viscérale de la mort, quelle qu'en soit la cause. Il est évident que tout être humain finit par mourir un jour, mais les gens qui sont terrorisés par l'idée de la mort attirent à eux des forces qui provoquent leur décès à un âge plus précoce que s'ils n'avaient pas été obsédés par celle-ci.

La peur qu'ils éprouvent et leur décès prématuré font peut-être partie de leur contrat prénatal.

C'est possible. Ou bien il peut s'agir d'une leçon que la personne avait choisi de vivre pour apprendre à surmonter cette peur, et elle a échoué.

Fluctuations énergétiques et équilibre

Une combinaison d'événements et d'effets cosmiques pose de sérieux défis à l'humanité en cette période de votre histoire. Chaque personne est un microcosme non seulement de la Terre, mais aussi de l'univers entier où se produisent en ce moment d'immenses changements énergétiques intergalactiques. Certains d'entre eux font l'objet de contre-attaques, mais les répercussions sur votre planète sont minimes. Toutefois, certaines personnes peuvent tout de même en subir un important choc du fait de l'existence d'un lien énergétique.

Elles se retrouvent déséquilibrées en raison de concentrations d'énergie non libérée ou inhabituelle, et le résultat de leur malaise est la maladie. Leur corps et leur esprit s'en trouvent parfois gravement affectés ou, à tout le moins, elles subissent de fréquentes sautes d'humeur. Les maladies de toutes sortes, la dépression, une humeur inégale et la nervosité sont de plus en plus communes à cause des effets inévitables de cette activité énergétique inhabituelle.

On doit également tenir compte d'un autre facteur essentiel, soit l'accélération du mouvement de l'énergie, qui est perçue sur Terre comme l'accélération du temps. Votre notion du temps fondée sur les horloges et les calendriers est le moyen par lequel vous cataloguez les séquences d'expériences vécues dans le continuum universel. Votre structure linéaire du temps, qui n'existe nulle part ailleurs dans l'univers, arrive à sa fin, et l'accélération du mouvement de l'énergie précipite une compression du temps tel que vous le mesurez. Présentement, presque trois jours passent dans la même durée de temps qu'il fallait auparavant pour qu'une seule journée s'écoule. Même si ce n'est qu'au cours des dernières années que cette accélération est devenue nettement perceptible, elle a débuté plusieurs années auparavant.

Les interférences électriques ayant pour effet d'interrompre la circulation normale des impulsions électriques dans votre corps constituent une autre source majeure de sensations troublantes et inexplicables pour bien des gens. Ces interférences sont partiellement dues à la présence envahissante des réseaux électriques intégrés que l'on retrouve pratiquement partout où vivent les humains sur la planète. Les ondes à basse fréquence émanant de ces réseaux perturbent les courants électriques naturels dans l'atmosphère et court-circuitent le système électrique du corps humain. Il faut également considérer le fait que ce sont les effets cumulatifs des réactions de toutes les formes de vie sur Terre qui affectent l'équilibre de chaque personne.

Ces influences perturbatrices ont pour but de provoquer des effets négatifs généralisés et constituent un autre exemple de l'influence, maintenant déclinante, des puissantes forces obscures sur la Terre. Ce qu'il faut savoir, c'est que les gens qui ont conçu et érigé les réseaux électriques étaient, à leur insu, sous l'influence de ces êtres, et qu'ils n'avaient pas conscience de leurs intentions néfastes, soit de vous nuire en surchargeant le système électrique de votre corps et en vous gardant dans un état de déséquilibre permanent. Comme votre aptitude naturelle à absorber la Lumière dépend directement du maintien d'un bon équilibre intérieur, et puisque cette même Lumière est essentielle à votre clarté d'esprit, il était primordial pour les forces obscures de vous maintenir dans un tel état de déséquilibre.

Un autre réseau, celui censé servir aux communications internationales et à la surveillance météorologique, a en fait été conçu dans le but de surveiller et de contrôler la population mondiale. Ce système est donc également destiné à engendrer des influences négatives.

Les forces de l'ombre ne sont pas la seule source d'énergie dirigée vers la surface de la Terre en provenance d'ailleurs. Les forces de la Lumière focalisent également énormément d'énergie positive vers la planète afin d'élever vos fréquences vibratoires en préparation à la transition de la Terre et de ses formes de vie de votre dimension de troisième densité actuelle jusqu'à celle de quatrième densité. L'effet combiné des énergies de l'ombre et de celles de la Lumière a provoqué ou exacerbé un grand nombre d'anomalies physiques, comme des bourdonnements intermittents dans les oreilles, la formation de gaz dans les cavités corporelles, des étourdissements, des pertes de mémoire à court terme, de la fatigue musculaire et de graves maux de tête.

En dépit des désagréments occasionnés par l'influence de champs de force opposés, l'infusion actuelle d'énergies lumineuses non seulement vise votre plus grand bien, mais s'avère aussi absolument nécessaire ! Plus vous absorbez d'énergie lumineuse, moins les efforts des forces obscures pour vous maintenir dans un état de déséquilibre auront d'effet sur vous.

Voici d'ailleurs à ce sujet quelques suggestions de nature à atténuer tout inconfort physique et émotionnel que vous pourriez ressentir, et à vous aider à rétablir votre équilibre intérieur. Il est bon de boire beaucoup de liquide, particulièrement de l'eau pure, mais toute boisson santé vous fera du bien. Cela est plus important que jamais auparavant, puisque les fluides permettent aux courants perturbateurs de circuler plus en douceur dans votre corps, de sorte que leur effet sur vous sera moins important.

Détendez-vous ou dormez chaque fois que vous le pouvez afin de demeurer reposé et d'avoir l'esprit tranquille. Faites de votre mieux pour éliminer les sources de tension de toute nature en sachant que le fait de diminuer votre stress vous aidera à contrer les effets troublants des perturbations énergétiques que vous subissez. Comme les sentiments négatifs seront exacerbés, efforcez-vous d'éviter les expériences désagréables. Lorsque vous devez affronter une situation ou une personne stressante, entourez-la mentalement de Lumière et conservez votre équilibre intérieur tandis que vous prenez des mesures pour y faire face.

Ne buvez pas d'alcool, ne consommez pas de drogues et ne fumez pas. Ces substances peuvent rapidement entraîner une forte accoutumance, et elles interagissent avec les dangereux champs de force des réseaux mentionnés plus haut, ce qui amplifie leurs effets négatifs sur le système électrique de votre corps et accentue votre déséquilibre physique, mental et émotionnel. Considérant à quel point l'équilibre est un aspect vital dans la vie de chaque âme, on comprendra aisément combien ces réseaux peuvent être nuisibles !

Ces mêmes réseaux ont toutefois un aspect positif puisqu'ils amplifient et accélèrent les effets énergétiques de toute la Lumière transmise vers la Terre. Si les esprits brillants, mais corrompus, à l'origine de ces champs de force décident que cela est inacceptable, il est probable que ces réseaux ne soient plus utilisés que pour des fins de communication et de surveillance météorologique et, bien sûr, de contrôle de la population, mais à tout le moins les chocs répétés que subit le système électrique de votre corps cesseraient alors. Les gens derrière cette technologie ne sont peut-être pas aussi malins qu'ils le croyaient…

Si vous désirez préserver votre calme intérieur en dépit de tout ce qui concourt à vous déséquilibrer, il faut vous en remettre aux conseils de votre petite voix intérieure, celle de votre moi supérieur, ou moi divin. Il vous suffit de demander à conserver votre équilibre ! Vous devez y parvenir malgré les bouleversements que traverse votre monde, lequel est un microcosme tout à fait représentatif des luttes intergalactiques en cours pour le pouvoir et la survie.

Tout ceci ne vise qu'à t'informer, mère, et non à t'effrayer. La peur et la confusion sont engendrées par l'ignorance de ce qui se passe, alors que le calme peut résulter d'une bonne connaissance des faits. Le calme dont fait preuve une personne peut ensuite se répandre à plusieurs autres, qui comprennent ainsi comment mieux survivre. Il est vital de réussir à ne pas se laisser atteindre par la confusion. La meilleure contribution que l'on puisse apporter, je ne saurais trop le répéter, consiste à visualiser la Terre entourée d'une Lumière exerçant une influence positive et bénéfique.

Cela n'aide en rien ceux qui sont rongés par l'angoisse et la peur que tu te fasses du mauvais sang au point de te retrouver toi-même en état de déséquilibre et coupée du flux d'harmonie. Je ne veux évidemment pas dire que les gens ne devraient pas faire preuve de compassion et de bienveillance les uns envers les autres. L'équilibre intérieur ne résulte *jamais* en de l'indifférence ! Une telle indifférence ne ferait que contribuer à propager la négativité. Toutefois, aucun bien n'en résulterait pour toi, ni pour les âmes en souffrance ou les forces du bien, si tu te laissais piéger émotionnellement par les aspects négatifs de ce qui se passe au point d'en être prisonnière. C'est précisément ce que les forces du mal s'efforcent par tous les moyens d'accomplir !

Matthieu, je me sens dépassée par tout cela. Pourquoi la vie est-elle si compliquée ?

Chère mère, les choses ne paraîtraient pas si complexes si tout le monde savait que chaque personne porte en elle une étincelle divine et que l'énergie d'un seul être humain est si puissante qu'elle a le pouvoir d'influencer une multitude de gens. Voilà pourquoi il est si important de convertir toute attitude négative en sa contrepartie positive. Considérons, par exemple, une simple conversation informelle. Le ton des échanges peut être teinté d'optimisme ou bien carrément pessimiste, et celui-ci exerce non seulement un effet correspondant sur les personnes qui conversent, mais ce qu'elles éprouvent a également des effets bénéfiques ou nuisibles d'une portée considérable autour d'elles.

Un simple sourire est irrésistible ! La réaction naturelle des gens à un sourire suscite un mouvement d'énergie positive capable de dissiper la négativité qui maintient les psychés humaines sous son emprise. Ce genre d'attitude positive peut faire davantage pour aider la Terre dans les difficultés qu'elle traverse que toute autre action que tu pourrais entreprendre. En souriant, tu rayonnes de la bonté tout autour de toi, et ce simple geste a des répercussions incalculables pour améliorer les choses. On pourrait même affirmer qu'un sourire est une prière vivante.

* * *

Matthieu, peux-tu expliquer pourquoi la présence des grands pins autour de notre maison a un tel effet sur moi ?

Ces arbres interagissent avec ton énergie et ont sur toi un effet très stimulant ; on pourrait presque dire qu'ils t'attirent à eux afin de ramener en toi l'équilibre perturbé par de l'irritation ou de la fatigue. De tout temps, les arbres ont été une source de guérison sur le plan émotionnel, tout comme le sont les animaux de compagnie. Tu peux en voir la preuve lorsqu'une personne malade retrouve enfin un animal qu'elle aime ; il suffit de constater l'éclair de joie que leurs retrouvailles suscitent dans leurs yeux. Tu peux l'observer dans ta propre vie, mère, par la joie que te procurent les six chiens que tu as adoptés. Sur Terre, les animaux et les plantes transmettent beaucoup plus d'énergie de guérison aux humains qu'ils n'en retirent d'eux, mais dans le royaume où je vis, le flux des échanges d'énergie est toujours équilibré.

La guérison est le processus par lequel la maladie est laissée derrière soi, et l'équilibre, qui est un état de parfaite santé, est rétabli. Certaines âmes ont la chance de bénéficier de circonstances favorables ou d'une prédisposition naturelle leur permettant d'avoir beaucoup moins d'efforts à fournir que les autres pour conserver leur équilibre intérieur, mais une telle grâce doit, bien sûr, avoir été méritée. Certaines âmes choisissent de vivre une existence dans un état de perpétuel déséquilibre, cette vie étant elle-même destinée à contrebalancer une précédente vie passée essentiellement dans un état de grande quiétude.

L'équilibre n'est jamais acquis, car on doit le mériter par ses efforts. Il ne s'agit pas d'un état statique, puisque le flux constant du changement oblige à chercher continuellement à maintenir ses forces vives en harmonie avec les fréquences énergétiques universelles les plus élevées. C'est la mesure dans laquelle on parvient à réaliser cet équilibre qui détermine si l'on mène une existence généralement épanouissante ou non.

L'atteinte de l'équilibre émotionnel est la plus grande réalisation qui soit, car c'est dans un état de parfait équilibre intérieur que les énergies propices à la santé circulent le mieux. La négativité nuit à l'équilibre émotionnel qui, par ailleurs, est amélioré par l'amour. Faites preuve de compassion et de générosité envers tous les humains, parce que seule votre âme sait ce qu'il y a dans la leur. Parmi vous se trouvent des gens dont l'âme a atteint un niveau d'évolution considérablement plus avancé que la plupart des âmes séjournant ici au Nirvana, tout comme il y a des gens dont les choix librement consentis ont plongé leur âme dans les tréfonds de la densité la plus basse. Ce n'est qu'au niveau de conscience de l'âme, et non à votre niveau de conscience actuel, qu'il est possible de distinguer le degré d'évolution de chaque être.

Comme chacun de nous est telle une cellule de l'Être universel, à aucun moment nous ne sommes dissociés de tout ce qui se passe ailleurs dans l'univers. Toutefois, chacun bénéficie d'une capacité potentielle à trouver l'équilibre qui, si elle est développée par des choix engendrant des formes-pensées et de l'énergie positives, permettra à l'individu qui la développe d'éprouver une sensation de bien-être idyllique alors même que l'univers lutte pour préserver son propre équilibre. Il est juste de penser que si l'univers était agité de profonds bouleversements, aucune forme de vie ne pourrait échapper à cette sensation de lutte tendue, mais le fait est que l'univers s'ajuste continuellement pour maintenir son équilibre et qu'il est capable de le conserver de manière assez stable. Chacune de nos actions, de nos émotions et de nos pensées exerce un effet, aussi minime soit-il à nos yeux, sur la stabilité du cosmos. Ce sont toutes les formes-pensées engendrées d'un bout à l'autre de ce dernier qui constituent l'univers.

Interaction des sentiments négatifs

Le fait d'éprouver de forts sentiments négatifs à propos d'une situation donnée peut mettre en mouvement des énergies qui auront pour effet d'entraver son évolution naturelle. Par exemple, l'issue d'une situation à laquelle une personne est confrontée peut être défavorablement influencée par l'inquiétude ou par la crainte d'un échec qu'elle suscite chez les membres de sa famille ou chez ses proches associés. Leur appréhension aura bien sûr moins d'effets que si la personne en question éprouve elle-même de tels sentiments, mais toute émotion négative, quelle qu'en soit la source, influera certainement sur l'évolution de cette situation.

Ainsi, supposons que tu exprimes à une amie des souhaits sincères de réussite à propos d'une entrevue d'emploi, mais qu'en fait tu doutes qu'elle parvienne à obtenir le poste convoité, ton doute projettera alors une énergie qui, même si elle est sans malice, aura néanmoins une influence défavorable. Les formes-pensées engendrées par ton doute ajouteront leurs propres effets distincts à l'ensemble de toutes les influences universelles et agiront directement sur ton amie et sur les énergies tourbillonnant autour de sa situation. Si d'aventure ton amie doute d'elle-même, ses sentiments seront exacerbés par la négativité déjà présente dans les formes-pensées de doute de quelque provenance que ce soit, et ce, conformément aux lois universelles.

Les formes-pensées ne peuvent distinguer la « bonne » anxiété de la « mauvaise » ; elles peuvent seulement distinguer l'intensité plus ou moins grande d'une émotion. Les motifs et les intentions occupant l'esprit de ton amie sont bel et bien perceptibles, mais ils sont distincts de l'émotion qu'elle éprouve, et dont seule l'intensité compte. C'est précisément en raison de l'intensité des émotions ressenties que les prières de certaines personnes sont exaucées. C'est ce même principe qui est à la base de la pratique du vaudou.

Troisième partie

Nos rapports avec l'âme

L'âme

Suzanne : *Je sais que l'âme est notre lien éternel avec le Créateur, mais j'ignore quelle en est la nature exacte, ainsi que le rôle qu'elle joue.*

Matthieu : L'âme est l'essence même de la vie telle qu'elle a jailli du Créateur à l'origine. C'est une entité d'énergie lumineuse indestructible qui peut occuper un corps physique, éthérique ou astral, ou même exister uniquement sous la forme d'un esprit libre. Nos âmes, manifestées par Dieu grâce aux pouvoirs de cocréation qu'Il partage avec le Créateur, sont des expressions de l'Amour et de la Lumière de Dieu, de véritables microcosmes recelant chaque aspect de Son essence. Quelle que soit la forme qu'elle adopte, l'âme est un être indépendant et inviolable, tout autant qu'elle est inséparablement liée à Dieu, au Créateur et à toutes les autres âmes.

Le corps est un véhicule très éphémère utilisé par l'âme, qui est infiniment plus forte et plus durable que tout corps de la dimension de troisième densité comme ceux de l'humanité terrestre. Il est important de comprendre que l'âme n'est pas contenue dans le corps, mais plutôt que celle-ci crée le corps en fonction de l'image correspondant au type d'expériences qu'elle choisit de vivre dans chaque nouvelle incarnation. Lorsqu'une âme est libérée de ce qui la rattache au corps physique, son corps éthérique est libéré au même instant, et c'est dans celui-ci que l'âme effectue sa transition éclair de la Terre au Nirvana.

L'âme est le pouvoir à l'origine de tout ce qui existe sur Terre. C'est la force de vie présente en toutes choses qu'elle crée afin de pouvoir vivre des expériences toujours plus enrichissantes. À chaque niveau de la spirale de l'évolution, chaque fragment de l'âme universelle est une entité indépendante ayant une intelligence, des caractéristiques, des choix, des objectifs et tous les autres éléments de la vie faisant de chaque personne un être unique.

Chaque existence vécue par une âme constitue l'un de ses personnages. La somme de tous les personnages incarnés par une âme forme ce que nous appelons l'âme cumulative, et tout le savoir acquis par l'ensemble de ses personnages est disponible à chacun d'eux. Ainsi, chaque fois qu'un personnage se fusionne à l'âme cumulative, apportant alors la sagesse résultant des expériences de toute une vie, chacun des personnages formant cette âme cumulative évolue, tout autant que cette dernière.

Mère, je perçois la question que tu as à l'esprit. Il s'agit là d'un point important. Avant que je ne poursuive, je te prie de l'écrire pour qu'elle soit dûment notée.

Merci, très cher. Quel rôle l'ego joue-t-il à l'égard de l'âme individuelle que tu appelles un personnage ?

L'ego est ce qui, chez le personnage, lui procure son sentiment d'identité et le sens de sa valeur personnelle par rapport à ses efforts et à ses réalisations. Mais tout comme le fait de reconnaître ses efforts et ses réalisations ne constitue pas de la vanité, saluer l'ego comme le reflet de notre identité personnelle n'est pas en soi faire preuve d'égotisme. Avoir un sentiment d'identité bien établi est essentiel à l'équilibre du personnage. Toutefois, il arrive souvent que l'ego soit dominé, chez certains individus, par une tendance marquée à l'égocentrisme et au nombrilisme qui fait d'eux des êtres entièrement centrés sur eux-mêmes, bouffis d'orgueil à l'égard de leurs qualités et de leurs réalisations, et ramenant tout uniquement à leurs besoins et à leurs désirs. De telles personnes sont considérées comme pontifiantes et vaniteuses, dénuées de toute humilité, et de fort mauvaise compagnie.

Cependant, pire encore que le fait d'avoir une personnalité désagréable, être incapable de faire preuve d'humilité, une qualité naturelle allant de pair avec toute croissance spirituelle authentique, constitue un frein sérieux à l'évolution de l'âme. Croître spirituellement, c'est façonner son ego conformément à ce que l'âme avait prévu réaliser dans son contrat prénatal. La vie dans un environnement de troisième densité tirant maintenant à sa fin, les choix prénataux effectués par les âmes en cette période ont pour but de parvenir à surmonter les traits faisant entrave à la croissance spirituelle et à améliorer les qualités favorisant cette même croissance.

Comment peut-on discerner si nous reconnaissons nos propres réalisations à leur juste valeur ou bien si elles suscitent plutôt de la vanité en nous ?

Tu peux distinguer la différence si les sentiments que tu éprouves sont de la satisfaction à l'idée que tu fais de ton mieux dans tout ce que tu entreprends, et que cela fait naître en toi le sens du respect de soi ; une profonde détermination à mener une vie en harmonie avec ta conscience divine intérieure ; l'assurance que tu es, ou que tu deviens, la personne que ton âme s'était engagée à devenir ; l'intime conviction de faire partie intégrante de Dieu et d'être un élément inséparable et indivisible du Tout universel.

Est-il possible que l'ego puisse inciter les gens à penser que ce qu'ils croient à leur propre égard est juste et fondé, mais qu'en réalité ces personnes soient sous l'influence négative des forces des ténèbres ?

C'est justement en s'attachant à l'ego qu'elles agissent, et les ramifications de leur influence vont bien au-delà d'une simple question de vanité ou d'humilité. Les ténèbres obscurcissent le sentiment d'identité de leurs victimes en leur faisant croire que leurs convictions sont absolument correctes relativement à ce qui est vrai et à ce qui est faux, et cette illusion tenace résiste à toute pensée pouvant menacer le fondement de ces allégations trompeuses ou atténuer l'entêtement de l'ego à ne pas en démordre. C'est ainsi que certains en viennent à avoir l'esprit fermé, ou, pour employer ton expression, à avoir la tête dure. Tout comme il est le remède souverain contre toute autre forme d'influence obscure, l'amour est la clef qui permet d'ouvrir les esprits fermés pour y laisser entrer la Lumière.

Merci, Matthieu. Une dernière chose à ce sujet… Ai-je raison de penser que la conscience de l'âme est infiniment plus vaste que celle de l'ego?

Tu as parfaitement raison, mère, et c'est précisément le sujet que je m'apprêtais à développer avant de m'interrompre pour répondre à la question que tu avais à l'esprit. La conscience d'une âme a la faculté de puiser dans le savoir universel présent partout dans la Création. La conscience universelle – soit l'éventail complet des pouvoirs humains et divins, de même que tout ce qui a été vécu depuis le début de l'existence de cet univers – est présente au cœur de chaque âme. Lorsqu'une âme accède à ce savoir universel, elle rapporte ce qu'elle perçoit au cerveau lequel, tel un ordinateur personnel, traite les données captées que l'esprit peut ensuite assimiler et examiner. Pour accéder à ce savoir, il vous suffit de faire taire vos pensées afin d'« entendre » les messages émanant de votre âme sous la forme d'images, de paroles, d'impressions, ou d'une combinaison des trois.

Je n'ose même pas essayer d'imaginer l'étendue du savoir au sein de la conscience universelle!

Chère mère, aucun cerveau d'un environnement de troisième densité ne peut avoir accès à un tel niveau de compréhension. C'est sur le plan de l'âme que de telles communications se produisent, lorsqu'elle puise dans l'ensemble du savoir de l'âme cumulative.

L'âme cumulative

Où ces âmes cumulatives résident-elles ?

Il n'existe aucun lieu de résidence particulier pour une âme cumulative, puisqu'il ne s'agit pas d'une entité individuelle, mais plutôt de la somme indivisible de tous ses personnages, peu importe où ils vivent, et sa croissance est le résultat de l'ajout par chacun d'eux de son vécu à l'amalgame en constante évolution de tout ce qui la compose. Dire qu'il s'agit d'un champ de force tirant son existence de tous ses aspects, où qu'ils se trouvent dans l'univers, constitue peut-être la meilleure description que l'on puisse donner d'une âme cumulative.

Connais-tu personnellement les autres personnages faisant partie de ton âme cumulative, ou bien as-tu uniquement accès aux connaissances qu'ils ont acquises au fil de leurs existences ?

Je connais ceux qui sont dans ce royaume, et certains d'entre nous sont devenus de bons amis. Certains sont présentement incarnés sur Terre, et je sais très bien qui ils sont ! Certains autres se sont tellement élevés vers la Lumière que nos densités respectives sont incompatibles, de sorte qu'il nous est impossible de nous rencontrer, alors que d'autres encore ont régressé loin de la Lumière dans les densités inférieures, où je n'ai vraiment pas envie d'aller ! D'autres enfin ont choisi d'aller à l'extérieur de cette galaxie, où je ne vais pas souvent en visite, de sorte que je les connais à peine.

Chacun a sa propre croissance spirituelle à réaliser, mère. Où que soient les autres personnages pour vivre les expériences nécessaires à leur croissance individuelle, nous sommes tous unis par les liens familiaux tissés par notre âme cumulative. Mais il n'est pas nécessaire de se rencontrer ni de partager des intérêts communs, ou encore de connaître tous les détails de nos circonstances de vie respectives. Ce que nous avons tous en commun, c'est la quintessence des savoirs acquis au fil de notre vécu collectif, à défaut de quoi l'ensemble de ce que chaque âme apprend serait perdu.

L'âme cumulative ne peut cheminer vers la Lumière que grâce au progrès de l'ensemble de ses personnages. Chacun d'eux doit donc pouvoir bénéficier du savoir commun de l'âme cumulative, et tous reçoivent de continuels encouragements au niveau de leur âme à tirer les leçons des expériences choisies dans le but de favoriser l'évolution de leur âme cumulative. Ce n'est pas uniquement intéressé de sa part, puisque que le progrès de l'âme cumulative contribue également à celui de tous ses personnages. Toutefois, chacun d'eux, selon les choix qu'il pose, peut croître vers la Lumière ou, au contraire, régresser au point de se retrouver emprisonné dans une énergie de basse densité.

Si un personnage devient ainsi prisonnier, quel en est l'effet sur l'énergie globale de l'âme cumulative ?

La tonalité énergétique dominante qui relègue un personnage à un environnement de basse densité n'affecte pas son âme cumulative, car le flux d'énergie unique de ce personnage ne s'y est rendu que par suite de ses propres choix. L'âme cumulative peut prodiguer des encouragements à ses personnages, mais elle ne peut jamais interférer avec leur libre arbitre. Toutefois, par amour pour tous ses personnages, elle peut demander que la grâce divine vienne en aide à ceux qui sont prisonniers de cette énergie de basse densité.

Chacune des âmes faisant partie d'une âme cumulative a-t-elle conscience de tout ce que cette dernière sait ?

Permets-moi, mère, de faire une comparaison avec ta mémoire. Rien de tout ce que tu as appris ou vécu jusqu'ici n'est jamais perdu dans ta mémoire, mais tu ne peux te souvenir simultanément de tout, puisque ce serait un fardeau accablant à porter ! En outre, plusieurs de tes expériences étaient si banales que leur incidence sur ce que tu as vécu par la suite était presque nul, et leur souvenir ne t'est plus jamais revenu à l'esprit. Pourtant, elles font toutes partie de ta banque mémorielle. Il en est de même pour les personnages de l'âme cumulative dans le cours de leurs vies individuelles.

Cela me paraît tout à fait logique. Matthieu, avec tous ces personnages faisant partie de ton âme cumulative, peux-tu me garantir que tu es uniquement mon Matthieu, et personne d'autre ?

Oh ! mère, absolument. Je suis Matthieu, et personne d'autre ! Chaque personnage est une entité distincte de toutes les autres ! L'âme cumulative est la synthèse de tous ses personnages.

Mais on dirait, à t'entendre, que chaque âme qui se subdivise devient une âme cumulative. Se peut-il que tu puisses faire la même chose et en devenir une toi aussi ?

J'ai conscience, mère, que dans mon empressement à répondre à tes questions, mes efforts ont pu semer de la confusion au lieu de clarifier les choses. Les termes que j'ai employés pour décrire les différentes formes d'expression de l'âme – l'âme cumulative, les personnages, les fragments ou étincelles d'âmes, et ainsi de suite – ne visaient qu'à te donner un aperçu du long périple de l'âme s'efforçant au fil de ses très nombreuses existences de revenir à son état premier au sein de l'Amour parfait et de la pure Lumière du Créateur.

Dans ce royaume céleste, nous n'avons pas besoin d'autant de termes, puisque le registre énergétique émanant d'une âme, où qu'elle soit dans l'univers, est la preuve manifeste de son degré d'évolution. Comme chaque âme est une entité distincte et inviolable, peu importe la dimension où elle se trouve ou le nombre de ses descendants, nous disons simplement qu'il s'agit d'une « âme ». Et c'est ainsi que nous décrivons chacun d'entre vous, à moins que nous ne tentions d'expliquer les divers stades de croissance de l'âme cheminant à travers ses divers aspects autonomes, ou le lien indestructible et éternel unissant chaque âme à Dieu et à toutes les autres âmes de l'univers.

Un fait important à souligner ici, c'est que tout ce que vivent les âmes se passe au sein du continuum, et qu'il n'y existe aucune base de référence fondée sur une perception linéaire du temps – passé, présent, avenir – pour y fragmenter ce qui est vécu en éléments indépendants les uns des autres. Ainsi, les existences que vous qualifiez de « vies antérieures » se déroulent simultanément avec celles vécues présentement et même dans le futur par l'âme cumulative. Toutes ces vies ne sont que des occasions pour celle-ci de faire l'expérience de différentes formes de vie, à divers stades de développement, et en des dimensions et des lieux différents de l'univers. Toutefois, comme la nature exacte du continuum échappe à votre compréhension, nous ne pouvons vous l'expliquer que dans le contexte de votre perception linéaire du temps, en qualifiant de « réincarnations » les diverses étapes de vécu expérientiel et en situant le tout dans une structure hiérarchique spirituelle cadrant avec ce que vous êtes en mesure de comprendre.

Mes explications ne clarifient peut-être pas encore suffisamment les choses, mère, mais la bonne nouvelle c'est que tu pourras comprendre ces mystères en apparence insondables lorsque ton âme sera revenue au Nirvana.

Je veux bien attendre jusque-là, mais j'aimerais savoir dès maintenant si toi et moi avons la même âme cumulative.

C'est définitivement le cas, mère ! J'espérais que tu me le demandes, mais si tu ne l'avais pas fait, je te l'aurais dit de toute manière. Notre existence remonte presque au tout début de notre âme cumulative, soit à près d'un demi-million d'années, selon votre façon de mesurer le temps. Voilà pourquoi ton énergie et la mienne sont si semblables et pourquoi un lien aussi spécial nous unit. Certains des membres de notre famille et quelques autres parmi ceux qui nous sont chers s'y sont joints plus tard, mais beaucoup provenant d'autres âmes cumulatives entrèrent en contact avec nous encore plus tard, au moment où nous avions besoin d'eux, ou vice versa.

L'origine des ténèbres

J'ai entendu le terme « âme souche ». Est-ce là un autre nom que l'on donne à l'âme cumulative ?

Non. L'origine des âmes souches remonte à la plus haute antiquité, alors que le libre arbitre fut pour la première fois utilisé pour créer des entités permettant à ces âmes de vivre toutes sortes d'expériences dans différentes formes de vie. Plus tard, ces premières âmes voulurent diversifier leur éventail d'expériences possibles, et ce fut le début des myriades d'âmes cumulatives qui apparurent lorsque les âmes souches se subdivisèrent pour créer leurs propres formes de vie.

Bien que l'âme soit indestructible, son énergie lumineuse peut être capturée par la négativité et prise au piège d'une densité si puissante qu'elle finit par descendre jusqu'au niveau énergétique le plus bas et le plus dense de ce royaume spirituel. En vertu de la plus ancienne de toutes les lois universelles, au moment de la mort physique, la fréquence énergétique de l'âme en transition dirige automatiquement cette dernière à l'endroit correspondant à ce dont elle a besoin pour guérir et pour continuer à apprendre. Les âmes ayant vécu de multiples existences à des niveaux énergétiques denses – c'est-à-dire ayant usé de leur libre arbitre à de viles fins – finissent par être attirées, conformément à cette loi naturelle, vers les couches les plus denses de ce royaume à plusieurs niveaux.

Ce sont des êtres qui ont choisi à maintes et maintes reprises de contrôler la vie des autres ou de leur infliger une brutalité tyrannique, ou qui sont tellement habités par la rage, la cupidité, les préjugés, la fourberie ou d'autres traits négatifs intenses, que chaque aspect de leurs vies successives est empreint de pensées, d'émotions et d'actions issues de cette négativité. Et c'est ainsi qu'au fil de nombreuses existences marquées par de tels choix, ces âmes s'enfoncent de plus en plus loin de la Lumière jusqu'à finalement atteindre la densité la plus basse qui, dès lors, les retient captives. Non seulement leur est-il alors impossible de se soustraire aux pensées qui les habitent à ce stade primitif de compréhension mentale, mais l'énergie propre à cet environnement, qui est en phase avec la leur, les y emprisonne.

Est-ce à dire que les âmes de personnes comme Hitler ne peuvent se réincarner pour commettre de nouvelles atrocités parce qu'il leur est impossible de s'échapper de cet endroit ?

Elles ne peuvent le quitter que si elles vont vers la Lumière qui leur est continuellement transmise depuis les sources de Lumière les plus élevées qui soient. Si elles réagissent à l'Amour émanant de cette Lumière, ces âmes en seront profondément transformées à mesure qu'elles s'élèveront vers les strates de plus en plus éthérées de ce royaume.

Mais même si une telle métamorphose se produit, le fait que ces âmes soient tombées si bas a d'incommensurables répercussions négatives. Les énergies mises en mouvement lors de leurs différentes vies terrestres demeurent actives après leur mort, et leur influence résiduelle n'est en rien diminuée par leur départ. Les effets en chaîne de la dévastation spirituelle provoquée par un seul individu de ce genre peuvent être si néfastes pour une civilisation qu'il est quasiment impossible de les distinguer des tonalités énergétiques de base s'en dégageant. Par conséquent, bien que l'énergie individuelle de cette âme soit maintenue captive, les répercussions négatives de ses actes passés persistent, et les forces de l'ombre se regroupent afin de se réarmer, en quelque sorte, en vue d'une nouvelle offensive.

Tu as précédemment expliqué que le Nirvana est un royaume spirituel formé de plusieurs niveaux distincts de densités différentes, mais je n'arrive pas à imaginer où cette strate de basse densité pourrait se situer. En fait, je ne parviens pas à comprendre qu'elle puisse même faire partie de ton monde.

Mère, je sais que ceci ne correspond pas à ta conception presbytérienne d'un ciel et d'un enfer séparés l'un de l'autre, mais où voudrais-tu que ces âmes aillent si ce n'est ici ? C'est le seul endroit où les résidents de la Terre peuvent aller après leur mort physique, et, par sa composition même, le Nirvana a été conçu pour les accueillir tous sans exception, même ceux que vous considérez comme des êtres malfaisants.

La strate énergétique la plus basse de ce royaume flexible à niveaux multiples se trouve près de votre lune, laquelle est entourée d'un degré de densité mal compris par vos scientifiques. Une fois cet astre coupé de sa structure planétaire originelle et dépourvu de ce que vous appelez des formes de vie « réelles », il servit ensuite de dépotoir pour tout ce qui était universellement rejeté. Le fait que ce soit un endroit inhabitable le rend idéal pour héberger des âmes de basse densité énergétique.

Toutefois, ce n'est pas le lieu de résidence des âmes de la plus basse densité énergétique, puisqu'elles sont enfermées à l'intérieur d'un petit corps céleste dont vos scientifiques ne connaissent pas l'existence. À la différence des autres strates énergétiques du Nirvana, dont la forme est flexible, cet environnement est une minuscule sphère orbitant à proximité de la Terre. Elle est suffisamment petite pour que son orbite soit à moins de 150 kilomètres de la Terre, et du fait de sa densité, elle se trouve sur une trajectoire stable et ne peut donc jamais toucher la planète.

Mais c'est si proche de nous, Matthieu !

Il est naturel que tu aies cette réaction, mais la distance est sans importance, mère. La densité énergétique de ces âmes exclut toute possibilité d'évasion, mais elle ne peut empêcher que des étincelles, semblables à celles que l'on peut observer lors d'une surcharge électrique, ne s'échappent et soient attirées vers les âmes dont la fréquence énergétique est relativement compatible avec la leur.

Tu as entendu parler des « pions » manipulés par les puissances de l'ombre qui cherchent à contrôler cette planète, mais tu ne sais rien des liens unissant ces pantins aux extraterrestres qui tirent les ficelles dans l'ombre. Ils les manipulent grâce à de telles étincelles, qui ne s'apparentent aucunement à la Lumière, car il s'agit en réalité d'une fréquence vibratoire basse agissant tel un leurre attirant les poissons trop curieux. De même, ceux qui ont l'esprit tourné vers le mal sont intrigués et attirés par toute forme de comportement haineux, et tombent tôt ou tard dans les rets de ces vibrations inférieures. Le culte de Satan avec ses tortures monstrueuses et ses sacrifices humains et d'animaux représente un parfait exemple de l'influence de cette énergie de très basse densité.

Cette énergie provient-elle de Lucifer ? « Lucifer » est-il uniquement un nom que les religions ont donné à toute forme d'énergie maléfique, ou bien y a-t-il réellement un « ange déchu » qui porte ce nom ?

En ce qui concerne le nom Lucifer, ou tout autre nom donné aux archanges et aux autres êtres de Lumière, ce sont effectivement des noms appropriés pour les diverses entités-forces que vos scientifiques ne reconnaissent qu'en tant que formes d'énergie. Chaque entité est une puissance distincte, certaines d'entre elles étant si immenses que leur puissance ne peut être imaginée sur Terre, de sorte qu'il est compréhensible que les scientifiques ne personnalisent pas ces forces cosmiques en leur attribuant des noms. Réfléchis un instant. Pourquoi les myriades d'âmes cocréées par Dieu et le Créateur ne posséderaient-elles pas de noms, à l'instar des membres de n'importe quelle famille, afin de permettre de distinguer leur moi individuel de tous les autres ?

Lucifer fut créé lorsque le Créateur manifesta les toutes premières expressions individualisées de Son Être, soit celles du royaume angélique le plus élevé. Après avoir accordé le libre arbitre à ces entités, elles eurent le loisir de cocréer ce qu'elles désiraient au cours des étapes subséquentes de manifestation. À l'origine, Lucifer ne désirait que créer de concert avec le Créateur, qui insufflait uniquement de la Lumière à Ses créations. Mais il finit par vouloir utiliser son libre arbitre et, poussé par la curiosité, fit des expériences qui aboutirent à l'apparition de créatures terribles et misérables, lesquelles engendrèrent des niveaux de densité de plus en plus bas. À mesure que l'énergie luciférienne croissait avec chaque nouvelle expérimentation et manifestation, elle se subdivisait de plus en plus, et avec chaque nouvelle division, ses chimères se retirèrent volontairement de plus en plus loin du Créateur, s'éloignant ainsi de la Lumière pour s'enfoncer toujours plus dans les ténèbres.

Aujourd'hui, les manifestations de cette énergie sur Terre sont la conséquence de ce refus de reconnaître l'existence du lien unissant chaque âme à la Lumière divine. Les gens qui exécutent les plans des forces de l'ombre ont leurs racines dans l'énergie luciférienne. Il faut rappeler que l'énergie est neutre en soi et que l'emploi du terme « luciférien » ne vise qu'à préciser que cette énergie est dirigée par Lucifer, à des fins et pour des activités toujours plus viles.

Les âmes qui descendent de Lucifer naissent-elles sous l'emprise de cette noirceur, et leur est-il impossible d'échapper à son influence ?

Cet archange était un être de pure Lumière lorsqu'il fut créé, de sorte que ses premiers descendants étaient forcément des êtres de Lumière. La même Lumière est présente en chaque âme, peu importe son ascendance, tout comme chacune des âmes est parfaitement libre de suivre la Lumière ou de s'en détourner. Même si Lucifer a rejeté la Lumière par ses choix, ses descendants n'empruntèrent pas tous automatiquement la même voie que lui, mais certains choisirent de leur plein gré de le suivre dans sa spirale descendante. De la Lumière fut transmise sans arrêt vers toutes ces âmes tout au long de leur descente. Certaines ont choisi de revenir vers la Lumière, d'autres pas, et toutes celles qui n'y sont pas revenues constituent ce que nous appelons les forces des ténèbres.

Je vois. Où ces entités noires résident-elles dans l'univers ?

Elles résident dans les dimensions de leur choix où la fréquence vibratoire ne peut piéger leur psyché. Les entités ténébreuses les plus puissantes ne s'incarnent habituellement pas, même si elles ont la faculté, en vertu des lois universelles, de manifester des corps de toute forme, ainsi que tout ce qu'elles désirent, sauf qu'elles ne peuvent créer des âmes ni de la Lumière. Voilà pourquoi les forces de la Lumière finiront un jour par triompher des forces des ténèbres. Les entités de l'ombre ne parviendront jamais à étendre leur sombre influence au point d'étouffer les derniers vestiges de la Lumière.

Le Créateur est et sera *toujours* le plus puissant ! S'Il décidait un jour d'anéantir la force de vie des âmes présentes à l'apex des forces des ténèbres, Il le pourrait. Dès l'instant où le Créateur en déciderait ainsi, ces âmes seraient réabsorbées et neutralisées.

Les âmes perdues

Que veux-tu dire ? Une âme peut-elle vraiment être « réabsorbée et neutralisée » ?

Mère, je sens ta confusion. Afin que tu puisses bien comprendre la nature de ce phénomène, et même si j'ai déjà abordé plusieurs facettes de l'âme, je vais commencer par le tout début, soit par le royaume de la Lumière christique, la première forme d'expression du Créateur, celui où règne Sa quintessence d'Amour-Lumière infinie et éternelle. Depuis ce premier instant, chaque âme, ou personnage, à tous les niveaux, depuis les royaumes angéliques jusqu'à celui de la plus petite subdivision d'une âme souche, jouit du libre arbitre et, proportionnellement, des mêmes attributs que le Créateur et, dans cet univers, que Dieu.

Chacun des personnages est un être indépendant et néanmoins inséparable de son âme cumulative, avec une personnalité, des préférences, des idées, des buts et tous les autres éléments grâce auxquels chaque personne est un être unique. Cette unicité n'est jamais perdue ni diminuée, même lorsque cette âme est de nouveau réunie au sein d'un groupe d'âmes toujours plus vaste comprenant tous les personnages issus d'une même âme originelle dont la création remonte à la plus haute antiquité – ce que nous appelons l'âme souche. Peu importe le nombre de personnages apparus dans sa descendance au fil des âges, l'âme souche conserve toujours son moi indépendant et inviolable avec son plein libre arbitre, tout comme chacune des âmes et chacun des personnages qui en sont issus. Ce que vit l'âme souche n'influe aucunement sur ce que choisissent de vivre les âmes qui en descendent.

Si l'âme souche choisit une voie menant vers la violence, elle s'éloigne de la Lumière et tombe dans un degré de densité compatible avec ses actions et son tempérament, et les possibilités d'exercer son libre arbitre se trouvent alors diminuées et freinées par cette densité. Plus sa psyché, à l'origine de ses attitudes, se tourne vers ce que vous appelez le mal et, par conséquent, plus ses actes sont atroces, moins elle est en mesure de reconnaître la Lumière, et sa conscience finit par s'atrophier par manque d'usage.

Pendant ce temps, chacun des personnages de cette âme souche continue à exercer son propre libre arbitre. Certains peuvent choisir de suivre son orientation vers la violence, alors que d'autres peuvent choisir de vivre au sein de la Lumière. Quels que soient les choix de chaque personnage et de leurs conséquences, la décision de l'âme souche de s'éloigner de la Lumière n'est enregistrée que dans son empreinte de vie dans les archives akashiques. Quant aux expériences vécues par tous ses personnages, elles sont également enregistrées de manière distincte dans leurs propres empreintes de vie.

Idéalement, l'exercice du libre arbitre finit par mener à une plus grande clarté spirituelle, qui est une conscience plus lucide du fait que nous sommes inséparables de Dieu. C'est le chemin menant à la réintégration à Dieu et au Créateur, et il est donc vital que tout être vivant s'efforce de développer une telle lucidité spirituelle. Ou, pour être plus précis, c'est d'une réminiscence consciente dont il faut parler, puisque cette clarté prend en fait naissance dans la mémoire cellulaire de chaque âme. Toutefois, si l'âme n'exerce son libre arbitre que pour effectuer des choix négatifs, elle empile alors un voile d'oubli par-dessus l'autre et s'éloigne de plus en plus de toute possibilité de clarté spirituelle. Sans la compréhension que permet cette clarté, le choix que pose sans cesse une âme souche de se tourner vers des activités ténébreuses finit par s'incruster en elle tel un désir irrésistible, et elle devient alors l'esclave de ses désirs malsains.

Toutes les expériences vécues par ses personnages au fil d'une multitude de vies peuvent s'étendre sur des millions d'années durant lesquelles cette âme souche s'enfonce en une spirale descendante jusqu'à finalement devenir tellement embourbée dans les ténèbres qu'elle est captive de sa propre énergie au sein de la strate du Nirvana où la densité est la plus intense, c'est-à-dire dans cette minuscule sphère précédemment mentionnée. Une attention toute spéciale est accordée à ces âmes par les forces de la Lumière afin de renforcer le peu de Lumière qui reste encore en elles, celle émanant leur étincelle de vie, et les empêcher de sombrer encore plus profondément dans les ténèbres. Même si les forces de la Lumière savent pertinemment que cette âme est sur le point d'atteindre le fond du gouffre, au risque de ne plus jamais pouvoir s'en échapper, elles doivent néanmoins respecter sa volonté de poursuivre sa route vers cette destinée.

Pour aider les âmes qui descendent à une telle profondeur, le Créateur leur envoie un ange protecteur dont la puissance et l'éclat lumineux sont parmi les plus intenses qui soient. Le maintien d'un bon équilibre en toute chose étant un élément essentiel à la croissance spirituelle, un équilibre doit être également atteint à cet égard. Dans le cas des âmes perdues ayant désespérément besoin de rétablir l'équilibre en elles, seule une aide en provenance du royaume angélique le plus élevé peut suffire à la tâche.

Pour y parvenir, un flux constant de Lumière émane de l'apex de ce royaume avec une intensité inégalée pour diriger un faisceau soutenu d'Amour là où les âmes perdues se trouvent. Chacune d'elles se voit ainsi offrir la possibilité de se rapprocher de la Lumière, et si plusieurs d'entre elles souhaitent progresser vers cette dernière, elles peuvent le faire simultanément. Ce n'est qu'une fois leur retour au bercail pleinement réalisé que leur rédemption est accomplie. L'Amour du Créateur est sans limites, et le pouvoir rédempteur de la Lumière christique l'est donc tout autant.

Certaines des âmes perdues répondent aux efforts extraordinaires déployés pour faciliter leur rédemption, et chaque fois que l'une d'elles réussit son retour triomphal, elle est accueillie dans une grande allégresse. Les âmes qui s'entêtent à refuser la Lumière deviennent la proie des forces des ténèbres qui sont parvenues à s'imposer à elles, tout au long de leurs différentes vies, jusqu'à leur dérober tout souvenir de leur splendeur passée et effacer en elles toute trace de Lumière. Après avoir subi durant des millions d'années les assauts répétés des ténèbres, ces âmes captives ne leur sont plus d'aucune utilité tant ces pauvres créatures pitoyables n'ont plus la moindre motivation pour quoi que ce soit, ni même le moindre souvenir de l'étincelle de Lumière christique toujours présente en elles. Devenues inutiles, mais aussi ne leur offrant plus aucun défi, ces âmes perdues sont donc abandonnées par les forces de l'ombre dont la victoire se résume au fait que là où jadis régnait la Lumière, il n'y a plus rien si ce n'est l'étincelle de vie les reliant au Créateur. Parmi ces âmes subissant ce triste état, certaines sont des âmes souches.

Seul le Créateur peut décider qu'une âme est à tout jamais perdue, et décréter sa réabsorption. Lui seul est suffisamment puissant pour réabsorber et neutraliser une énergie d'une aussi basse densité. En réalité, une âme ayant été réabsorbée n'est pas vraiment « perdue », puisqu'elle se trouve alors au sein de l'essence éternelle du Créateur. Lorsqu'une telle chose se produit, cela entraîne de profondes répercussions. Plus jamais une âme réabsorbée n'aura-t-elle la possibilité d'avoir une conscience individualisée ni de se fragmenter en d'innombrables personnages jouissant du libre arbitre et d'une inépuisable vitalité. Mais la conséquence la plus tragique d'un tel événement, lorsqu'il s'agit d'une âme souche, c'est que le sort de toute les âmes de sa descendance est inextricablement lié à sa destinée et que sa faculté à les alimenter en force vitale est alors irrémédiablement perdue. L'âme est la source de la force vitale de tout être vivant, et l'âme souche est la source de la force vitale de toute sa progéniture engendrée au fil de toute son existence. Quand une âme souche est réabsorbée au sein du Créateur, elle n'a plus aucune force vitale à fournir à ses descendants, et le corps physique de chacun de ces êtres meurt à l'instant même où son âme souche cesse d'exister. Voilà pourquoi une si grande tristesse envahit ce royaume chacune des rares fois où une âme souche ayant été réabsorbée n'a pu être détournée de ce destin.

Il faut cependant préciser que même si toutes les âmes engendrées par une âme souche disparaissent, le souvenir de leur existence demeure éternellement. L'ensemble de tout ce qu'elles ont vécu ne peut être expurgé de leurs propres enregistrements akashiques ni de celui de tous les êtres avec lesquels elles ont partagé des vies, conformément ou non à ce qui était prévu dans leurs contrats prénataux.

Veux-tu dire que ces âmes existent toujours dans le souvenir des âmes dont la vie se poursuit ?

Non. La mémoire est séparée du corps et des forces vitales de l'âme. Elle a son propre champ énergétique, et c'est ce qui survit à la disparition des âmes réabsorbées. Celles-ci demeurent donc dans les souvenirs de tous les individus dont la vie a été profondément touchée par ces âmes, mais ces souvenirs appartiennent uniquement aux personnes qui les possèdent et n'ont absolument aucun lien avec le champ énergétique de la mémoire des âmes réabsorbées.

Je vois. Qu'advient-il alors du karma positif que leurs descendants ont accumulé ?

Il est transmuté en énergie qui sert à équilibrer les vies des âmes défavorablement influencées par la mort d'un descendant d'une âme souche n'ayant pas eu l'occasion de rétablir de son vivant l'équilibre karmique. Il arrive souvent que le karma suive son cours normal au sein du même groupe d'âmes liées à celui-ci, mais ce n'est pas absolument nécessaire. Par conséquent, le karma positif dont bénéficient les âmes « victimisées » par l'âme souche perdue est appliqué dans une même mesure, mais par des voies différentes. Il est possible qu'il prenne la forme d'une leçon sur la bonne entente avec les autres, ou peut-être encore d'un redressement universel d'un déséquilibre n'ayant pu être corrigé en raison de la réabsorption de l'âme souche. Quelle que soit la manière dont l'énergie karmique est mise en application, cela constitue chaque fois une démonstration du fonctionnement de la grâce divine.

Quel serait l'effet de la mort d'une âme souche sur ses personnages se trouvant au Nirvana ?

Que ce soit ici ou dans tout autre royaume où séjournent des esprits désincarnés, ces âmes subissent les mêmes conséquences que toutes celles de leur lignée occupant une forme physique. Le niveau d'évolution qu'elles ont atteint dans leurs multiples vies sur les plans physique et éthérique et ce qu'elles vivent en ce moment dans n'importe quelle civilisation de cet univers ne constituent pas des facteurs déterminants à cet égard. Lorsque le flux de force vitale d'une âme est interrompu à sa source, cela a le même effet que lorsqu'une source de courant électrique est coupée : elle ne peut plus fournir d'énergie à ses stations auxiliaires, qui se retrouvent donc toutes à sec. Quand la force vitale de l'âme souche n'est plus, celle qui affluait à sa descendance disparaît également.

Mais lorsque ceux de ses personnages qui sont incarnés sur Terre meurent, où vont-ils s'ils ne peuvent aller au Nirvana ? Qu'en est-il de leur vie éternelle ?

Quand la force vitale de l'âme souche cesse d'exister, il n'y en a tout simplement plus pour que sa descendance puisse se rendre où que ce soit. Comme leur champ de force énergétique ne peut être anéanti ou détruit, il retourne au Créateur, la source de toute énergie dans le cosmos. Les souvenirs de chacune des vies de ces âmes leur survivent sous forme d'énergie, comme je l'ai déjà mentionné, et l'énergie est définitivement éternelle, mère.

Oui, je vois. Comment peut-on savoir si notre âme souche est sur le point de devenir une âme perdue ?

Il est impossible de le savoir tant au niveau de conscience des personnages que de celui de l'âme, et c'est bien ainsi. Absolument rien ne peut être fait pour modifier le statut évolutif d'une âme dans une lignée, et des âmes ne peuvent rien faire non plus pour changer le destin de leur âme souche. Mais il existe un mécanisme de préservation qui protège les âmes d'une lignée dans l'éventualité de l'imminence d'un tel destin. Les âmes du plan christique enveloppent tous ces personnages d'une Lumière d'une infinie tendresse durant leur transition dans le royaume de Dieu, où elles survivent sous forme d'une énergie mémorielle. Ici, au Nirvana, elles sont dans un état quasi léthargique d'où elles peuvent être éveillées si le processus de dispensation est mis en branle.

Des requêtes dispensatoires ont déjà été soumises au nom de telles âmes perdues, ou sur le point de l'être, afin qu'elles soient purifiées et qu'elles puissent clairement discerner dans quel abysse de densité elles s'étaient enfoncées, une densité où seuls les instincts primitifs subsistent. Une telle dispensation surviendrait si le plus haut conseil de l'univers permettait que de telles âmes perdues soient rapidement élevées jusqu'à un niveau de densité supérieur où l'intelligence et la faculté de raisonnement existent, leur offrant ainsi une occasion unique de faire des choix plus éclairés qu'auparavant. S'il advenait que de telles requêtes soient exaucées, l'ensemble de la descendance de ces âmes perdues en profiterait également. Des âmes sœurs et des anges se sont déjà portés volontaires pour contribuer au sauvetage de ces âmes souches.

Pourquoi un tel sauvetage n'a-t-il pas encore été réalisé ?

L'ère de purification planétaire qui s'amorce est différente de toutes celles qui l'ont précédée. Il est prévu que ses effets libèrent non seulement les âmes de la Terre, mais aussi toutes celles ailleurs dans l'univers qui sont tombées sous l'emprise manipulatrice des forces de l'ombre s'évertuant à garder le contrôle de leurs pantins. Cette même requête pour la purification des âmes s'applique tant au niveau universel que sur la Terre et dans ce royaume, mais à une échelle beaucoup plus vaste que celle où se déroule notre lutte microcosmique pour la survie.

* * *

Complément ajouté en 2008

Matthieu, tu m'as donné ces informations en 1994. Ces requêtes ontelles été exaucées depuis ?

Pas exactement, mère, c'est-à-dire, pas sous la forme initialement envisagée, mais un développement heureux est survenu ! Ce que nous savons ici, au niveau de conscience où je me trouve, qui est considérablement plus avancé que celui de la population habitant le Nirvana et la Terre, c'est que l'ascension de la Terre fait partie de changements universels en cours qui rendent possible la purification rédemptrice des âmes partout dans cet univers. Ces changements ont pour effet d'envelopper les âmes chancelantes dans tous les mondes physiques et spirituels d'une Lumière sans cesse plus intense, et celles qui choisissent d'y réagir positivement pourront poursuivre leur existence dans leurs lieux de vie respectifs. Or, s'il y a parmi elles des descendantes d'une âme souche ayant presque atteint le stade de réabsorption au sein du Créateur, celles-ci ne perdront pas leur force vitale si cette réabsorption se produit. Par la grâce divine, elles recevront au même instant une infusion de Lumière provenant d'autres sources et elles pourront ainsi poursuivre leur vie, sans même s'apercevoir du changement.

Un autre aspect des développements en cours concerne le fait que toutes les âmes descendant des âmes souches déjà réabsorbées auront de nouveau accès à leurs énergies mémorielles. Ainsi, après une période d'ajustement, qui comprendra une « mise à jour » afin qu'elles sachent tout ce qui s'est passé durant leur état de dormance au sein du royaume de Dieu, chacune examinera son empreinte de vie et choisira le prochain niveau approprié d'expérience dans une nouvelle forme physique. Quant aux âmes souches, leur énergie collective sera libérée dans l'univers sous la forme d'une Lumière diffuse.

Voilà qui est effectivement un fort heureux développement ! Qu'est-ce que la lumière diffuse, et en quoi diffère-t-elle de la lumière « ordinaire » ?

Chaque fois qu'une étoile achève son existence dans une colossale explosion, ou implosion, sa matière est projetée à grande vitesse dans l'espace jusqu'à subir de nouveau l'attraction d'un champ gravitationnel, et, chemin faisant, elle érode sous l'effet de la friction de minuscules fragments de matière vivante parsemant l'espace – ces fragments constituent la lumière diffuse. Pour expliquer en quoi celle-ci diffère de la lumière

« ordinaire », je te propose l'analogie suivante, mère. La Lumière est une puissante force énergétique qui peut être instantanément dirigée par le pouvoir de la pensée, un peu comme une argile malléable dont se sert un potier qui sait précisément ce qu'il désire créer avec celle-ci. La lumière diffuse est une énergie flottant librement qui est disponible pour tout usage potentiel. Il suffit donc au potier de mon analogie qu'il la mette en mouvement grâce à son imagination. Jusqu'à l'instant où ses formes-pensées la figent en une forme et dans un but précis, cette « argile » universelle est partout disponible, et prête à servir.

Existe-t-il de grandes quantités de lumière diffuse dans l'univers ?

Bonne question, mère. Au commencement, TOUT, sans exception, était de la lumière diffuse, alors que le Créateur manifestait le matériau primaire indispensable à toute création, soit l'énergie grâce à laquelle toutes les formes-pensées et toutes les potentialités purent ensuite être produites. Au fil des âges interminables qui se sont écoulés depuis l'aube des temps, une grande partie de la lumière diffuse a été utilisée pour créer tout ce qui existe dans cet univers – *cocréer*, devrais-je plutôt dire, puisque le matériau primaire émane du Créateur, alors que tout ce qui est produit avec celui-ci est le fruit des formes-pensées des innombrables âmes cocréatrices.

Transfert d'âmes

Pourquoi certaines personnes reviennent-elles à la vie après avoir été cliniquement mortes durant des périodes excédant le temps qu'il faut normalement au cerveau pour mourir ? J'ai rencontré une femme qui avait retrouvé la conscience plus de quarante minutes après avoir été déclarée morte. Elle possédait toutes ses facultés cognitives et se souvenait de tout ce qui s'était passé durant ce laps de temps, et l'invalidité dont elle avait souffert durant presque toute sa vie était complètement disparue.

Mère, tu soulèves deux questions ici. Occupons-nous d'abord de celle concernant les gens qui subissent une « mort clinique » et qui retrouvent ensuite une bonne santé mentale et physique. Prenons le cas où une dizaine de minutes se sont écoulées dans cet état, ce qui causerait normalement des dommages cérébraux importants. Lorsqu'aucune lésion n'en résulte, c'est dû à l'existence d'un puissant lien d'amour entre cette personne et ce royaume fournissant au corps un apport de force vitale qu'aucun de vos appareils médicaux ne peut mesurer.

Comme cette force de vie est trop faible pour être détectée par les instruments de mesure des signes vitaux, la personne est donc considérée comme morte. Mais cette force minimale est analogue à l'énergie beaucoup plus forte qui s'empare alors de l'esprit et qui permet à l'âme de fonctionner à des fréquences beaucoup plus intenses que celles présentes à l'intérieur du corps physique. Lorsque cette puissante énergie est insufflée dans la force vitale du corps à peine encore vivant, aucun dommage neuronal ou mental ne résulte de la défaillance dans son fonctionnement physique normal.

Une telle intervention n'aurait toutefois pas lieu s'il était prévu dans son contrat prénatal que la mort physique survienne à ce moment-là, ou que cette personne subisse un handicap durant toute sa vie sur Terre. Dans le cas de la majorité des gens qui ne reprennent pas conscience en de telles circonstances, la fin de leur existence physique est conforme aux dispositions de leur contrat.

En ce qui a trait à la femme considérée comme cliniquement morte pendant une quarantaine de minutes, il y a eu ce que nous appelons un transfert d'âmes. Ce cas est réputé ici comme étant l'un de ceux où ce processus a remarquablement réussi. Ce que cette personne a vécu n'est pas une expérience exceptionnelle, puisque cela survient beaucoup plus souvent chez les gens qui demeurent inconscients durant de bien plus longues périodes qu'elle, comme ceux qui sombrent dans un coma prolongé. Mais même là, il ne s'agit pas d'un phénomène courant, loin s'en faut !

Qu'arrive-t-il habituellement aux âmes des personnes comateuses ?

Très souvent, les âmes des personnes qui finissent par reprendre conscience ne les ont pas quittées durant toute leur période d'inconscience. Ou alors, il peut y avoir un transfert d'âmes, ainsi que je l'ai mentionné, et c'est ce qui explique la guérison spontanée du corps.

Explique-moi, s'il te plaît, ce qu'est un transfert d'âmes.

Lorsque l'âme d'un patient comateux désire apprendre d'autres leçons et qu'une entente survient avec une autre âme qui y voit elle aussi des possibilités d'accomplissement karmique, des préparatifs sont alors faits en vue d'un transfert d'âmes qui sera à l'avantage des deux âmes en cause. Cela peut se produire au début d'un état comateux ou à tout autre moment durant la période où le corps demeure viable. Le signal initial pouvant mener à un tel échange peut être lancé soit par l'âme du corps comateux, soit par toute âme désireuse de vivre ce genre d'expérience. Un registre central servant à l'enregistrement de tels signaux alerte les âmes intéressées par la disponibilité d'une âme demandant un transfert, ou disposée à s'y prêter.

Il faut mentionner un autre point important ici. Le corps doit être prêt à endurer les limites de fonctionnement et tout autre problème susceptible de survenir après sa guérison spontanée, de sorte que le consentement du corps à subir toutes les conséquences physiques, mentales et émotionnelles doit être pris en compte par les deux âmes en cause dans un tel transfert. Aucune autre approbation que celle des deux âmes et du corps n'est nécessaire, et le processus peut donc être enclenché dès qu'un tel accord est conclu.

Le transfert de connaissances d'une âme à l'autre est un procédé fort simple. Le cerveau humain est comparable à un ordinateur, et tout comme votre ordinateur peut être connecté à un autre ordi ou à une unité de stockage pour y transférer des données, de même tout le savoir acquis d'une âme dont le corps est dans le coma peut être téléchargé, ou transféré, à l'âme prenant possession de ce corps. Ce savoir englobe l'ensemble des souvenirs depuis sa naissance, ainsi que toutes les connaissances acquises de toutes les sources possibles. Une fois ce transfert complété, ce savoir devient la propriété de la nouvelle âme. Tout ce que ces deux âmes ont vécu avant ce transfert est déjà enregistré dans leurs empreintes de vie conservées dans les archives akashiques, et leurs nouvelles expériences respectives continueront à l'être à partir de cet instant.

L'âme qui prend possession du corps a la faculté de lui insuffler la force vitale que la précédente âme n'avait plus la capacité de lui fournir en raison de la longue maladie débilitante que le corps subissait. Les âmes ne régénèrent pas automatiquement les cellules. Cette force vitale est de nature physique, et bien que la volonté d'une âme puisse s'avérer très forte, certaines contraintes physiologiques entrent en ligne de compte. L'affaiblissement progressif de la constitution physique des corps humains au fil des millénaires et l'endoctrinement subi selon lequel les corps sur Terre vont inévitablement vieillir et mourir ont considérablement nui à leur longévité. Le cerveau est enfermé dans un tel étau psychologique en raison de cet endoctrinement que cette croyance a fini par s'incruster dans la mémoire cellulaire des corps humains. Le vieillissement et la mort physique s'ensuivent donc fatalement.

Même si les souvenirs, les habitudes comportementales et le savoir acquis survivent intacts au transfert d'âmes, ils ne peuvent être aussi solidement ancrés que si le corps et le cerveau avaient alors été en parfaite condition. Un tel transfert survient habituellement après une grave lésion cérébrale, et bien que l'infusion de santé et de vitalité réalisée grâce au transfert d'énergie ait effectivement un effet régénérateur sur les cellules cérébrales, le souvenir de certains détails s'estompe en raison de l'état de détérioration du cerveau au moment du transfert. La personne en convalescence, désormais habitée par une nouvelle âme, ne parvient donc plus à se rappeler certaines informations qu'elle savait auparavant. Cette perte de mémoire, combinée à l'intention de la nouvelle âme de vivre ses propres apprentissages, peut certainement expliquer pourquoi un tel changement de personnalité s'est opéré. En dépit de l'explication aisément acceptée de la perte de mémoire due aux effets de la maladie ou des lésions cérébrales, le changement de personnalité est souvent frappant pour la famille et les amis de cette personne.

Mais étant donné le transfert des connaissances de l'âme originale à la nouvelle, pourquoi observe-t-on une telle différence de personnalité ?

Toutes les expériences acquises aidant à former une personnalité ne font-elles pas partie de ce savoir ?

La nouvelle âme occupant le corps y amène son propre personnage. Le personnage *est* la personnalité d'une âme. La personnalité d'un individu est formée des attitudes acquises au cours d'une vie, tandis que le personnage est l'essence même d'un individu. C'est l'ensemble de ce qu'une âme transmet, dont le sens de l'honneur, la conscience, la bonté radieuse, le savoir intuitif absolu de la Lumière intérieure. Selon la différence entre le degré de Lumière de l'âme originale et celui de la nouvelle, la personnalité de l'individu peut différer de manière assez marquée, ce qui peut s'avérer être une amélioration ou un désavantage du point de vue des personnes qui entretenaient déjà des relations avec cette personne.

Je peux aisément l'imaginer... Merci pour ces explications. Que se passe-t-il lorsque le cerveau d'une personne est si gravement endommagé que le recouvrement de ses facultés mentales est impossible, mais que le corps continue néanmoins à vivre ?

L'âme peut alors choisir entre plusieurs options. Elle peut demeurer dans un état de repos à l'intérieur du corps jusqu'à la mort physique de ce dernier. Elle peut aussi le quitter et s'incarner dans un fœtus pour lequel aucune âme n'a encore été attribuée. Elle peut en outre revenir directement en ce royaume et choisir parmi toutes les possibilités s'offrant à elle ici.

Lorsqu'une âme choisit de quitter le corps, son fonctionnement physiologique est alors uniquement dû à la volonté de la force vitale du corps qui est elle-même différente de celle de l'âme. Ce phénomène se produit chez les personnes qui demeurent inconscientes durant de longues périodes, et le maintien de leur fonction respiratoire est alors entièrement dû à un automatisme du corps. Si une âme choisit de quitter son corps, celui-ci décède aussitôt s'il n'est pas maintenu en vie artificiellement par des moyens mécaniques.

Il n'existe pas de durée de temps standard pour qu'une âme prenne sa décision en un tel cas. C'est un choix aussi personnel que celui de quitter ou non le corps. Si l'âme fait l'expérience d'une leçon qu'elle a choisi de vivre, elle sait à quel moment elle y mettra fin, mais quand un état comateux n'avait pas été choisi avant la naissance, la pertinence de poursuivre la vie physique est alors réévaluée. Une telle réévaluation est toujours autorisée, et pas uniquement lorsque la suite des expériences vécues allait être très différente de ce qui avait été convenu dans le contrat prénatal. Là encore, c'est par la grâce divine qu'un tel choix est possible lorsque des circonstances difficiles n'ayant pas été prévues à l'origine sont vécues par l'âme.

Quel avantage un transfert d'âmes procure-t-il comparativement à l'entrée d'une âme au moment de la naissance, si ce n'est un passage directement à l'âge adulte qui pourrait offrir certains types d'expérience que le fait de suivre le cours normal des choses n'offre peut-être pas?

Ce que tu viens de décrire, mère, est en soi un avantage suffisant. C'est précisément l'objectif visé, et tout particulièrement en cette époque d'évolution accélérée, les répercussions d'un tel transfert sont beaucoup plus considérables et avantageuses que tu ne le considères. En outre, ce processus permet aux deux âmes d'apprendre de nombreuses choses, et le simple fait pour l'âme qui prend possession d'un corps d'accepter d'effectuer un tel transfert offre une occasion unique de croissance spirituelle, puisque dans la plupart des cas sa nouvelle existence sera semée d'embûches.

Vies parallèles et vies probables

On affirme parfois qu'une chose s'est produite « dans une ancienne vie », en voulant dire que c'était il y a très longtemps. Je pensais que l'idée d'avoir une « vie parallèle » n'était également rien de plus qu'une expression, mais quelqu'un m'a dit que ça existait réellement. Qu'en est-il selon toi, Matthieu ?

Je sais exactement à quoi tu fais allusion ici ! Ça existe effectivement, des vies parallèles. En plus de ce qu'une âme peut vivre au cours d'une incarnation physique sur Terre, il existe d'autres types de réalités distinctes. Ces existences virtuelles se déroulent en différents endroits de l'univers et à diverses époques passées ou futures, selon votre conception du temps. C'est ainsi que des groupes d'âmes parviennent à partager simultanément autant d'expériences de vie distinctes.

De quelle manière ces vies commencent-elles ?

Une vie parallèle peut apparaître à une fourche du cheminement évolutif d'une âme, et elle se poursuit dès lors sans que cette dernière en ait conscience. L'énergie que son attention a investie dans ces voies alternatives non empruntées doit pouvoir continuer d'une façon ou d'une autre sur sa lancée. Rarement une personne a-t-elle conscience de toute l'énergie investie dans des chemins non choisis, de sorte que cette énergie doit chercher d'elle-même par quelle voie se dissiper. L'énergie ne peut être détruite, pas plus qu'elle ne peut continuer à exister dans un état de suspension, et elle n'est pas redirigée vers le sentier choisi parce que la personne l'ayant créée n'a tout simplement pas conscience qu'elle peut l'être.

Sans l'intervention consciente de l'âme ayant amorcé une vie parallèle, l'énergie continue sur une lancée constituant le prolongement logique de son impulsion initiale et menant à sa conclusion naturelle. Le chemin suivi par cette énergie est déterminé à la fois par sa direction initiale et par les pensées subséquentes de l'âme quant aux différents scénarios possibles qu'elle peut avoir envisagés, en se demandant, par exemple, ce qui serait arrivé si elle avait plutôt choisi d'accepter tel autre emploi, d'épouser telle autre personne, ou d'aller à telle autre école, et par toutes les autres possibilités sérieusement considérées par l'âme au moment du choix de l'orientation à prendre, alors qu'elle se trouvait à une importante croisée des chemins dans sa vie.

Ces vies parallèles, qui peuvent être vécues sous la forme d'un esprit ou dans des corps d'êtres éthérés, n'exercent aucune influence sur la vie consciente des âmes qui en sont à l'origine. Il n'existe pas de dimensions parallèles ou de « plans intérieurs » spécialement conçus pour ces vies parallèles. Chaque événement, chaque situation et chaque dénouement de ces vies parallèles surviennent uniquement dans les dimensions parallèles engendrées par chacun des choix de ces âmes. Chaque vie parallèle possède sa propre dimension parallèle correspondante et son propre contexte.

De quelle manière ces vies parallèles sont-elles enregistrées dans les archives akashiques ?

Elles ne le sont pas. Il existe un système d'enregistrement parallèle pour ces existences virtuelles, mais il est entièrement indépendant et ne comporte aucune référence pouvant le relier aux archives akashiques. On pourrait toutefois considérer qu'il s'agit d'une division autonome, puisque les mêmes règles et méthodes que pour la consultation de l'information disponible dans les archives akashiques s'appliquent à ce système parallèle. Les données qui y sont consignées sont cependant distinctes de celles disponibles dans l'empreinte de vie de l'âme à la source de ces réalités parallèles, et ne peuvent être prises en compte dans le processus d'auto-jugement au moment de la revue de vie.

Je voulais justement te demander où se déroule la revue de l'empreinte de vie.

À l'endroit correspondant à la fréquence énergétique déterminée par les choix librement consentis de l'âme, au cours de la vie venant tout juste de s'achever. Rappelle-toi qu'à la mort physique, l'âme se rend automatiquement à la strate du royaume correspondant à la densité énergétique moyenne de sa dernière vie, de sorte qu'il ne peut y avoir un seul endroit pour effectuer ces revues de vie. Et enfin, comme chaque âme procède seule à cet examen et que personne d'autre n'y assiste, un lieu central pour ce faire n'est nullement nécessaire.

Oui, je vois. Qu'advient-il des énergies des vies parallèles d'une personne au moment de sa mort ?

Certaines peuvent poursuivre leur cours tortueux durant de longues années, alors que d'autres peuvent être déjà parvenues à leur terme après avoir emprunté une voie sans issue par suite de décisions indépendantes de la volonté de cette personne.

Comme elles n'ont absolument aucune influence sur la conscience des âmes incarnées, à quoi servent-elles ?

Elles permettent aux âmes de mieux connaître l'éventail des émotions humaines qu'elles doivent toutes bien maîtriser afin de pouvoir continuer à évoluer. Certaines d'entre elles ont parfois besoin de centaines, voire de milliers de vies pour apprendre une seule leçon essentielle – comme faire preuve de générosité au lieu d'être dominées par la cupidité –, et elles peuvent, grâce à ces vies parallèles, aborder de telles leçons sous différents angles et en différents points du continuum temporel. L'énergie de leurs formes-pensées orientées vers ces multiples explorations simultanées finit pas se fusionner, augmentant ainsi leur bagage d'expériences, et ces âmes finissent par faire des pas de géant dans leur retour vers la Lumière qui est à l'origine de toute vie. Ces vies parallèles jouent donc un rôle fort important.

Je suis mêlée, Matthieu. Veux-tu dire que les âmes partagent des vies parallèles ?

Non, mère. Il s'agit de différents aspects énergétiques de la même âme qui sont devenus animés d'une vie propre aux divers embranchements de son cheminement évolutif. Voici une analogie qui t'aidera peut-être à mieux comprendre. Supposons que l'âme soit une maison et que tous les appareils électriques s'y trouvant soient les multiples vies parallèles de l'âme. Il suffit d'un seul câble électrique pour alimenter en électricité l'ensemble d'une résidence, et une fois le système électrique mis sous tension, on peut utiliser tous les appareils électriques quand on le désire parce qu'ils fonctionnent tous avec le même type d'énergie. Dans mon analogie, on ne peut faire marcher de cette manière les appareils fonctionnant au gaz ou à l'huile, car l'énergie nécessaire à leur fonctionnement n'est pas de nature électrique. De la même manière, ces vies virtuelles dépendant d'une forme d'énergie différente de celle de l'âme qui les a engendrées ne peuvent être compatibles avec le champ énergétique de cette dernière.

Je vois, merci. J'ai aussi entendu l'expression « vies probables ». Peut-on également appeler ainsi les vies parallèles ?

Non, on ne peut assimiler l'un à l'autre, et selon la conception que vous avez habituellement de la vie, l'expression « vies probables » ne serait pas facilement comprise puisque les gens ne considèrent pas que de tels flux énergétiques puissent avoir une vie propre. Mais tout comme une forme-pensée est une substance vivante, un ensemble de formes-pensées générées dans un but précis peuvent également être considérées comme étant douées de vie. Les vies probables sont des flux énergétiques prenant naissance avec votre première pensée à l'égard d'une situation particulière et s'intensifiant avec chaque pensée subséquente à ce sujet, jusqu'à ce que vous parveniez finalement à la décision de donner suite ou non à ce que vous aviez en tête. La principale différence avec les vies parallèles, qui se déroulent hors de la portée de votre conscience, c'est que les vies probables demeurent accessibles à cette dernière. Lorsque vous réfléchissez à une quelconque décision à prendre, vous pensez à un résultat probable qui s'ensuivra si vous allez jusqu'au bout de votre idée. Même si vous faites au bout du compte un choix différent dans les mêmes conditions et les mêmes circonstances, l'énergie de ce tout premier résultat probable envisagé continue d'exister.

Les énergies respectives des vies parallèles et des vies probables se combinent-elles après que nous les avons engendrées ?

Non, à cause des différences dans leurs degrés d'intensité et leurs niveaux de réalité. Vous n'avez aucunement conscience des vies parallèles, mais les possibilités précédant les probabilités ainsi que ces probabilités en soi font définitivement partie de votre conscience. Supposons que tu envisages d'entreprendre un voyage, celui-ci constituerait alors un résultat *possible* de ton examen conscient d'un tel projet. En continuant à y réfléchir afin de décider, par exemple, quand partir et où aller, tu augmenteras l'énergie de la *vie probable* entourant l'idée de ce voyage. Jusqu'au moment où tu auras effectivement entamé ton voyage, tes pensées sur sa possibilité puis sur sa probabilité auront créé l'énergie ayant motivé tes gestes et ta décision jusqu'à l'instant précis de ton départ.

L'investissement d'énergie dans les vies parallèles fonctionne selon le même principe, puisqu'il débute par un mince filet d'énergie gagnant en force et en vitesse dans la foulée de vos décisions, pour ensuite devenir suffisamment intense pour acquérir une vie propre, sans intervention de votre part, et continuer sur sa lancée comme je l'ai décrit plus haut. Les émissions énergétiques plus faibles générées par vos pensées relatives aux possibilités et aux probabilités se dispersent de façon erratique jusqu'à se dissiper complètement si vous n'accordez plus la moindre pensée à la situation les ayant produites, et l'énergie qui avait été investie en elles va rejoindre le pool d'énergie universelle neutre. Toutefois, si votre intérêt pour cette même situation perdure et s'intensifie, les émissions énergétiques de ces vies probables s'en trouveront proportionnellement amplifiées et pourront influencer votre décision de passer ou non à l'action par la suite. Si vous décidez de le faire, et que cette décision est d'une telle importance qu'elle a pour effet de créer une fourche dans votre cheminement évolutif, vous donnerez alors naissance à une vie parallèle qui suivra son cours à partir de cet embranchement.

Eh bien, merci de ces explications Matthieu, mais je n'arrive vraiment pas à comprendre ces aspects nébuleux de ma vie. Je me sens complètement dépassée à la simple idée d'essayer d'imaginer que mon âme fait partie d'une autre âme, qui fait également partie d'une autre, et ainsi de suite, et que toutes ces vies se déroulent simultanément.

Je sais que c'est difficile à imaginer, mère. En fait, il est impossible dans un environnement de troisième densité de comprendre que le Créateur, qui est constitué à la fois de Ses aspects non manifestés d'avant la Création et de tout ce qui en a résulté, est un Tout indissociable au sein duquel toutes les âmes finiront un jour par retourner. De même, sur le plan microcosmique, chaque personnage d'une âme, avec sa vie consciente, ses vies parallèles et l'influence des vies probables générées par ses formes-pensées, fait partie intégrante d'un Tout plus vaste. Je sais que l'indestructibilité de l'énergie et des formes-pensées constitue le fondement de tout ce qui est créé, mais ne me demande pas s'il te plaît de t'expliquer en détail comment tout cela fonctionne, car je ne le sais pas. Il m'est possible de répondre à certaines de tes questions en raison de la perspective unique que m'offre la vie en ce royaume, et à d'autres questions encore grâce à l'aide fournie par des êtres d'ici et d'ailleurs dont l'évolution spirituelle est très avancée, mais il y a tout de même certains aspects du maître plan qui demeurent pour la plupart d'entre nous d'insondables mystères divins.

Des âmes beaucoup plus sages et évoluées que moi affirment que plus nous nous approchons de la Lumière, plus les choses deviennent simples et claires. Nous compliquons tout en puisant constamment dans les formes-pensées universelles et en tentant alors de les embellir ou de les simplifier, ce qui en fait surgir d'innombrables autres avec lesquelles il faut ensuite composer. Par ailleurs, le phénomène d'expansion et de contraction de Tout Ce Qui Est purifie, guérit et révèle toutes les composantes mystiques de l'être, ce qui préserve l'intégrité de l'Amour-Lumière dont chaque âme a besoin pour son évolution.

Je peux désormais discerner plus clairement le plan divin que lorsque je suis arrivé ici. Il s'agit d'un processus de remémoration graduelle, puisqu'en fait nous savons déjà tout intuitivement au niveau de l'âme. Plus on retire les couches successives d'oubli, de faux- semblants et de négativité, plus il devient facile de comprendre et plus on se rapproche alors de la Lumière, ce qui est le but de toutes les âmes dans cet univers. Pour progresser d'un stade de croissance au suivant, il suffit simplement, comme tu le sais déjà, de vivre dans l'amour, la bonté et l'harmonie.

Matthieu, voilà qui permet de comprendre plus aisément le but de l'existence !

Alors, je te suggère de laisser de côté tout ce que tu ne parviens pas à comprendre pour l'instant, sachant que grâce à la conscience de l'âme tout finit toujours par s'éclairer. Puisse ta connaissance intuitive du but de l'existence être pour toi une source de paix et de sérénité.

Expériences inhabituelles

Après que tu m'eus récemment parlé de la possibilité de « doubles vies » – soit le fait pour une âme incarnée sur Terre d'aller au Nirvana durant les périodes de sommeil de son corps pour y poursuivre d'autres formes d'apprentissage –, de nouvelles questions me sont venues à l'esprit à ce propos. Ce phénomène permet-il d'expliquer les talents inouïs des enfants prodiges ?

Mais parfaitement ! C'est particulièrement vrai dans les cas où l'histoire de la famille de ces enfants indique qu'il est peu vraisemblable qu'ils possèdent de tels talents. Ces êtres extraordinairement doués, qui laissent leur marque surtout dans les domaines des arts et des sciences, peuvent avoir choisi un patrimoine génétique favorisant l'éclosion de leurs remarquables facultés, mais même sans le bénéfice d'un tel avantage, ces génies possèdent de véritables dons célestes.

Les doubles vies jouent-elles également un rôle dans le cas de ceux qui deviennent des savants ?

Non. Bien que l'âme choisisse là aussi de vivre une telle existence, comme dans le cas des enfants prodiges, il s'agit là d'une situation entièrement différente. En général, les savants sont remarquablement doués pour une seule chose, la plupart du temps pour les arts ou les mathématiques, et leurs autres capacités cognitives sont sérieusement diminuées. Un dérèglement chimique se manifestant au cours du développement du fœtus perturbe certaines parties du cerveau sans toutefois affecter les autres. Celles qui ne le sont pas deviennent hyper développées, ce qui a pour effet de retarder considérablement le développement du reste du cerveau. En l'absence d'un tel déséquilibre chimique, il est tout probable que le degré d'intelligence de ces personnes se situerait dans la moyenne, ou légèrement au-dessus de celle-ci.

Y a-t-il un lien entre l'autisme et ce phénomène des doubles vies ?

Non. Ceux qui en sont atteints le sont dès la naissance, mais cette affection n'est pas due à des facteurs génétiques ni à un accouchement traumatique. L'autisme est une expérience interne que l'âme choisit pour contrebalancer une hyperactivité vécue dans une autre vie. Par hyperactivité, je n'entends pas par là une vie extraordinairement active menée par un individu autrement en parfaite santé, mais plutôt un mauvais fonctionnement glandulaire entraînant chez une personne l'incapacité à contrôler l'envie irrésistible d'être excessivement active.

C'est purement grâce à la forte volonté de son âme qu'un enfant autiste peut arriver à surmonter sa résistance naturelle à sortir de son « cocon », où il se sent en parfaite sécurité. Les influences environnementales peuvent accélérer, ou bien étouffer, la capacité de ces enfants à apprendre et à fonctionner plus ou moins normalement. Néanmoins, un environnement positif et stimulant ne peut au mieux qu'atténuer les comportements associés à cette maladie, dont les symptômes sont bien plus graves lorsque l'enfant grandit dans un environnement n'offrant pas assez de stimulations et où aucun amour ni aucune aide soutenue ne sont prodigués.

L'âme, dans ces cas, est toujours consciente qu'il s'agit d'une leçon qu'elle a choisie, et elle n'éprouve qu'amour et patience envers son personnage, qui a accepté de vivre une telle expérience. C'est précisément d'amour et de patience dont ces enfants ont besoin de la part des membres de leur famille pour arriver à relever positivement ce grand défi.

Dans les cas d'enfants nés avec une malformation physique ou un handicap mental, ou encore ayant subi des lésions cérébrales à la naissance, leur âme a-t-elle choisi de vivre ces expériences ?

Les malformations congénitales et autres handicaps de naissance sont habituellement le résultat d'un choix effectué avant la naissance. Non seulement une âme peut-elle apprendre beaucoup de choses au cours d'une existence vécue dans de telles conditions, mais elle se conforme ainsi au pacte fait avec les parents, qui sont parfois même plus touchés que leur enfant « anormal ». Lorsque de tels rôles sont convenus entre les membres d'une famille, ces ententes sont conclues avant la naissance des parents. Même s'il peut paraître invraisemblable que les âmes des parents aient pu convenir avant de naître de former un couple et d'avoir un tel enfant bien des années plus tard, tous ces arrangements prénataux sont effectués dans le continuum, où les âmes apprennent au cours d'existences vécues simultanément et où les principaux participants à une telle entente déterminent quels seront leurs rôles respectifs.

Dans le cas d'un bébé au développement normal qui subit une lésion au moment de la naissance, cette épreuve peut également faire partie d'un contrat prénatal. Quand ce n'est pas le cas toutefois, c'est une tout autre affaire. Si la possibilité d'un accouchement traumatique est anticipée, les principales parties en cause en discutent sur le plan de l'âme. Si l'une d'elles refuse d'accepter une telle éventualité, une nouvelle entente entre les âmes concernées élimine la possibilité d'un tel événement par le moyen d'une fausse couche ou d'une mort à la naissance.

Une nouvelle entente est également requise lorsque survient un accouchement traumatique qui n'était pas prévu dans l'entente originale. Encore là, les principales parties en cause en discutent sur le plan de l'âme, et si l'une d'elles considère inacceptable cette situation que personne n'avait choisie, le bébé meurt. Par contre, si toutes les âmes acceptent cette situation inattendue et toutes les conséquences qui en résulteront, le bébé survit et une nouvelle entente est alors conclue, qui comprend un ensemble de circonstances de vie différentes pour toutes les personnes concernées.

Si l'on tient compte du fait que la portée de ces contrats de vie s'étend bien au-delà de l'enfant et de ses parents, pour inclure également les autres enfants nés de ces mêmes parents et tous les autres membres de la famille ainsi que toutes les autres personnes appelées à jouer un rôle important comme ceux d'amis et d'enseignants, ainsi que les âmes devant consentir à être plus tard le conjoint ou la conjointe de cet enfant et les âmes des enfants à naître de cette union, on peut constater que de nombreuses vies sont profondément touchées par tout amendement apporté à un contrat original, sans oublier que des leçons karmiques équivalentes doivent être arrangées pour toutes ces âmes.

Lorsqu'un enfant est négligé ou maltraité conformément à ce qui était convenu dans un contrat prénatal, l'enfant et ses parents choisissent cette situation pour les leçons précises dont ils ont tous besoin pour contrebalancer ce qui est survenu dans des vies antérieures. Par exemple, un enfant subissant un grave retard dans son développement mental peut connaître une vie paisible s'il est entouré d'affection et de bons soins, et cela constituera peut-être pour cette âme un temps de guérison après une existence traumatique. Mais quand la maltraitance n'était pas prévue, il se passe alors la même chose que pour les autres situations débordant du cadre de l'entente prénatale : les personnes qui subissent des épreuves qu'elles n'avaient pas choisies peuvent avoir une croissance spirituelle dépassant de loin ce qu'elles avaient préalablement choisi pour cette vie-là, et inversement, celles qui sont responsables de la négligence ou des mauvais traitements encourent des leçons karmiques qui nécessiteront de sérieux efforts de rééquilibrage dans d'autres vies. Toutefois, il faut savoir que les épreuves physiques, mentales ou environnementales ne sont *jamais* un châtiment divin !

Pourquoi l'aliénation mentale existe-t-elle ?

Lorsque des souvenirs voilés de la terreur jadis ressentie à l'idée d'être séparée de l'âme fondatrice remontent à la conscience d'une personne, ce qu'elle éprouve alors est si intense qu'elle en perd tous ses moyens. Ces souvenirs de désespoir, qui sont éveillés par un quelconque incident que la personne ne peut identifier, la catapultent jusqu'à l'instant du début de son existence comme âme individuelle quand, poussée par un besoin vital de compréhension, de vision et d'appartenance, elle laissa échapper un retentissant cri primordial. Toutes les âmes incarnées possèdent dans leur ADN spirituel le souvenir de tels moments terrifiants que revivent à l'occasion la plupart des humains de la Terre au stade évolutif où ils sont présentement. Certaines personnes éprouvent cette sensation de séparation plus souvent et plus intensément que d'autres, et celles qui sont profondément affectées par ce sentiment finissent par souffrir de démence, un état qui empêche de penser et de se comporter rationnellement.

L'aliénation mentale peut également être due à une utilisation irresponsable dans le passé, par l'âme fondatrice, de son libre arbitre dans le but de semer la destruction par ses pensées et ses actes, ces anciennes expériences étant transmises aux personnages de cette âme par l'entremise de la mémoire cellulaire. L'apparition d'un tel état ne constitue pas en soi une punition due aux traumatismes infligés aux autres par l'âme fondatrice, et les comportements associés à la démence de ces gens ne sont pas non plus le résultat d'un choix délibéré de leur part.

Quelle que soit la cause de l'aliénation mentale, le conditionnement cellulaire peut amener des individus à répéter sans cesse le même genre d'expériences au cours de chacune de leurs vies, et dans chaque incarnation une attention spéciale leur sera prodiguée par des êtres de Lumière afin de les aider à triompher de l'influence de l'histoire passée inscrite dans leur mémoire cellulaire.

Les diverses races humaines se sont-elles développées à partir de groupes d'âmes différents ?

Ce n'est pas une question d'âmes différentes, mais bien d'ancêtres différents. La plupart des humains de la Terre sont des descendants directs des humains d'origine extraterrestre qui sont venus ici et qui se sont accouplés entre eux ou bien avec les plus évolués des spécimens humains qu'ils ont emmenés sur cette planète. Il n'était pas dans les intentions de ceux qui ont conçu le programme de peuplement originel de favoriser l'apparition de races variées, mais lorsqu'ils se sont rendu compte que la présence de plusieurs races contribuerait davantage à l'essor de la civilisation que s'il n'y en avait qu'une seule, ils ont dès lors favorisé une telle diversité.

Toutes les âmes s'incarnent à maintes reprises dans chacune des races existantes, lesquelles ne diffèrent que du point de vue de l'apparence et des caractéristiques physiques, car aucune n'est supérieure ni inférieure aux autres sur le plan du potentiel de croissance offert aux âmes. Toutefois, certaines âmes, tout particulièrement celles qui s'incarnent chez ceux que vous appelez les autochtones, conservent un degré de conscience spirituelle beaucoup plus élevé que les peuples de la Terre de toute autre origine raciale.

Votre population actuelle ne fait pas partie de la civilisation la plus avancée à avoir vécu sur cette planète. Sauf en de rares époques de l'histoire de la Terre, la plupart des individus ont été beaucoup plus avancés sur les plans spirituel, intellectuel et technologique comparativement aux humains de votre époque, et ils jouissaient d'une santé et d'une beauté supérieures ainsi que d'une espérance de vie beaucoup plus longue. Étant donné la grande richesse de l'histoire humaine sur Terre, il est triste que tant de gens semblent maintenant satisfaits de croire que leurs ancêtres étaient des singes.

Conscience et intuition

Je sais quelle sensation cela fait d'être consciente, mais je ne sais pas pourquoi nous le sommes ni comment la conscience se développe.

La conscience est l'influence que chaque âme exerce sur tous ses personnages et, au bout du compte, c'est par elle que le Créateur a une influence sur l'ensemble de Ses créatures douées de la faculté de penser. Formulée simplement, sa fonction consiste à maintenir les âmes incarnées sur la voie correspondant à leurs choix prénataux, ainsi qu'à motiver les âmes vivant sous forme d'esprits à poursuivre leur évolution. Le but ultime de chaque âme est la réintégration au sein du Créateur. Une âme cumulative a besoin de tous ses personnages pour atteindre l'équilibre dans chacune de ses vies, afin de pouvoir progresser vers l'équilibre des âmes de Première Expression, celui où seule existe l'essence d'Amour-Lumière du Créateur. Sans la conscience, ce périple du retour à la Source pourrait ne jamais se terminer.

C'est uniquement après que le Créateur eut accordé aux âmes issues de Sa Première Expression la liberté de manifester ce qu'elles désiraient, que la conscience devint nécessaire. Il s'avéra également indispensable d'intégrer un « stimulant mémoriel » pour que les âmes conservent le souvenir de leurs Origines, car autrement celui-ci risquait d'être irrémédiablement perdu. La conscience fut donc conçue de telle manière que les couches successives d'oubli se dissipent l'une après l'autre jusqu'à ce que la mémoire de leurs Origines soit entièrement recouvrée.

La conscience a également pour fonction d'aider chacun à distinguer ce qui est juste et approprié de ce qui ne l'est pas lorsqu'une décision doit être prise. Les gens qui se refusent à tenir compte des conseils de leur conscience font des choix qui sèment le déséquilibre en eux, ce qui a pour effet de faire baisser leur fréquence énergétique au point qu'ils en viennent à ne plus pouvoir accéder à la Lumière. Comme la conscience n'est alors plus alimentée par sa source, elle finit par s'éteindre, et c'est pourquoi, lorsque l'on dit d'une personne ayant commis un acte odieux qu'elle n'a aucune conscience, cela pourrait bien être vrai.

Il y a quelques milliers d'années, lorsque la spiritualité occupait une place centrale dans la vie des gens, les anges et les humains sur qui ils veillaient étaient beaucoup plus conscients les uns des autres que ce n'est le cas aujourd'hui, alors que beaucoup ne croient même pas en l'existence des anges. De plus, l'espérance de vie des gens était beaucoup plus longue que la vôtre en raison de l'étroite relation que chacun entretenait avec son ange gardien. Et même ceux qui croient aux anges aujourd'hui se perçoivent comme séparés et loin d'eux, et font peu de cas de l'intuition, qui leur semble surtout une source d'informations non sollicitées, alors qu'en réalité ce sont les conseils mêmes de leur ange qu'ils ignorent.

Les anges seraient donc la source de notre intuition ?

C'est bien ce que je viens de laisser entendre, mère, mais il serait plus précis de dire que les anges font partie de l'une de vos deux sources d'intuition. D'une part, le cerveau conserve le souvenir de tout ce que vous avez déjà vécu, et, à l'instar du fonctionnement de ton ordinateur, les informations que tu as emmagasinées peuvent être triées et extraites en utilisant la bonne clef d'accès. Toute l'information disponible relativement à une nouvelle situation particulière concerne l'ensemble des expériences et connaissances antérieures pertinentes, et les décisions prises sur cette base constituent ce que vous considérez comme étant un appel au bon sens. C'est l'une de vos deux sources d'intuition.

L'autre ne relève pas des acquis de la conscience, mais émane des « coups de pouce divins » qui accompagnent chaque nouvelle expérience. Lorsqu'une décision est requise en réponse à un ensemble de nouvelles circonstances, ce sont les conseils de vos anges protecteurs qui influencent le plus souvent les sages décisions prises au sujet d'une action ou d'une attitude. Après coup, l'expérience ainsi acquise vient s'ajouter au bagage de connaissances emmagasinées dans le cerveau, lesquelles serviront ensuite à vous guider la prochaine fois où vous devrez faire appel à votre bon sens.

Tant que le cerveau fonctionne bien, l'ensemble de ces inspirations et avertissements de source angélique enrichit le réservoir de sagesse et de connaissances déterminant tout ce que vous faites ensuite. Toutefois, dès que les fonctions cérébrales se détériorent, ce qui peut survenir à la suite d'une blessure, d'une maladie ou d'une consommation prolongée d'alcool et d'autres drogues entraînant une dépendance, toutes les pensées et actions s'en trouvent donc dès lors affectées.

La plupart des gens attribuent à Dieu ou à eux-mêmes la source de toutes leurs informations extrasensorielles, ce qui révèle un immense écart entre la perception et la réalité. Ce genre d'informations provient de nombreuses sources – Dieu, les anges, les esprits guides, les êtres chers dans le Nirvana, les êtres de Lumière galactiques et intergalactiques –, mais une partie découle tout simplement des processus de raisonnement dont chacun dispose. Cependant, quand on considère l'inséparabilité fondamentale de toutes les âmes avec Dieu, et les unes avec les autres, on peut voir qu'au fond cela ne fait guère de différence que les idées viennent de Dieu ou de Ses nombreux émissaires, ou encore de votre propre esprit.

Leçons karmiques

Tu as affirmé que nous choisissons les expériences karmiques que nous allons vivre au cours d'une vie, mais j'ai peine à croire que toutes les personnes subissant d'horribles souffrances aient pu réellement choisir de telles épreuves, ou que les personnes cruelles aient pu choisir d'être ainsi. J'ai plutôt l'impression que le karma est distribué comme ça, au hasard, et que les âmes les plus malchanceuses se ramassent avec le pire karma.

C'est que tu ne saisis pas bien ce qu'est le karma, mère. L'objectif poursuivi par l'âme est d'atteindre l'équilibre, et le karma vise à lui fournir les conditions et les circonstances qui lui permettront à terme d'amener l'équilibre entre toutes les expériences vécues au fil de ses multiples incarnations. L'âme choisit ses leçons karmiques pour chaque vie physique afin de combler les manques et de connaître l'autre côté de la médaille. Certaines de ces leçons sont très difficiles à accepter et à endurer, mais l'âme ne peut pas choisir que des expériences agréables, car elle ne pourrait ainsi croître au-delà du stade où elle est parvenue.

Il est normal que tu y voies de la cruauté, que tu détestes le karma et que tu t'apitoies sur le sort de ceux qui souffrent, puisque tu n'en connais pas le contexte. Tout comme l'homosexualité est, ainsi que je te l'ai précédemment expliqué, une expérience naturelle et nécessaire pour atteindre l'équilibre karmique, toutes les autres émotions et relations humaines doivent également être vécues. L'âme dont un personnage éprouve des souffrances compense peut-être des obligations karmiques encourues au cours de plusieurs vies antérieures passées à nuire délibérément aux autres, tandis que l'âme du personnage qui lui inflige ses tourments actuels compense peut-être ainsi de nombreuses vies où elle joua le rôle de la victime.

Je ne veux pas dire toutefois que c'est ce qui se passe dans tous les cas. En cette époque sans précédent sur votre planète, des millions d'individus qui vivent dans la peur, la pauvreté et la maladie sont empêchés d'apprendre les leçons qu'ils avaient choisies par ceux qui sont responsables des conditions misérables de leur existence, des personnes qui se sont tellement détournées de la Lumière à force d'abuser de leur libre arbitre qu'elles n'ont tenu aucun compte des leçons que leur propre âme avait choisies. Lorsqu'il n'était pas prévu dans le contrat prénatal de toutes les âmes en cause que de la souffrance soit infligée, cela engendre de la négativité tant chez les auteurs de ces crimes que chez les victimes qui, dans un cas comme dans l'autre, n'avaient pas choisi de vivre ces expériences et n'en avaient pas besoin pour atteindre l'équilibre karmique. Mais comme il vous est impossible de savoir si une situation karmique est en train de se jouer, ou bien si une nécessité karmique est ignorée, vous ne devriez pas juger qui que ce soit, mais plutôt ressentir de la compassion pour ceux qui souffrent et abhorrer les conditions qui en sont la cause.

Le karma n'a pas uniquement pour but d'offrir l'occasion à des âmes de parvenir à l'équilibre, puisqu'il repose sur une relation symbiotique entre les âmes incarnées et la Terre. En tant que microcosmes de la Terre, les âmes redressent peu à peu leur équilibre karmique à mesure qu'elles évoluent au fil des leçons qu'elles ont choisi de vivre, et ceci accroît l'intensité de la Lumière que la Terre dégage en retour à l'intention de ses habitants, ce qui a pour effet de les encourager à atteindre l'équilibre.

Les leçons karmiques peuvent se présenter aux âmes n'importe où dans cet univers. Bien que le fait d'aller vivre des existences sous d'autres formes physiques et sur d'autres mondes soit essentiel au progrès dans la réintégration au Créateur, la Terre est habituellement l'école où les âmes vivent tout le karma encouru depuis le début de la vie humaine sur la planète. Lorsque cette étape est complétée avec succès, les âmes poursuivent leur évolution en d'autres formes de vie ailleurs dans l'univers où le degré d'intelligence et de conscience spirituelle surpasse de loin celui auquel l'humanité a accès sur Terre.

Les âmes doivent-elles toutes apprendre les mêmes leçons ?

Non. Cela dépend de la nature du contenu de son spectre émotionnel. Une âme est tenue de contrebalancer toute situation précédemment vécue – par exemple, si une personne a commis un meurtre, son âme devra terminer une autre existence en étant assassinée de la même manière, afin d'éprouver tant les émotions du meurtrier que celles de la victime et de parvenir ainsi à l'équilibre. Par contre, si une âme n'a jamais commis de meurtre, il n'est pas nécessaire qu'elle soit un jour la victime d'un meurtre puisque l'amplitude de son spectre émotionnel n'a jamais atteint de tels extrêmes.

Je vois. Qu'est-ce qui détermine le contenu du spectre émotionnel d'une âme ?

Ce sont des éléments hérités. L'origine des leçons karmiques qui se jouent présentement sur Terre remonte loin avant le début de la civilisation actuelle. Les êtres extraterrestres qui ont implanté la population humaine sur votre planète ne voulaient pas que les nouveaux humains portent le fardeau de la guerre dans leur mémoire cellulaire, puisqu'ils n'avaient pas vécu une telle expérience et qu'ils n'auraient peut-être jamais besoin de vivre de telles atrocités. Toutefois, seul le Créateur possède le pouvoir d'effacer totalement la mémoire cellulaire, et il leur fut donc impossible d'éliminer de leur ADN l'ensemble de leurs souvenirs ancestraux. Par conséquent, puisqu'il y avait des traces de comportements extrêmes nécessitant un rééquilibrage karmique, ces aspects de la mémoire cellulaire furent transmis aux premiers humains de la Terre et firent dès lors partie de leur bagage génétique et psychologique. Cependant, l'histoire de certains de nos ancêtres extraterrestres ne comportait pas de guerres spatiales, et les humains qui en descendent n'ont donc pas hérité de tels antécédents extrêmes.

Le concept du péché originel ne vient pas de l'origine extraterrestre de l'équilibrage karmique présentement en cours. Il provient d'interprétations erronées souvent innocentes, mais parfois délibérées, de ce que les humains savaient jadis à propos de leurs ancêtres. Aujourd'hui, la plupart des gens n'ont pas la moindre idée que des millions d'âmes appartenant à de nombreuses autres civilisations entourent votre planète pour aider à y préserver la vie, ou que les extraterrestres sont nombreux à vivre parmi vous, ou même encore qu'ils sont vos ancêtres. Jésus lui-même était d'origine extraterrestre…

Polarités et dualité

Comment les polarités et la dualité sont-elles apparues, et quel rôle jouent-elles dans l'évolution de l'âme ?

Les deux polarités opposées sont apparues dans la plus haute antiquité, lorsque certaines âmes qui se sentaient supérieures aux autres commencèrent à traiter de façon épouvantable les âmes qu'elles jugeaient inférieures à elles. Ces dernières étaient de nouvelles étincelles divines encore assez faibles et souvent beaucoup moins évoluées sur le plan mental que leurs aînées plus puissantes qui les maltraitaient. C'est ce qui est à l'origine de la cruauté et du mal dans cet univers, et comme les vies physiques pouvaient durer des milliers d'années dans ces temps reculés, la brutalité des âmes plus fortes et les souffrances endurées par les âmes plus faibles engendrèrent énormément de négativité.

Plus le nombre d'âmes maltraitées augmentait, plus la négativité s'accroissait, jusqu'au jour où les forces des ténèbres et de la Lumière, c'est-à-dire les polarités négatives et positives, furent à égalité. La responsabilité karmique fut alors établie afin que les âmes plus faibles puissent se réapproprier leur héritage divin en faisant à leur tour goûter la souffrance aux âmes qui, les premières, l'avaient causée. C'est de ce processus d'équilibrage que naquit la division en deux polarités énergétiques opposées, mais néanmoins stabilisées, offrant des occasions d'apprentissage karmique devant permettre, à terme, l'atteinte d'un parfait équilibre. Ainsi, les âmes puissantes qui maltraitaient les plus faibles au cours d'une vie se trouvaient, dans une autre incarnation, à jouer le rôle des âmes faibles qui étaient maltraitées par les âmes dont c'était alors le tour d'être en position dominante. Le but de cette alternance de rôles n'était pas de récompenser ni de punir, mais bien de favoriser un équilibre énergétique. Pour y parvenir, il fallait parfois des centaines, voire des milliers de vies successives, pour offrir ainsi la chance aux âmes récalcitrantes de rompre ce cycle, ce qu'elles n'arrivaient pas à faire parce qu'elles choisissaient délibérément de continuer à demeurer enracinées dans la négativité.

Quel effet cette alternance entre les polarités exerce-t-elle sur le Nirvana ?

Le registre énergétique résultant de leur toute dernière existence incarnée les place ici dans la strate énergétique correspondante, mais les forces polarisantes de leurs dernières leçons karmiques ne les suivent pas ici. Des types différents de forces et d'énergies sont présents dans le Nirvana, mais les âmes n'ont pas besoin ici du type de leçons offertes par des polarités opposées, ni des schémas énergétiques propres à ces polarités tels que vous les connaissez, comme ceux que vous associez au pôle Nord et au pôle Sud, à l'obscurité de la nuit et à la lumière du jour, ou à la chaleur cuisante et au froid mordant.

À la différence des polarités, présentes partout dans l'univers, la dualité ne concerne que l'individu ; elle est constituée de l'éventail des caractéristiques et attitudes opposées que chaque personne s'efforce de maintenir en équilibre en elle-même. Puisque les âmes arrivent ici dans le même état d'esprit et avec le même système de croyances qu'elles avaient sur Terre, dont notamment la philosophie dualiste qui était au cœur de leur vie, beaucoup d'entre elles, plus particulièrement les âmes ayant vécu dans la culture occidentale, apportent énormément de déséquilibre. Les croyances propres aux cultures orientales ne manifestent pas un degré de dualité aussi marqué, mais elles ont leurs propres distorsions, de sorte que les adeptes de ces philosophies ont également besoin de réapprendre quelle est la véritable nature de l'âme comme partie inséparable de Dieu, en qui règne un équilibre parfait. Non seulement chaque âme vise-t-elle à atteindre l'équilibre intérieur, mais il en est de même pour l'univers tout entier, et je ne saurais trop insister sur le fait que la dualité est une arme puissante dont se servent les forces des ténèbres pour faire disparaître tout souvenir de la Lumière qui règne au sein d'un tel équilibre.

Dans quelle mesure l'équilibre d'une âme augmente-t-il à son arrivée au Nirvana ?

Le simple fait d'entrer ici n'augmente nullement son équilibre intérieur, et le fait de vivre ici ne se traduit pas automatiquement par une amélioration à cet égard, mais c'est certainement un bon endroit pour s'efforcer de l'atteindre, car l'illusion de la dualité est plus aisément surmontée ici qu'elle ne peut l'être sur Terre, où elle représente un atout pour ceux qui rêvent de conquêtes et de puissance. Les âmes incarnées peuvent aisément être de nouveau la proie de ceux qui sont sous le contrôle des forces obscures extraplanétaires, mais leur règne touche à sa fin en cette ère universelle sans précédent qui s'amorce.

Mère, les années qui viennent seront extraordinaires à maints égards. Il y a une accélération du temps tel que vous le comptez en heures et en jours. Il y a une disponibilité accrue de la grâce divine offerte aux âmes désireuses d'amender leur contrat prénatal afin d'effectuer plus tôt leur transition vers la vie sous forme d'esprits. L'achèvement des leçons karmiques s'accélère, tout comme l'aide à la purification planétaire apportée par diverses civilisations avancées. Enfin, de plus en plus de Lumière est transmise vers la Terre dans le but de restructurer votre constitution cellulaire, afin que vous puissiez survivre dans la dimension de quatrième densité vers laquelle la Terre est en voie d'ascensionner.

En cette époque où l'activité des forces de la Lumière est plus grande que jamais auparavant dans l'histoire de la Terre, les forces des ténèbres tentent par tous les moyens d'y faire contrepoids. Mais le besoin de cette polarité ne durera plus tellement longtemps encore, puisque les opposés que sont le ciel et l'enfer sur Terre finiront par être conciliés grâce à l'équilibre régnant au sein de la Lumière, la force la plus puissante de l'univers.

Les attachements énergétiques négatifs qui sont encore bien présents ne peuvent être détruits. Soit ils seront transmutés par la Lumière de plus en plus intense sur la planète, soit ils seront transportés vers d'autres mondes où la négativité est toujours un élément important de l'apprentissage karmique. Quant aux âmes sous l'emprise des ténèbres responsables d'avoir généré tant de négativité, elles demeureront prisonnières de leur propre création, c'est-à-dire dans la minuscule sphère énergétique ultradense d'où toute évasion est impossible.

Quatrième partie

La Création

Le Commencement

Ithaca, l'esprit qui présente toute l'information dans cette quatrième partie, réside dans le Nirvana depuis la fin de sa vie au cours du règne des Incas au Pérou, alors qu'elle était une vierge sacrificielle. N'ayant pas eu envie depuis cette époque de se réincarner, elle existe donc sous la forme d'un esprit libre. Bien que l'idée d'être un esprit libre puisse donner à penser qu'une âme n'a alors pas besoin d'un corps éthérique, il s'agit en réalité d'un état de communion avec Dieu dans lequel on a pleinement conscience de la mission qu'on avait choisie avant de naître.

Matthieu m'a précisé qu'elle est l'âme guide, ou âme ancestrale, de nombreux résidents du Nirvana et qu'à ce titre, elle est une inspiration pour tous les fragments d'âme issus d'elle. Du fait de ce lien intime, ainsi que des enseignements et des traitements de guérison qu'elle prodigue, Ithaca est aimée et respectée partout dans le royaume. C'est pour toutes ces raisons qu'elle a eu le droit de demeurer au Nirvana durant une si longue période.

J'ai senti ses vibrations comme étant celles d'un être doux avec une voix aux intonations mélodieuses rappelant une berceuse. Cette qualité musicale de son âme rend son énergie tout particulièrement utile pour la guérison des âmes venant de faire leur transition au Nirvana et dont l'existence terrestre s'est déroulée ou terminée dans des circonstances traumatisantes.

Selon l'image qu'Ithaca m'a envoyée d'elle, son corps éthérique de taille menue était vêtu d'un costume traditionnel japonais en soie, et ses cheveux noirs brillants étaient coiffés dans le même style. Son visage était d'aspect oriental et ses yeux noirs légèrement bridés brillaient de la même tendresse qui émanait d'elle. Son apparence me surprit, puisque celle de sa dernière vie terrestre avait dû être assez différente. Matthieu m'expliqua qu'en raison des services inestimables qu'elle rendait dans le Nirvana, on lui avait accordé la permission de raffiner les traits plus grossiers de sa précédente incarnation pour adopter le visage oriental plus délicat qu'elle préférait.

Ithaca rendait bien à Matthieu l'amour extraordinaire qu'il éprouvait pour elle, et ensemble, avec Esméralda, une enfant mexicaine arrivée sept ans auparavant au Nirvana alors qu'elle était encore toute petite, ils formaient une famille, aussi inhabituelle puisse-t-elle paraître selon nos critères.

Certaines des communications qu'on lui avait demandé de transmettre pour ce livre étaient tout à fait semblables aux réponses apportées par Matthieu à mes questions au cours des nombreuses semaines précédentes consacrées entièrement aux messages destinés à être publiés. Même si, pour l'essentiel, les informations données par Ithaca ne vous apprendront rien de neuf, la manière qu'elle a de s'exprimer vous ravira certainement.

* * *

Avant le Commencement, personne ne sait ce qu'il y avait. Puis, il y eut une explosion d'une telle puissance qu'il est même impossible de se l'imaginer. L'Esprit du Créateur venait d'exprimer Sa présence, alors qu'il n'existait jusque-là que dans un état de silence et d'immobilité absolus. Sa Lumière, apparue de nulle part, était si intensément brillante qu'elle générait sa propre radiance.

En cet instant ineffable, le Créateur manifesta Sa volonté de partager l'ensemble de Son savoir, de Sa puissance et de Sa présence avec toutes les expressions subséquentes de Son essence originelle. Dès lors, le Créateur infusa une partie de Lui-même dans chacune des étincelles de Son être auxquelles Il venait de donner naissance. Alors qu'il n'y avait que le vide absolu auparavant, tout ce qui existe depuis ce jour émane du Créateur, la Source de Tout Ce Qui Est.

Après avoir contemplé durant une éternité l'idée de faire l'expérience, à travers une infinité de vies partagées, d'une existence sous forme d'énergie, le Créateur manifesta d'abord les anges les plus puissants de la première sphère angélique – ce que nous appelons la Première Expression. Quant aux premiers enfants du Créateur, nous les appelons les archanges. Ce premier enfantement ne diminua en rien l'essence du Créateur, tout comme le fait pour vous d'avoir des enfants ne diminue nullement la vôtre, puisque vous ne faites, à l'exemple du Créateur, que partager un peu de votre essence vitale avec eux.

Dans Son Amour infini pour Ses enfants, le Créateur accorda à ces premières âmes le libre arbitre ainsi que la faculté de cocréer, de concert avec Lui, tout ce qu'elles pourraient désirer manifester. Leurs premières manifestations ne produisirent rien de visible, sauf pour l'esprit du Créateur. Il s'agissait d'un processus purement mental s'accompagnant de ce que l'on pourrait appeler une conscience émotionnelle. Ce qui paraissait alors fort simple à réaliser l'était essentiellement en raison de la proximité de ces esprits avec leur Créateur.

Doués des mêmes pouvoirs, facultés et connaissances que le Créateur, mais dans une moindre proportion, les archanges maîtrisèrent bientôt, grâce à l'unité intrinsèque de leurs esprits avec celui du Créateur, l'art mystique de la manifestation instantanée. Puis, d'un commun élan avec le Créateur, ils créèrent la seconde sphère angélique, un royaume déjà un peu moins baigné de Lumière, où les êtres jouissaient du même savoir et des mêmes pouvoirs que les archanges, mais dans une mesure proportionnellement moins élevée.

Tous les êtres lumineux habitant ces royaumes angéliques reconnaissaient la réalité de leur inséparabilité fondamentale d'avec le Créateur et entre eux, car ils avaient tous à l'évidence été créés à partir de la même essence divine. À ce stade de la manifestation, tout était encore uniquement sous forme d'esprit, d'une énergie d'Amour et de Lumière d'une pureté absolue. En l'absence de toute division entre le Créateur et ce qui avait été créé, seuls l'harmonie et l'amour partagé existaient, tel que voulu au moment de la manifestation.

Puis, au cours des étapes successives de croissance cosmique apparurent des manifestations plus denses. Les plus denses d'entre elles étaient les corps célestes des sept univers, et les moins denses étaient les êtres engendrés dans le but de régner à titre de Dieux suprêmes sur chacun de ces univers. Ces sept Dieux possédaient, là encore proportionnellement, des pouvoirs, un Amour, un savoir et des desseins identiques à ceux du Créateur. L'un de ces Dieux devint le régent de cet univers, l'Être suprême que beaucoup d'entre vous nomment Dieu. Grâce aux pouvoirs dont il dispose de cocréer de pair avec le Créateur, Dieu engendra toute vie en cet univers.

Tandis que se poursuivait la création de nouvelles dimensions au degré de densité toujours plus éloigné, sur le plan vibratoire, de la Lumière du Créateur, ce qui nécessitait des corps d'une substance toujours plus dense, la perfection des premières manifestations demeurait inchangée. Comme les corps universels et les êtres incarnés y émanaient directement de l'esprit et de la volonté du Créateur, seule la perfection absolue pouvait y régner.

Au bout d'un temps infini, la brillance de l'Amour et de la Lumière des origines s'était considérablement affaiblie dans les dimensions les plus basses où des entités s'étaient manifestées. Ces strates inférieures plus denses apparurent en raison du libre arbitre qui laissait la totale liberté aux âmes de choisir elles-mêmes ce qu'elles désiraient manifester, ce qui leur laissa le loisir de faire le mal tout autant que le bien. Voici donc ce qui se passa...

Alors qu'il se trouvait toujours au sein de la Lumière originelle, l'archange Lucifer avait exprimé sa reconnaissance pour sa création en donnant vie à des manifestations qui existent encore à ce jour dans le royaume le plus élevé près du Créateur. Mais une curiosité de plus en plus grande s'empara de Lucifer, qui se demandait jusqu'où il pouvait aller dans ce qu'il manifestait. Comme il suffisait alors d'utiliser les matériaux disponibles pour manifester l'objet de son désir, il était possible qu'un manque d'expérience entraîne des résultats assez affreux et fort éloignés de l'intention originale. Ou encore, il pouvait y avoir une intention délibérée de créer des choses horribles. Lucifer fit les deux.

Rejetant l'intention originelle du Créateur, Lucifer et les anges qui le suivaient engendrèrent d'abord, en raison de leur inexpérience, des corps affreusement horribles. Mais ils en vinrent bientôt à prendre plaisir à créer ces monstruosités et se livrèrent à des expériences d'accouplement qui engendrèrent des êtres grotesques. Plus Lucifer et ses disciples abusèrent du libre arbitre et des pouvoirs que le Créateur leur avait accordés, plus ils s'enfoncèrent dans un bourbier ténébreux de plus en plus obscur.

Vous avez entendu parler de créatures mythologiques mi-humaines, mi-animales au corps monstrueux, mais capables de penser. Elles ont véritablement existé dans un lointain passé, à la suite de mélanges de matériel génétique d'origine humaine et animale, mais avec le passage du temps, le souvenir de leur existence se mua en des légendes mythologiques. Ce sont Lucifer et sa bande d'anges déchus qui enfantèrent ces abominables créatures.

Certaines avaient été conçues par pure méchanceté et ne visaient qu'à doter d'intelligence des horreurs innommables, comme les dragons hideux et féroces qui hantaient jadis les terres et les mers. D'autres furent créées dans un but fonctionnel, afin d'exécuter des travaux de terraformation en différents points de l'univers. Par exemple, le faune mi-homme, mi-chèvre capable de courir rapidement et de porter de lourdes charges sur son dos était en outre doué de la capacité de raisonnement. Quant aux sirènes et aux tritons, ils furent conçus dans le but de mener des expériences et divers travaux dans les profondeurs des océans.

S'étant vu offrir la puissance, la gloire et la bonté propres aux royaumes angéliques, Lucifer et ses acolytes choisirent de s'enfoncer toujours plus bas dans la perversion et d'engendrer des manifestations aussi déviantes et barbares que les misérables hybrides mi-animaux, mi-humains qu'ils produisirent à profusion. Ayant depuis longtemps renié leur statut angélique, Lucifer et sa horde d'anges déchus s'éloignèrent si loin de la grâce spirituelle, refusant toute harmonisation avec le Créateur, qu'ils devinrent prisonniers des énergies ténébreuses qu'ils avaient eux-mêmes créées. Leur énergie ultradense leur interdit toute possibilité de remonter vers la Lumière divine de leurs origines.

Ce qui est arrivé à Lucifer et à ses disciples n'était pas un châtiment. Jamais leur descente dans leur sombre prison ne fut souhaitée par le Créateur, qui ne put faire autrement que de respecter la volonté de ces enfants déchus sans pour autant cesser de focaliser Ses rayons d'Amour vers ce cachot ténébreux qu'ils avaient choisi de créer.

La vie dans notre univers a été engendrée dans l'Amour et l'énergie lumineuse de Dieu manifestant celle-ci au sein de l'Esprit du Créateur, et les lois de l'univers qu'Il a édictées se sont appliquées dès le premier instant où la vie est apparue. Une des lois primordiales de la Création est que plus on s'éloigne de la Source créatrice, plus les fréquences énergétiques deviennent denses, ce qui a pour effet de plonger tout ce qui s'y trouve de plus en plus profondément dans les ténèbres par suite d'un éloignement vibratoire si grand que toute possibilité d'allégeance au Créateur et d'alliance avec Sa Lumière deviennent presque nulles. En vertu de ces mêmes lois universelles, notre univers ne pouvait être libéré des effets cosmiques de ces sombres énergies lucifériennes.

Jamais le Créateur ni Dieu n'ont-ils décrété que la nature humaine allait devoir subir comme châtiment d'être envahie par une telle noirceur ! Celle-ci est due uniquement à l'influence dominante des énergies ténébreuses ambiantes auxquelles les humains sont soumis dès leur naissance. Chaque nouveau-né vient au monde en portant en lui la pure Lumière du don divin de la vie. Dès l'instant de sa naissance, chaque âme peut librement choisir de voir et de suivre la Lumière, ou de s'aligner avec les forces obscures auxquelles elle est exposée, et d'être ainsi influencée à aller dans cette direction.

Ainsi en a-t-il été jusqu'à ce jour, Dieu respectant scrupuleusement les choix de tous Ses enfants et rayonnant Son Amour et Sa Lumière à tous les êtres incarnés en ce monde.

Les origines de l'humanité sur Terre

L'histoire d'Adam et Ève remonte bien avant qu'il n'en soit fait mention pour la première fois dans la description biblique de la genèse de la vie humaine sur Terre. Elle a fasciné de nombreux esprits en quête de vérité, des esprits n'ayant toutefois pas poussé leur réflexion au-delà de ce récit légendaire sur la création de la Terre et de la vie humaine qui s'y est développée.

Faute de dissiper les nombreuses erreurs d'interprétation sur les débuts de l'univers et ce qui s'est passé ensuite, la vérité ne saurait être dévoilée. Toutes les faussetés doivent être rectifiées afin de rendre possible l'alignement énergétique nécessaire à l'ascension dans les dimensions supérieures où règnent une compréhension et une conscience spirituelle plus élevées.

Les dogmes promulgués par toutes les religions de ce monde avaient soi-disant pour but de favoriser le bonheur des gens. Mais en fait, des documents historiques fiables montrent qu'une poignée d'individus avides de contrôler les masses ont délibérément falsifié les faits afin de réussir à asseoir leur domination. Ce sont donc les dirigeants religieux qui ont, par le passé, inventé de toutes pièces des histoires visant à semer la confusion dans les esprits et à tromper les gens qui cherchaient à comprendre d'où ils venaient.

Ces dirigeants corrompus avaient réalisé que la vérité permettrait aux gens d'avoir un contact intime et direct avec Dieu, ce qui aurait tari leur source de revenus et rendu inutile toute intercession de leur part – et cela ne faisait définitivement pas leur affaire. Afin de satisfaire leur cupidité et leur soif de contrôle, ces chefs religieux inventèrent donc toute une série de moyens visant à mettre de la distance entre Dieu et le cœur de leurs fidèles. Ce sont leurs fausses informations que ces derniers vénèrent et considèrent comme sacrées.

Adorer Dieu, ce n'est pas s'agenouiller dans un élan d'humilité, mais plutôt regarder en soi et s'exalter à la pensée du lien éternel qui nous unit à Lui. Et l'Église n'est pas un édifice matériel, mais bien un sanctuaire divin enchâssé au cœur de chaque âme ! Seules les pratiques spirituelles des tout premiers chrétiens étaient conformes à la volonté divine. Ainsi que l'expliquait le Jésus de votre Bible, lorsque deux ou trois âmes étaient réunies en Son nom, elles rendaient ainsi gloire à Dieu et se trouvaient alors en Sa présence. Il n'a jamais été prévu à l'origine que l'Église chrétienne devienne une structure physique où les fidèles iraient honorer un Dieu avec lequel il serait de plus en plus difficile d'entrer en communion consciente. Hélas, les êtres dévoués et pieux qui suivirent les dogmes imaginés par quelques démagogues égoïstes tombèrent sous l'emprise du mystère, et le souvenir du lien spirituel direct et constant qui nous unit à Dieu faillit bien s'éteindre complètement.

Tout indice témoignant de la falsification délibérée de la vérité divine a disparu de votre histoire biblique, mais certains textes anciens retrouvés dans des grottes et des tombes attestent la réalité de ce fait. Des traductions divinement inspirées de ces langues anciennes révélant le contenu exact de ces écrits ont été transmises à certains individus spécialement choisis, mais les mêmes esprits corrompus responsables des mensonges colportés ont fait disparaître toute trace de ces traductions.

Les Sumériens, ainsi que l'on nomme le peuple de la troisième civilisation à s'être épanouie sur Terre, avaient préservé une partie de la vérité sur le passé de votre monde et les origines de la vie humaine. Même si leur civilisation n'a pas survécu assez longtemps pour permettre de propager largement ce qu'ils savaient du passé, de sorte que tous les habitants de la Terre puissent disposer de leurs connaissances, de nombreuses légendes se sont néanmoins répandues au fil du temps. Ces légendes ont un fond de vérité trop bien enraciné pour masquer totalement les faits, et elles transmettent donc une assez bonne compréhension des véritables origines et du but réel de la vie humaine sur cette planète. Voici donc les faits historiques réels...

Avant que l'espèce humaine ne fasse son apparition sur Terre, des civilisations humaines avaient évolué ailleurs dans l'univers à un degré d'avancement beaucoup plus élevé que les gens ne peuvent se l'imaginer aujourd'hui. Ces êtres plus évolués étaient les dieux mineurs et les mortels ascendants des mondes habités dans cette galaxie et d'innombrables autres. Grâce à leur intelligence exceptionnelle, ils mirent au point des technologies avancées, encore inconnues aujourd'hui sur Terre, qui leur permettaient notamment de voyager dans l'espace.

À cette époque, votre planète appartenait à Dieu, et une beauté, une simplicité et une perfection telles régnaient que c'était un véritable jardin d'Éden. Elle était la seule planète de votre système solaire offrant les conditions idéales pour que des humains sains de corps et d'esprit puissent y évoluer et recevoir le don d'intelligence.

C'est dans ce paradis inhabité qu'arriva un puissant groupe d'explorateurs venus de la constellation de la Lyre dans le but d'extraire de l'or de la planète que les civilisations de cette époque révolue nommaient « Shan ». Les Lyriens se proposaient de faire des échanges avec les habitants de Shan, mais ils n'y trouvèrent personne avec qui discuter d'une telle possibilité.

En violation des lois universelles, ce groupe s'était rendu à Shan sans en obtenir au préalable l'autorisation auprès du Conseil intergalactique. De plus, ces Lyriens n'avaient pas adressé une requête au Conseil pour obtenir les droits miniers. Leur intention était de cacher leur découverte de ce paradis –

qui était un véritable eldorado – aux autres civilisations qui se servaient également de ce métal pour de nombreuses applications technologiques.

C'est ainsi que la cupidité, la tromperie et la désobéissance laissèrent pour la première fois leur marque sur la planète sous forme d'énergie négative, et ce, avant même que l'espèce humaine n'y soit implantée. Selon l'interprétation biblique, le péché originel fut commis lorsqu'un serpent tenta la première femme en l'incitant à manger un fruit de ce jardin d'Éden. Il est nécessaire que vous connaissiez l'origine de cette interprétation tirée de l'histoire d'Adam et Ève.

Ces cupides et fourbes visiteurs lyriens amenèrent une partie de ceux qui allaient plus tard habiter la Terre. Leur motif pour y implanter ces premiers habitants était fort simple : ils avaient besoin d'esclaves pour leurs travaux d'exploitation minière. Ils estimaient que pour de telles tâches il n'était pas nécessaire que les travailleurs soient des humains ayant une âme les reliant à Dieu, et ils amenèrent donc avec eux des animaux évolués dotés d'un instinct pour obéir aux ordres. L'introduction de ces êtres sur Terre fut le fondement génétique des protohumains qui furent les premiers ancêtres de l'*Homo sapiens*.

Ayant finalement réussi à se libérer de son esclavage, la population humaine embryonnaire se multiplia et se regroupa en clans qui occupèrent les terres les plus hospitalières des continents aujourd'hui appelés Amérique du Nord et du Sud, Afrique, ainsi que certaines régions du Moyen-Orient. Les masses continentales et océaniques étaient alors fort différentes. Lorsque le climat changea et que la nourriture se fit plus rare, les groupes migrèrent vers d'autres terres afin de pouvoir survivre. Leur développement se poursuivit tout au long d'une période connue aujourd'hui sous le nom de Pléistocène, certains d'entre eux devenant au fil de leur évolution ceux que vous appelez les Néandertaliens et les hommes de Cro-Magnon.

À un stade prédéterminé de leur évolution, les protohumains furent prêts pour que débute un programme d'enrichissement génétique destiné à implanter en eux la faculté d'intelligence et la dimension spirituelle qui allaient les élever au statut d'êtres pleinement humains. Le moment venu, des humains d'origine extraterrestre en provenance de différentes constellations vinrent vivre parmi les êtres primitifs de la Terre, fournissant ainsi les apports génétiques ayant engendré la diversité de formes corporelles, de couleurs de peau et de physionomies de la population terrestre actuelle. C'est donc grâce à cette cohabitation de ces extraterrestres avec les premiers hominidés et suite à cette implantation génétique directe de l'intelligence qu'apparut l'espèce humaine actuelle douée de la faculté de penser, de raisonner, et d'être consciente.

Leur processus accéléré d'évolution n'avait rien d'ordinaire. Ils furent dotés d'un degré d'intelligence qui évolua jusqu'à sa pleine expression en moins de 30 000 années terrestres, ce qui constitue une évolution exceptionnellement rapide comparativement à ce que permet normalement la sélection génétique naturelle. L'ADN enrichi contenant les gènes de l'intelligence fut immédiatement transmis à leur descendance, ce qui accéléra considérablement le développement du cerveau humain.

On peut donc clairement voir que l'espèce humaine n'est pas apparue spontanément sur Terre, comme cela est présenté dans la légende d'Adam et Ève. Et l'homme ne descend pas non plus du singe, selon la théorie attribuée à Darwin. Les similarités entre ces deux espèces s'arrêtaient à leurs tailles respectives et au fait que les deux adoptaient une posture verticale en marchant. Toutes les espèces faisant partie de l'ordre des primates sur votre planète se sont diversifiées à partir de ces espèces primitives de singes. Quant à l'humanité, elle a évolué jusqu'à son aspect actuel grâce au développement parallèle des protohumains introduit par vos ancêtres extraterrestres.

L'acquisition d'une importante capacité cérébrale et d'un fragment de Dieu dont *seul* l'*Homo sapiens* a bénéficié constitue la différence fondamentale entre les deux lignées évolutives.

Avec le temps, l'intelligence humaine évolua au point où les esprits humains devinrent totalement distincts de ceux de leurs ancêtres extraterrestres. De plus, les connaissances spirituelles et la conscience d'être unis à Dieu dont les humains avaient hérité se perdirent également. Même si leur intelligence continua à progresser rapidement tel qu'il avait été prévu, leur conscience spirituelle finit par disparaître entièrement. Depuis lors, les humains errent sans parvenir à comprendre quelles sont leurs véritables origines, et leur degré d'intelligence a même fini par régresser et n'a jamais été rétabli depuis.

Aujourd'hui, le nombre d'âmes sous la coupe des forces ayant détourné les gens de leur spiritualité a considérablement diminué, et vous êtes de plus en plus nombreux à entendre et à écouter votre voix intérieure, redressant la tête pour regarder vers les étoiles au lieu de courber l'échine sous le poids des idées fausses dont on vous avait bourré le crâne. Élancez-vous avec la pleine conscience de votre unité avec la sagesse et l'Amour infinis du Dieu éternel. Vous êtes Un avec Tout Ce Qui Est. Acceptez-le.

La Lémurie et l'Atlantide

Les continents « perdus » de l'Atlantide et de la Lémurie ne sont pas un mythe fantaisiste. Ils ont été le théâtre des premiers pas de la civilisation humaine, et la plupart des âmes incarnées sur Terre aujourd'hui y ont vécu au cours des périodes les plus turbulentes de leur histoire.

L'Atlantide s'étendait de la côte est des États-Unis jusqu'à proximité des côtes de l'Afrique. Les vestiges de ce vaste continent reposent sous les eaux de l'océan Atlantique. Quant à la Lémurie, ou continent Mu, ses vestiges gisent au fond de l'océan Pacifique. Ce qui constitue aujourd'hui la côte ouest des États-Unis en faisait partie, de même qu'environ la moitié de la superficie actuelle de l'océan Pacifique. En certains endroits, cet ancien continent était relié à la masse continentale eurasienne qui dériva plus tard vers l'ouest et que l'on appelle aujourd'hui l'Asie.

La superficie des océans Atlantique, Pacifique et Indien était jadis plus petite en raison de la configuration des plaques continentales d'alors. La Terre comportait à l'origine davantage de terres émergées que d'océans, mais pas aux endroits qui pourraient être identifiés de nos jours, et l'eau recouvrait les zones qui sont maintenant des terres émergées. Les nombreux archipels que l'on retrouve aujourd'hui dans les deux principaux océans se sont formés à la suite des changements cataclysmiques résultant de la destruction de ces deux continents perdus.

Les populations combinées de l'Atlantide et de la Lémurie étaient équivalentes, à leur plus haut niveau, à votre population mondiale actuelle. Il y a environ 50 000 ans, soit bien avant les sociétés de tribus nomades décrites dans la Bible, existaient de grandes civilisations avec des cultures et des technologies hautement développées où les gens vivaient jusqu'à un âge très avancé. Chacun y était réceptif, tant aux plans intellectuel que spirituel, à Dieu, aux dieux mineurs, aux mortels supérieurs et les uns aux autres. Cette faculté télépathique était le fruit du programme d'enrichissement génétique grâce auquel leurs ancêtres avaient pu développer leur intelligence et la conscience de leur unité, comme fragments de Dieu, avec Tout Ce Qui Est et les uns avec les autres.

À l'apogée de ces civilisations, des technologies existaient qui étaient considérablement plus avancées que celles de votre époque, exception faite de certains types d'armes et d'ordinateurs. Les dirigeants de l'Atlantide en particulier étaient devenus obsédés par la recherche technologique, ce qui nécessitait le développement de capacités intellectuelles toujours plus poussées. Cette obsession pour le pouvoir mental finit par occuper tellement de place dans leur vie que les gens en vinrent à tout oublier de leur nature spirituelle et du lien direct qui les unissait à Dieu. Ils perdirent tout souvenir de leurs origines. Cette perte, combinée avec un développement mental excessif, permit à de viles énergies d'entrer et de s'incruster dans le cœur et l'esprit de ces gens. C'est leur séparation délibérée d'avec Dieu qui entraîna la chute des civilisations atlante et lémurienne qui, jadis, prospéraient si majestueusement.

Il y a une explication pour tous les grands événements dans l'évolution de notre univers, et ce qui est arrivé à ces civilisations n'y fait pas exception. Lorsque s'éteint le souvenir de ce qui relie l'âme à toutes les autres âmes et à Dieu, le point faible ainsi créé peut être exploité par les êtres déchus qui existent depuis que le royaume angélique a engendré les êtres de Lumière. Certains d'entre eux finirent par devenir ce que vous appelez des « anges déchus ».

Ceux-ci perdirent leur pouvoir de créer la vie de concert avec Dieu, ce qu'ils ne peuvent donc faire sans Sa participation.

Par conséquent, ils n'ont d'autre choix que d'utiliser des corps existants pour connaître l'expérience de la vie dans une forme physique, et ils sont donc constamment à l'affût d'individus n'ayant plus conscience de leur unité avec Tout Ce Qui Est. De ce fait, leur énergie vibratoire est alors de plus basse densité, ce qui en fait des proies plus faciles pour les forces de l'ombre qui peuvent alors entrer subrepticement en eux et les contrôler. Beaucoup de ces individus possédés appartenaient à la classe dirigeante en Atlantide et en Lémurie.

Certaines technologies dont les applications auraient pu être bénéfiques pour ces civilisations furent détournées dans le but de contrôler les gens. Les nombreux usages possibles des cristaux étaient bien connus à cette époque, y compris leur utilisation à des fins militaires. Les scientifiques atlantes mirent au point l'arme suprême qui subit une défaillance catastrophique entraînant une implosion dont les effets sur ce vaste continent furent aussi destructeurs que de multiples explosions nucléaires simultanées.

La dévastation fut massive. Des éruptions volcaniques et des tremblements de terre furent ainsi déclenchés sur les parties de ce continent qui n'avaient pas déjà été disloquées et englouties par les flots. Deux phases de destruction moins intenses suivirent avant que ce continent ne disparaisse totalement sous les eaux de l'océan Atlantique, où ses vestiges reposent toujours.

La fin cataclysmique de l'Atlantide fut la répétition d'un précédent chapitre de l'histoire humaine, puisque près de 10 000 ans auparavant la Lémurie avait été détruite de semblable manière par l'exploitation de la puissance des cristaux à des fins destructrices.

Il n'y eut aucun survivant à la suite de ces deux gigantesques bouleversements planétaires. Tous les habitants périrent lors de la destruction de leur continent parce qu'ils avaient perdu la foi, ainsi que le souvenir de leurs origines et de leur union spirituelle avec le Tout universel. L'intégrité de l'humanité terrestre avait été compromise par les anciens démons que sont la cupidité, l'orgueilleuse quête de pouvoir et l'incessante recherche de tout ce qui éloigne les humains de leur nature divine, des traits négatifs remontant à la plus haute antiquité. Une telle négativité ne pouvait perdurer, sinon la survie même de la Terre aurait été compromise, ce qui explique pourquoi toute vie humaine fut éliminée.

Le Grand Déluge

Des millénaires passèrent sur votre planète dépeuplée avant qu'elle ne soit repeuplée par les mêmes ancêtres célestes des peuples qui étaient disparus avec leurs continents. Avec le temps, une nouvelle civilisation prit forme, mais, encore une fois, la majorité des gens éprouvèrent l'atrophie de leur conscience spirituelle qui avait affecté les précédents résidents de la Terre, et eux aussi finirent par oublier leurs origines. De nouveau, l'oubli mena à un attrait croissant pour les ténèbres, et bientôt il devint une fois de plus nécessaire de débarrasser la Terre de la négativité ainsi engendrée. Une nouvelle catastrophe sema la destruction sur son passage, avec des résultats similaires à la précédente purification planétaire.

Un déluge se déchaîna sur de nombreuses régions du globe, lesquelles furent ainsi inondées d'une eau purificatrice. Cependant, il ne fallait pas cette fois que toute trace de vie humaine disparaisse. Vous n'avez connaissance de l'existence que d'une poignée de survivants grâce à l'histoire biblique de l'arche de Noé. De nombreux autres endroits sur Terre, mis à part le mont Ararat, servirent de refuge à des humains et à des animaux. La majorité des survivants vivaient en des lieux reculés, loin des régions civilisées. Ces peuplades n'avaient pas perdu leur spiritualité comme tant d'autres, de sorte que leurs membres avaient toujours le souvenir de leurs origines et de leur lien spirituel avec Dieu.

Alors que certains, à l'insistance de leur voix intérieure, s'étaient rendus dans des zones plus élevées, d'autres étaient demeurés là où ils étaient, sentant intuitivement qu'ils s'y trouvaient en sécurité. D'autres encore furent secourus par les descendants des êtres qui avaient anciennement mené le programme de repeuplement. Dans tous les cas, les survivants furent ceux qui avaient toujours conscience de l'étincelle divine présente en eux, de leurs liens indestructibles avec toutes les autres âmes, et de la réunification avec le Tout universel constituant l'ultime aboutissement du périple spirituel de chaque âme au fil d'innombrables existences.

Quand les eaux se furent retirées, les groupes de survivants s'adaptèrent graduellement à leur nouvel environnement et aux changements de conscience survenus par suite de ces événements. Ces groupes épars crûrent en nombre durant de nombreux siècles. Dans les récits bibliques relatifs à cette époque, il n'est fait mention que du peuple d'Abraham et de David, mais celui-ci n'était qu'un des nombreux groupes de survivants du Grand Déluge. Une fois de plus, au fil du temps, leurs descendants perdirent en bonne partie la conscience spirituelle ayant rendu possible la survie de leurs ancêtres.

Finalement, une nouvelle civilisation prit son essor et se répandit jusqu'à ce que l'on retrouve tant des populations sédentaires que nomades en de nombreux coins du globe. Comme certaines régions étaient plus riches en eau et en nourriture, la compétition pour ces ressources entraîna l'apparition d'une mentalité guerrière. Certains peuples estimèrent nécessaire d'accroître leur puissance en se lançant dans des guerres de conquête. La quasi totalité des habitants de l'Europe, de l'Asie et de l'Afrique oublièrent tout de leurs origines et du lien inséparable unissant chaque âme à sa Source divine, et des combats de plus en plus fréquents opposèrent des groupes désireux d'imposer leur domination sur les autres. Fait ironique, la guerre et l'esclavage devinrent monnaie courante chez ces populations qui se disaient « civilisées ».

Par contre, les populations qui vivaient dans ce que vous appelez aujourd'hui les Amériques ne manifestaient pas autant de rudesse et de brutalité. Les légendes de ces peuples évoquaient leurs liens ancestraux avec le Grand Esprit ou avec des dieux extraterrestres dont leurs chamans visionnaires disaient qu'ils étaient venus jadis les sauver d'un grand péril. Même si ces peuples n'étaient pas les seuls à avoir de tels souvenirs, et que tous les groupes habitant l'hémisphère occidental ne se comportaient pas toujours de manière paisible, la plupart d'entre eux avaient en commun ces souvenirs et ce caractère pacifique.

Il est intéressant de noter que les peuplades qui ont été secourues par les descendants de leurs ancêtres extraterrestres conservèrent dans leurs légendes le souvenir de leurs origines, alors que celles qui parvinrent à survivre sans aucune intervention extraterrestre en perdirent tout souvenir.

C'est donc ainsi que les humains de la Terre ont évolué jusqu'à ce jour.

Le triangle des Bermudes

Des forces que l'on ne peut que qualifier de neutres, puisqu'elles ne sont ni pour ni contre la vie humaine, sont présentement à l'œuvre et pourront, d'ici quelques années, provoquer de grands changements dans la configuration géographique de la Terre. Ce que vous appelez le triangle des Bermudes, une zone associée à de nombreuses histoires de disparitions mystérieuses d'avions, de bateaux et de personnes, sera en cause dans ces bouleversements. Ces mystérieuses disparitions ne sont pas dues à des phénomènes météorologiques, l'une des explications avancées, pas plus qu'elles ne sont liées à l'existence de présumées bases extraterrestres au fond des mers, ainsi que le prétendent certaines théories.

Elles sont plutôt dues à la présence d'un vortex énergétique relié à la réémergence de l'Atlantide. Le faisceau d'énergie responsable de ces disparitions émane d'un immense cristal jadis utilisé dans le système d'armement ayant provoqué l'engloutissement de ce continent. Ce cristal est capable de créer le champ énergétique le plus puissant de toute la planète.

On ne peut attribuer à de sinistres motifs les pertes d'avions et de navires rapportées par le passé. En pénétrant dans ce champ de force dynamique, ils ont été simplement projetés dans un espace situé au-delà de la troisième dimension. Les personnes affectées ont été dématérialisées, et une fois sorties de cette fréquence, elles se sont rematérialisées sous leur forme originale. Il y a eu quelques pertes de vies humaines lorsque des extraterrestres ne se trouvaient pas à proximité pour les sauver, mais bon nombre de ceux qui sont disparus ont rencontré ces sauveteurs et vivent aujourd'hui avec la même conscience qu'avant, mais dans une autre dimension d'existence.

Cinquième partie

Visions de la Terre et d'autres mondes

Visions de la Terre

Suzanne : *Matthieu, que vois-tu lorsque tu regardes la Terre ?*

Matthieu : Cela dépend de la faculté de vision que j'utilise. Avec ma pleine vision sensorielle, je vois des stries de lumière rouge et violette fuser de façon erratique autour du globe et d'autres éclairs monter de la surface, le rouge exprimant la colère et le violet dénotant la conscience spirituelle, ces deux forces énergétiques opposées étant engagées dans une perpétuelle lutte pour atteindre l'équilibre. Ce que ce type de vision me permet d'observer, ce sont les émotions collectives de l'ensemble de la vie telles qu'elles sont reflétées par la Terre, qui est un assemblage composite de tous les attachements énergétiques générés par ses royaumes animal, végétal et minéral.

Lorsque j'observe la planète sans faire appel à l'ensemble de mes facultés de perception sensorielle, je vois un brouillard déformant généré par toute l'énergie tourbillonnante de la négativité si destructrice pour la vie même de la Terre. Ce brouillard est si opaque qu'il est impossible de distinguer les continents et les océans.

Lorsque je focalise mon attention sur un objet précis, peu importe sa taille, je peux cependant le discerner très clairement. Toutefois, ce que j'aperçois ne ressemble en rien à ce que vous pouvez voir, car ce sont les structures énergétiques que je perçois. Mon amour des fleurs étant toujours le même, je ne me lasse donc jamais de contempler vos collines verdoyantes foisonnant de fleurs sauvages exprimant en une symphonie de couleurs la pureté et la vitalité engendrées par leur beauté et leur simplicité. C'est lorsque je suis auprès de toi en esprit que je peux le mieux voir les fleurs, tout particulièrement quand je m'y trouve avec mon corps éthérique.

Si nous vous rendons visite uniquement en projetant notre esprit vers vous, notre faculté visuelle a alors une acuité limitée. Cela ne limite toutefois en rien notre aptitude à sentir ce qui nous entoure et à nous unir de cœur et d'esprit avec vous. L'impression que la beauté des choses laisse en nous est tout aussi vive lorsque nous sommes présents en esprit, mais nous sommes en mesure de distinguer plus nettement les menus détails quand nous sommes présents avec notre corps éthérique.

Ma vision à longue portée ne se limite pas à la Terre, mais cette faculté qui me permet d'observer la planète de cette distance au point d'arriver à voir une image grandeur nature de toi constitue une merveilleuse expérience visuelle. Cette faculté et l'aptitude que j'ai d'aller te visiter sont toutes deux possibles grâce à ce que vous appelez le voyage astral, qui nous permet à la fois de nous déplacer avec notre corps éthérique et de projeter au loin notre faculté de perception visuelle sans qu'il soit nécessaire de nous rendre sur place.

Dans certains cas, la perception à distance n'est toutefois pas une expérience aussi agréable que l'observation de fleurs sauvages. Ainsi, je ne peux voir distinctement les océans que là où la pollution humaine n'a pas encore perturbé les flux d'énergie vitale. Une tristesse infinie y règne à certains endroits. Je vois les animaux exactement comme vous, mais je perçois aussi d'eux des choses que la vision humaine ne permet pas de distinguer. Certains ont une apparence scintillante en raison de la gentillesse qui émane d'eux, alors que d'autres sont si denses qu'ils m'apparaissent sous l'aspect de boules sombres. Cela aussi m'attriste, mais ce ne sont pas de « mauvais » animaux puisqu'ils ne font qu'obéir à l'instinct de prédateur implanté en eux par les forces de l'ombre, et c'est l'énergie dégagée par cet instinct violent que je perçois sous la forme d'une masse noire.

L'importance des cétacés

Pourquoi affirmes-tu qu'une profonde tristesse règne à certains endroits dans les océans?

Parce qu'ils sont la demeure des baleines, des dauphins et des marsouins, les êtres les plus intelligents et les plus spirituels sur la planète, et que cet habitat a été souillé par la malveillance et la négligence humaines. Quant au traitement horrible qu'ils ont subi jusqu'ici, il constitue une tache indélébile dans l'histoire de la présente civilisation humaine. L'énergie des cétacés est aussi sacrée que celle des humains, tant sur le plan individuel que collectif, mais les océans ont néanmoins été considérablement pollués et on a brutalement mis fin à la vie d'innombrables baleines, dauphins et marsouins.

Matthieu, ai-je bien capté ta pensée... Viens-tu d'affirmer que les animaux appartenant à l'ordre des cétacés sont plus intelligents et plus avancés spirituellement que les humains?

C'est bien ce que j'ai dit, mère, mais j'aurais dû m'exprimer avec plus de précision. Ce que j'indiquais, c'est que, d'un point de vue général, l'ensemble de l'ordre des cétacés est plus avancé sur les plans spirituel et intellectuel que ne l'est l'espèce humaine. Bien sûr, je ne voulais pas dire qu'aucun être humain sur Terre n'a jamais atteint ou dépassé ce degré d'évolution. Certains humains exceptionnels y sont parvenus – manifestement Jésus et Bouddha sont devenus des Êtres christiques dont le degré d'évolution surpassait celui des cétacés.

Lorsque nous parlions des animaux de la Terre qui venaient au Nirvana à la fin de leur existence, j'avais alors mentionné, tu t'en souviens peut-être, que seule une partie de l'énergie collective des baleines venait ici, soit juste assez pour créer et maintenir un lien énergétique entre les humains et les baleines. Le reste de leur force de vie va poursuivre son évolution spirituelle dans les dimensions plus élevées après leur service sur Terre, et leur transition en ce royaume se fait donc plus rapidement que celle des humains.

Voilà toute une révélation ! J'ai récemment entendu dire que certaines baleines avaient manifesté ce qui semblait être un intérêt pour tisser des liens d'amitié avec des humains. Sais-tu quelque chose à ce sujet, et est-ce important ?

Oui, je sais de quoi il s'agit et, de fait, c'est là un développement fort important. Le comportement de ces baleines dénote une plus grande confiance envers les humains et prouve que l'accroissement de la Lumière au sein de la conscience humaine est en voie de réduire l'influence des forces des ténèbres sur la planète. Cette influence néfaste avait rompu le lien énergétique entre les humains et les baleines, ce qui avait rendu possible le massacre à grande échelle de baleines. Aujourd'hui, même si la puissance des ténèbres décline sans cesse, certains individus continuent néanmoins à traiter les baleines uniquement comme une ressource à exploiter pour le profit.

L'intelligence et le haut degré d'évolution des cétacés étaient jadis reconnus par les peuples de la Terre, mais ce savoir ancestral est tombé dans l'oubli avec les attaques répétées des forces des ténèbres contre le lien énergétique unissant les cétacés aux humains. En plus de stimuler l'instinct d'agression des humains, les forces de l'ombre voulaient que les baleines soient complètement exterminées, et elles incitèrent donc les humains à faire leur sale boulot. Par leur présence, les baleines contribuent à ancrer l'énergie lumineuse transmise en direction de la Terre à partir de sources éloignées, et leur aptitude à stabiliser cette énergie dans les profondeurs des vastes océans crée une longueur d'onde avec laquelle les forces des ténèbres ne peuvent s'accorder.

Si les baleines venaient à disparaître, la Terre perdrait l'un de ses principaux moyens d'ancrer la Lumière. Sans un tel ancrage énergétique, l'influence bénéfique de la Lumière ne pourrait demeurer stable et sa puissance subirait inévitablement d'incessantes fluctuations, ce qui l'empêcherait d'atteindre l'intensité requise pour fortifier la force de vie sur Terre. Si tous les points d'ancrage de la Lumière en ce monde étaient éliminés, les forces de la Lumière pourraient être vaincues et les forces de l'ombre parviendraient alors à s'emparer d'une planète exsangue d'où toute vie finirait par disparaître. Il y a longtemps qu'une telle mort planétaire serait survenue si des civilisations extraterrestres bienveillantes n'avaient pas canalisé un flux continu d'énergie lumineuse vers la Terre et si le pouvoir d'ancrage des baleines ne l'avait pas stabilisé. Le service qu'elles ont rendu était essentiel non seulement pour préserver la vie même de la Terre, mais aussi pour lui permettre d'ascensionner jusqu'aux fréquences vibratoires supérieures et de recouvrer sa pleine vitalité et toute sa beauté.

Ce monde est bien davantage qu'une petite planète ordinaire faisant partie d'un système solaire quelconque, dans une galaxie mineure, parmi les milliards de galaxies que compte notre univers. Cette planète était l'une des favorites de Dieu, car elle était un véritable paradis édénique. Son aura radieuse et sa beauté virginale faisaient d'elle un modèle exemplaire dans cette partie de l'univers où elle témoignait du pouvoir conjoint de cocréation de Dieu et du Créateur. Cette planète représentait l'antithèse du fléau monstrueux de tout ce que les forces des ténèbres avaient engendré dans l'univers, et sa conquête devint leur principal objectif.

Dans ce contexte, tu peux comprendre pourquoi il était si important pour ces êtres maléfiques d'inciter les humains à exterminer les baleines. Pour faire contrepoids à cette influence négative, certains humains ont entrepris, inspirés en cela par leur âme, de déployer bravement tous les efforts nécessaires pour sauver les baleines de l'extinction. La récente hausse marquée du nombre de baleines dans le monde vise à élever les vibrations planétaires alors que la Terre ascensionne et que la Lumière divine guérit son corps et facilite l'illumination spirituelle de l'humanité.

Complément d'information sur les animaux

Les animaux évoluent-ils ?

Oui, les formes de vie animale inférieures évoluent en des formes de vie animale supérieures. Globalement, l'évolution de l'énergie animale suit une voie ascendante menant à une conscience spirituelle et à une intelligence de plus en plus grandes, et même l'énergie des plus petits insectes passe par toutes les étapes de l'évolution de la conscience au fil de sa croissance. L'énergie de la conscience animale ne s'incarne pas toujours dans une forme animale, mais elle peut le faire durant de nombreuses vies successives tandis qu'elle apprend à reconnaître sa valeur au sein du grand Tout universel. L'essence de Lumière du Créateur est la source de toute énergie manifestée, et tout comme la vie humaine est sacrée et inviolable, celle des animaux l'est tout autant.

L'âme de chaque animal vient séjourner ici, au Nirvana, après sa vie terrestre et, comme l'âme humaine, elle choisit sa prochaine incarnation sur la base des expériences de sa précédente existence. Plus le degré d'intelligence d'un animal est élevé, plus il a conscience de l'inséparabilité de toute vie et du lien direct unissant tout ce qui existe à Dieu et au Créateur.

Il en est de même pour les quelques rares espèces dont l'instinct agressif actuel les empêche de s'adapter, à l'instar des autres formes de vie animales, à la vie en ce royaume. Cet instinct n'est pas le résultat d'une évolution naturelle, mais bien plutôt le fruit des cruelles expériences d'êtres malveillants qui ont délibérément implanté dans le royaume animal de tels comportements violents. Bien que l'élan créatif initial soit venu du Créateur, l'apparition de l'intelligence et de la conscience spirituelle relève d'un processus différent. C'est l'intention du concepteur de toute forme de vie qui génère et définit la forme que prendra l'expression de son énergie vitale.

Les fossiles découverts à ce jour sur Terre ne sont nullement représentatifs de l'ensemble des formes animales ayant jadis existé sur votre planète. Lorsque les toutes premières formes de vie animales y sont apparues, toutes les espèces étaient d'un naturel doux et pacifique. Plus tard, par suite d'expériences atroces menées par les forces de l'ombre, la nature intrinsèque de nombreuses espèces animales dégénéra au point où la férocité put se manifester et perdurer en eux. La création de ces espèces féroces détruisit l'équilibre de l'énergie animale qui était fondée sur la Lumière, au sein de laquelle tout demeure équilibré. Une fois la polarisation établie entre la férocité et la douceur, la nature animale refléta ce changement par l'apparition de deux clans opposés, prédateurs et proies devenant des « ennemis naturels ». Bien que votre histoire n'ait gardé aucune trace de la création de ces bêtes féroces, certaines d'entre elles sont dépeintes dans les anciens récits mythologiques sous forme de monstres grotesques hantant les continents et les mers.

Leurs malveillants concepteurs ne limitèrent pas leurs horribles créations aux animaux de grande taille, puisque ce sont eux qui créèrent les puces. Ces parasites furent conçus dans l'unique but d'être un abominable fléau, allant de l'agacement constant subi par les animaux qui en sont infestés aux nombreuses maladies qu'ils provoquent ou transmettent. Une intention encore plus sinistre présida à la création des plus microscopiques formes de vie qui soient, les microbes, dont le but était de perturber gravement toutes les autres formes de vie.

Au cours de leur évolution, certaines espèces animales peuvent être habitées par une âme de source humaine. Bien que le phénomène soit rare, il peut arriver qu'une âme humaine désireuse de connaître l'expérience d'une vie animale s'incarne dans une espèce d'un ordre supérieur afin de combler ainsi un besoin dans son cheminement évolutif. Dans un tel cas, le choix de l'âme se porte alors habituellement sur une espèce animale bénéficiant le plus souvent d'un bon traitement, plutôt que sur une espèce susceptible de subir de mauvais traitements ou d'être élevée uniquement pour la consommation humaine, ou encore n'ayant jamais aucun contact avec les humains.

Voici une analogie permettant de comprendre comment une âme peut orienter un flux d'énergie pour que sa prochaine incarnation soit une vie animale ou humaine. On peut comparer une âme à un étang dans lequel on lancerait un caillou pour ensuite observer comment les rayons du soleil se reflètent sur les ondulations de l'eau, créant ainsi d'innombrables points de lumière. La réfraction de la lumière et l'énergie des rides en mouvement à la surface de l'eau représentent les flux d'énergie de l'âme humaine que cette dernière peut utiliser pour manifester, au choix, une vie animale ou humaine, selon ce qu'elle estime nécessaire pour réaliser l'équilibre en elle.

Merci pour cette intéressante analogie ! Peut-on observer le mouvement des flux d'énergie des animaux sur la Terre de la même manière qu'on le fait pour les flux d'énergie des humains ?

Oui, tout à fait ! Dans le jaillissement confus des myriades de pensées et d'émotions s'élevant de la Terre, nous parvenons à distinguer lesquelles proviennent d'animaux ou émanent des humains. Comme dans le cas des humains, l'identification de chaque animal est rendue possible par la signature énergétique caractéristique propre à chaque espèce, selon un système fondé sur la largeur de bande du flux émis et de l'intensité de son éclat lumineux.

Je sais que ceci te fera plaisir, mère... Tes chiens ont un ange gardien. Vos chiens ont été choisis par l'ange responsable des canidés pour recevoir l'amour et les bons soins que ton conjoint, Bob, et toi-même avez la réputation de prodiguer à ces animaux. Aucun des chiens que tu as adoptés n'est venu fortuitement à toi, puisqu'il s'agissait dans chaque cas d'une récompense ou d'une compensation que leur âme avait méritée. Le même processus s'applique à tous les animaux de compagnie et à leurs gardiens bienveillants dont la rencontre mutuelle n'est jamais le fruit du hasard.

C'est tellement merveilleux de savoir cela ! Les animaux domestiques ont-ils tous un ange ?

Oui, et il en est de même pour les animaux que tu pourrais considérer comme peu adorables. Un ange est rattaché à chaque espèce, mais aucun ange n'est spécifiquement attribué à chaque animal, comme dans le cas des anges veillant sur les humains. Ces anges spéciaux sont d'anciennes âmes ayant vécu jadis l'expérience de la vie animale alors que tous les animaux dans cet univers étaient des êtres paisibles doués d'une conscience spirituelle et d'une intelligence.

Les animaux ont intuitivement conscience de la bienveillante protection angélique dont ils sont l'objet. Même ceux qui mènent une existence misérable bénéficient de l'influence protectrice d'un ange afin d'atténuer les désagréments qu'ils subissent ou de mettre fin à leurs terribles souffrances physiques. Certains anges sont chargés de protéger un plus grand nombre d'animaux que d'autres, ou sont responsables d'animaux doués d'une plus grande intelligence, mais les responsabilités confiées à tous les anges s'équivalent puisque toutes les vies ont une importance égale pour le maintien de l'équilibre universel de l'énergie liée au monde animal.

Ces anges apportent aux animaux un sentiment d'unité essentiel à la préservation de chaque espèce animale, mais ils ne peuvent rien pour s'opposer aux traitements cruels que des animaux ou même parfois des espèces tout entières subissent aux mains de certains humains. Les activistes animaliers agissant de bonne foi, c'est-à-dire sans motifs politiques, économiques ou personnels, sont inspirés dans leurs efforts par les anges protecteurs de ces animaux maltraités.

Dans quelle mesure la Terre est-elle affectée par la disparition d'espèces animales ou par l'imminence de leur extinction ?

Il n'y a pas de réponse simple à cette question, mère. La cause de la mort même d'un seul animal et l'effet de cette mort ne peuvent être considérés séparément quand on cherche à mesurer le degré de négativité ainsi occasionné. L'extinction de toute vie animale sur Terre dans le passé est attribuable, entre autres, à de profonds et brusques changements climatiques, mais leur disparition soudaine et massive n'avait alors engendré aucune négativité. Ces événements subits découlèrent du besoin de la Terre de se libérer d'une énorme quantité de négativité accumulée ayant été créée par la brutalité de gens qui n'avaient pas conscience de s'être autant écartés de la vérité divine. Néanmoins, le résultat fut radical, soit l'anéantissement de toute vie sur la planète, ce qui nécessita ensuite de vastes efforts pour y ramener la vie. Après certains épisodes d'extinction massive, les nouvelles formes de vie implantées étaient fort différentes des précédentes.

À présent, abordons une situation plus récente, soit le sort fait aux bisons, qui étaient des millions à parcourir les plaines de l'Amérique du Nord jusqu'au jour où, en peu de temps, ils furent presque tous exterminés sans aucun motif valable.

Certains furent abattus uniquement pour le plaisir de tuer, mais cette tuerie avait également pour but d'éliminer une ressource alimentaire importante pour la population autochtone du continent. Pour en comprendre l'impact, il faut examiner deux aspects de cette situation. D'une part, ces massacres étaient la conséquence d'une intention ignoble, ce qui, en soi, suscita énormément de négativité. D'autre part, l'élimination rapide d'un si grand nombre d'animaux souleva également d'immenses répercussions négatives. Toutefois, cette seconde source de négativité put être transmutée en Lumière en raison de l'innocence des vies perdues, ce qui atténua la négativité consécutive à ces tristes événements étant donné le rééquilibrage ainsi rendu possible. Par contre, l'abondante négativité résultant des viles intentions derrière ces massacres perdura.

Par ailleurs, lorsque la destruction de la vie animale est due à l'ignorance, à une négligence ou à un préjudice involontaires, cela a également un effet rééquilibrant grâce auquel aucune négativité durable ne subsiste. Il en est autrement toutefois lorsque l'abattage d'un animal est le fait d'un acte impitoyable et cruel posé par un individu à qui un tel geste procure un plaisir pervers. En dépit de l'innocence de l'animal, la souffrance et les tourments qu'il subit, ajoutés aux intentions malveillantes de son bourreau, engendrent une négativité qui, forcément, persistera. On comprendra pourquoi une telle mort produira jusqu'à dix fois plus de négativité que l'abattage massif de bovins, de porcs et de volailles à des fins de consommation humaine. Même si cela peut te paraître disproportionné, ce second type d'abattage n'est pas dû à une intention malicieuse. Bien que dans la plupart des cas les méthodes employées soient inhumaines, le fait que cet abattage vise uniquement à nourrir les humains contrebalance l'énergie négative qui en résulte.

Un autre exemple d'effet rééquilibrant est l'emploi d'animaux à des fins de recherche médicale. Bien que les traitements qu'ils subissent montrent bien le peu de compassion qu'on leur témoigne, les expériences menées ont pour but d'aider les chercheurs à trouver des moyens de traiter ou d'éliminer des maladies humaines. La négativité engendrée par l'angoisse des animaux de laboratoire est donc compensée par le but des recherches.

Malheureusement, on peut citer de nombreux exemples de traitements faits aux animaux ayant pour effet de produire des énergies négatives persistantes : les tueries de baleines, évidemment, et les massacres de dauphins résultant de la négligence délibérée de certains pêcheurs ; les animaux dont l'habitat naturel est détruit par l'homme et qui n'arrivent donc plus à se nourrir ; ceux qui meurent prématurément ou qui naissent difformes à cause de la pollution de leur environnement ; ceux qui sont tués par des braconniers pour leur fourrure, leurs défenses, leurs œufs ou pour d'autres parties de leur corps, ou encore qui sont abattus dans le seul but de servir de trophées de chasse empaillés ; les animaux domestiques dont les propriétaires négligent sciemment d'assurer leur bien-être, ou qui les affament et les battent. Dans tous ces cas, un degré important de négativité perdure en raison à la fois des intentions cruelles ou des motifs cupides des auteurs de ces sévices et de l'énergie perturbée des animaux qui vivent ou quittent la Terre dans un état de profond désespoir.

Certains autres types de traitements abusifs des animaux génèrent également une considérable négativité. Ainsi, les animaux qui vivent enfermés dans une cage de zoo subissent un grave traumatisme psychique. Comme peut-on ne pas prendre conscience qu'une telle existence est une forme de torture pour les animaux habitués à la liberté des grands espaces, souvent en meutes ou en troupeaux, que l'on capture et enferme dans une cage pour le reste de leurs jours ? Nous voyons bien que les visiteurs d'un zoo, tout particulièrement les jeunes enfants, observent en toute innocence leur triste sort, mais cette énergie positive ne suffit pas à contrebalancer la négativité suscitée par les tourments subis par tous ces animaux captifs.

L'aspect positif et encourageant de la capture d'animaux sauvages dans le but de les exhiber est que, dans certains zoos, de grands environnements naturels ont été aménagés en remplacement des cages et des enclos extérieurs, et des programmes de reproduction ont été mis en place afin de préserver certaines espèces menacées d'extinction. Dans le cas des dauphins et des orques entraînés à donner des spectacles, certaines personnes ont été inspirées à reconnaître à quel point cette pratique leur est nuisible, et elles ont déployé tous les efforts possibles pour que la liberté leur soit rendue. Toutefois, seule une infime minorité de dauphins et d'orques ont pu ainsi être libérés, puisque la majorité d'entre eux demeurent en captivité et continuent à souffrir horriblement. De nombreux animaux de cirque subissent de semblables conditions de vie cruelles, car non seulement plusieurs sont-ils maltraités physiquement, mais ils sont aussi démoralisés par leur privation de liberté et par les choses contre-nature qu'on les oblige à faire pour amuser les humains. Dans aucune de ces situations ne retrouve-t-on un quelconque contrepoids à l'immense négativité ainsi engendrée.

Les psychés torturées de tous ces animaux ont besoin de temps pour guérir une fois arrivés ici, exactement comme pour les humains traumatisés. Quand tu considères les centaines de millions d'animaux qui subissent ces divers destins que je viens de mentionner, tu peux imaginer les efforts considérables que leur réhabilitation exige en ce royaume.

Mère, je me suis éloigné du sujet de ta question, mais il est vital que les gens sachent ce que je viens de te communiquer afin que cessent les traitements horribles faits aux animaux de la Terre.

Revenons donc maintenant à ta question. Chaque fois qu'une espèce tout entière s'éteint ou risque de disparaître, cela a manifestement un effet planétaire, mais comme le rééquilibrage dont j'ai parlé transmute en Lumière les énergies négatives, un tel changement n'est pas toujours forcément nuisible. Ce qui peut toutefois se produire, c'est un « effet domino » résultant de la perturbation par l'humanité de l'équilibre naturel des choses.

Considérons, par exemple, les effets de l'extermination d'insectes, parmi lesquels se compte le plus grand nombre d'espèces détruites, sans que beaucoup de gens s'en plaignent d'ailleurs. Lorsque les récoltes sont dévastées par les insectes, cela fait naître des craintes chez les gens qui doivent soudain faire face à la famine ou, à tout le moins, à de graves conséquences financières. L'épandage de produits chimiques enraye alors la destruction causée par les insectes et permet aux récoltes de parvenir à maturité, ce qui soulage les inquiétudes à l'égard du manque de nourriture et élimine la négativité due à cette anxiété. Toutefois, cette soi-disant solution entraîne à son tour d'autres répercussions. Non seulement les insectes qui survivent à ces épandages transmettent-ils leur résistance à leur descendance, mais l'effet cumulatif des pesticides sur la santé humaine soulève également de sérieuses inquiétudes.

Lorsque l'on tient compte de ce dernier aspect, il devient manifeste que les bonnes intentions initiales ne suffisent pas à assurer l'équilibre des énergies et que l'éradication des insectes crée finalement plus de négativité qu'elle n'en élimine. Comme tu peux donc le constater, mère, il n'est pas facile de mesurer l'impact sur la Terre de la destruction de la vie animale. Mais on peut affirmer sans trop risquer de se tromper qu'une grande partie de la négativité affectant votre planète est directement due au peu de respect des gens pour la vie animale.

Les auras

Nous nous demandons, Bob et moi, si tu nous vois exactement tels que nous apparaissons l'un à l'autre et si tu entends nos voix de la même manière que nous le faisons.

Je peux entendre vos voix comme vous les entendez et discerner votre apparence physique dans ses moindres détails. Je peux également voir le champ d'énergie, l'aura qui vous entoure. Je te perçois essentiellement sous la forme d'un être dégageant une scintillante lumière dont l'intensité fluctue constamment, alors que la lumière émanant de Bob est d'un aspect plus solide. L'apparence de ton aura est reliée au fait que tu es plus sensible et plus facilement touchée par des situations émotionnelles que ne l'est Bob. Lui aborde plus calmement les différentes situations de la vie, ce qui explique l'apparence plus stable de son aura.

Eh bien ! Peut-on attribuer une autre signification aux auras, au-delà de ces différences d'apparence sur le plan émotionnel ?

Oui, bien sûr ! Les auras indiquent où vous en êtes rendus dans votre croissance spirituelle au cours de cette existence, et, chez certains individus, aucune aura n'est visible. Il faut en effet qu'il y ait suffisamment de lumière dans l'âme pour qu'elle se reflète à travers le corps physique. Les âmes qualifiées de « perdues » sont captives d'une énergie négative d'une telle densité qu'aucune lumière n'émane d'elles et aucune aura n'entoure donc leur corps physique.

Votre aura permet de discerner toutes les nuances vibratoires pouvant s'exprimer en vous, allant de la joie au chagrin, du bien-être à la maladie, du calme à la fureur. Quand vous réagissez fortement aux propos d'une personne ayant une nature vibratoire différente de la vôtre, votre aura émet un type de lumière démontrant clairement que vous êtes prêt à défendre des idées si importantes pour vous que vous ne pouvez tolérer aucune autre perspective. Il ne s'agit pas ici simplement d'opinions différentes, mais plutôt de convictions si opposées ou de principes si fondamentaux – des croyances religieuses, par exemple – que vous êtes prêt à aller jusqu'au bout pour les défendre.

Voir l'avenir

Matthieu, comment arrives-tu à savoir de quoi l'avenir sera fait ?

Nous pouvons voir des symboles énergétiques dans ce que l'on pourrait appeler votre champ des potentialités personnel. Notre interprétation de ces symboles nous permet d'anticiper les développements les plus probables d'une situation présente. Chacune de vos pensées, de vos émotions et de vos actions contribue à déterminer ce qui se produira dans l'avenir, puisque l'énergie ainsi orientée dans une direction particulière aura tendance à suivre une trajectoire prévisible.

Il est assez facile de prévoir où vous irez, ce qu'il en sera de votre santé, de vos finances, des changements dans votre situation d'emploi, et d'une foule d'autres choses, car l'évolution probable de l'énergie d'un projet envisagé peut être facilement suivie. L'évolution des aspects appartenant à la sphère privée ou intime de la vie d'une personne, tel le développement d'une plus grande conscience spirituelle, d'un discernement accru, de meilleures compétences d'emploi, des talents naturels, de l'intelligence et du jugement, est plus difficile à anticiper en raison des changements dans les sources d'influence. Tout ce qui entoure l'évolution des relations entre deux êtres est également plus compliqué à prévoir étant donné les nombreuses variables pouvant résulter des choix de l'une ou des deux personnes.

Les individus canalisant ce genre d'information, ceux que vous nommez médiums ou voyants, perçoivent l'évolution potentielle de l'ensemble des mouvements dans le champ d'énergie d'un individu et décrivent l'éventail des possibilités observées en fonction des questions particulières posées par les gens qui les consultent. Je ne suis ni un voyant ni une source d'information pour un quelconque médium, et je ne suis pas non plus un expert dans l'interprétation des symboles énergétiques. Je sais toutefois que c'est cette aptitude qui distingue un canal « clair » d'une personne qui, malgré ses bonnes intentions, n'a pas développé cette expertise.

Avant de te communiquer ce que je perçois des situations au sujet desquelles tu m'interroges, je discute de mes impressions sur ce que je vois avec quelqu'un, ici, qui est passé maître dans l'interprétation des symboles. Il s'agit d'un processus d'apprentissage continu pour moi, mais tu seras heureuse d'apprendre que je suis sûr de ce que je te rapporte.

Merci de me le confirmer ! Comment un médium parvient-il à interpréter correctement ces symboles ?

Ton désir de savoir quelque chose, combiné au talent naturel du voyant et à son désir de t'aider, forme entre vous deux une connexion énergétique lui permettant d'accéder à ton empreinte de vie dans les archives akashiques. Comme l'ensemble de tout ce qui concerne ta vie y est enregistré dans les symboles déjà mentionnés, ce médium peut ainsi avoir accès à ton histoire personnelle et comprendre la cause des circonstances actuelles que tu as créées. Les médiums peuvent également contacter une source capable de leur fournir directement des informations ou d'agir à titre d'intermédiaire. Cette source peut être aussi bien les esprits guides du canal que les vôtres, ceux des membres de votre famille ou d'amis intimes dans ce royaume, ou toute autre source bien renseignée.

Mère, sache que les personnes ayant servi d'intermédiaires entre nous avant que ne s'amorcent nos échanges personnels étaient des êtres hautement évolués sur le plan spirituel. Ton contact avec eux n'était pas dû au hasard, puisque tu as été guidée, grâce au lien énergétique nous unissant, vers ceux dont je connaissais déjà l'aptitude à réussir invariablement à communiquer avec des sources de Lumière et à recevoir clairement l'information transmise.

C'est une chose que de posséder des talents de médium ; c'en est une tout autre que d'avoir un degré suffisant de clarté spirituelle, et une grande différence existe entre les deux. Sans limpidité spirituelle, les médiums sont incapables d'accéder à des êtres spirituellement évolués, et il est possible qu'à leur insu ils soient contactés par des sources ne se trouvant pas au sein de la Lumière. Par conséquent, les individus qui avaient auparavant une bonne clairvoyance spirituelle peuvent ne pas se rendre compte qu'ils ont perdu, en raison d'un stress excessif, leur niveau supérieur d'énergie qui était compatible avec leurs sources évoluées, et ainsi continuer à croire que les informations qu'ils reçoivent émanent de la Lumière alors qu'il n'en est rien. La maladie, la fatigue, la douleur physique, le chagrin, le fait de douter de soi, l'anxiété à propos de ce qui pourrait arriver aux gens qu'on aime, et les soucis financiers sont des sources de stress qui pèsent lourdement sur le niveau d'énergie d'un médium. Si un médium ne sait pas qu'en raison de l'un ou l'autre de ces états physiques ou mentaux il est entré en contact avec des sources moins bien informées, ou possiblement même malveillantes, il croira naturellement que l'information reçue est exacte. Les médiums qui tombent dans un des nombreux pièges tendus par l'ego atteignent uniquement des sources de niveau inférieur parce que l'énergie négative liée à l'égocentrisme n'est pas compatible avec la Lumière. S'ils ne prennent pas conscience de ce qui leur est arrivé, ces gens ne peuvent se rendre compte que l'information reçue et disséminée provient de sources ténébreuses.

Il faut également souligner le fait que de nombreux individus possédant des aptitudes psychiques plus ou moins développées et s'affichant comme médiums sont beaucoup plus intéressés à empocher l'argent de leurs clients qu'à leur fournir des renseignements exacts. Profitant de leurs talents psychiques et soutirant habilement des commentaires utiles de leurs clients, ces individus combinent ces deux sources d'information en ce qui paraît être une description plausible de l'avenir. En raison de la cupidité qui les motive et des subterfuges qu'ils emploient, ils ne peuvent accéder à aucune source spirituelle et il ne faut donc pas accorder confiance à leurs dires.

Les nombreuses personnes qui se disent sceptiques quant à l'information canalisée ont par conséquent de bonnes raisons de l'être.

Guerre et paix

Un holocauste nucléaire, qu'il soit intentionnel ou accidentel, risque-t-il de se produire un jour ?

Le Créateur et Dieu ne permettront aucune activité susceptible de mettre des âmes en danger, où que ce soit dans le cosmos, ou bien d'entraîner la destruction de la Terre, ce qui serait dans les deux cas l'inévitable résultat d'une guerre nucléaire sur votre planète. La seule exception autorisée par le Créateur à Sa loi exigeant que le libre arbitre de toutes les âmes soit respecté, c'est que plus jamais personne ne pourra déclencher une guerre nucléaire. Si les forces des ténèbres parvenaient à persuader qui que ce soit sur Terre de déclencher une telle guerre, les forces intergalactiques interviendraient, sur ordre de Dieu, pour empêcher les personnes tombées sous l'emprise de l'ombre de donner suite à leur projet. Le même type d'intervention aurait lieu si des missiles nucléaires étaient sur le point d'être lancés par erreur.

Des âmes ont été pulvérisées lors de précédents conflits nucléaires ailleurs dans l'univers et les dommages subis par leurs éléments constitutifs, comparables à l'ADN du corps physique, ont été si considérables que ces âmes en ont été changées à tout jamais. Lorsqu'une âme est désintégrée dans une telle explosion, son ADN spirituel contenant les souvenirs de centaines d'existences antérieures doit être reconstitué, et ces souvenirs, réintégrés dans l'âme durant sa reconstruction. Ce processus de guérison est si complexe, si long et si ardu que sa réussite ne peut être garantie, même s'il est essentiel que tout soit mis en œuvre pour reconstituer pleinement ces âmes afin qu'elles puissent un jour réintégrer le Créateur. On comprend donc pourquoi il ne sera plus jamais permis que des guerres nucléaires puissent de nouveau provoquer des torts aussi incalculables.

Voilà qui est rassurant, mais je ne saisis pas pourquoi cette exception à la loi universelle du libre arbitre ne s'applique qu'à la guerre nucléaire. Pourquoi le désir de la majorité des gens de vivre en paix n'est-il pas respecté, et donc pourquoi les guerres ne sont-elles pas toutes interdites ?

Il faut d'abord comprendre que la cause fondamentale des guerres est le conflit universel opposant les forces de la Lumière aux forces des ténèbres. Chaque âme, quel que soit le camp auquel elle appartient, exerce son libre arbitre. Respecter uniquement le désir des gens qui veulent la paix, c'est rejeter le choix de ceux qui ne la souhaitent pas. Non seulement cela reviendrait-il à prendre parti pour l'un des deux camps, ce que la loi du Créateur ne permet pas de toute manière, mais cela empêcherait également les âmes d'apprendre les leçons qu'elles ont choisies dans leur contrat prénatal. Il faut en effet savoir qu'à cette étape-ci de l'évolution de la Terre, les guerres offrent la possibilité de compléter d'importantes leçons se rattachant à la dimension de troisième densité.

Un autre élément doit être pris en considération ici. Les personnes qui, selon toi, désirent la paix n'aiment sans doute pas la guerre, mais leurs pensées sont-elles intensément focalisées sur la paix ? Pense à tous ceux qui font partie des forces armées, aux ouvriers employés dans les nombreuses industries directement liées à la guerre, et à tous les autres dont l'entreprise fournit des services connexes à ces forces militaires et à ces industries. Ces centaines de millions de personnes ne prônent pas consciemment la guerre, mais leur sécurité financière dépend d'occupations associées à celle-ci, et elles tiennent à tout prix à conserver leur gagne-pain. Il est donc clair que l'ensemble de leur énergie est orienté vers la guerre et non vers la paix.

Comme tu peux le constater, une situation qui pouvait te sembler bien définie s'avère beaucoup plus complexe que tu ne le réalisais, si on l'examine du point de vue des lois universelles.

Révélations inattendues sur Jupiter

La comète Shoemaker-Levy 9 s'est-elle vraiment écrasée sur Jupiter, ainsi qu'on vient de le rapporter, ou bien nous cache-t-on des choses ?

L'impact des fragments de la comète s'est bien produit comme vos scientifiques l'ont rapporté, mais aucun rapport ni aucun scientifique ne disposaient de tous les faits à ce sujet. Jupiter possède plusieurs mers désertes, et certains des plus gros fragments de la comète sont tombés dans ces zones où aucune vie ne fut menacée. Les gardiens des formes de vie présentes sur Jupiter sont parvenus à influencer la trajectoire de ces fragments, mais pas au point de les empêcher de percuter la planète.

Contrairement aux conclusions de vos astronomes selon qui Jupiter est une immense boule de gaz inhabitable, il s'y trouve une population non humaine comptant des milliards d'individus vivant dans une dimension supérieure où il y a une atmosphère supportant la vie et où des programmes d'ensemencement planétaire de formes de vie animales et végétales sont mis au point. Bien que bon nombre de ces formes de vie soient de taille microscopique et semblables à des bactéries, dans certains cas, les espèces animales expérimentales sont aussi grandes que vos chevaux et aussi nombreuses que vos pigeons. Certains de ces animaux ont même des capacités cérébrales surpassant l'instinct animal programmé dans leur ADN. Pour répondre à la question que tu as à l'esprit, mère, oui l'ADN est à la base de toute forme de vie partout dans l'univers.

Jupiter joue en quelque sorte le rôle d'une pouponnière galactique dans laquelle sont conçues et reproduites toutes sortes de formes de vie animales et végétales qui sont ensuite transplantées sur des planètes où les conditions sont propices à la vie humaine. Plusieurs de ces espèces sont particulièrement magnifiques, comme certains oiseaux au plumage éclatant, des poissons parés de couleurs chatoyantes et des animaux au pelage bigarré.

Quant aux plantes, ce sont tant les variétés ornementales qu'alimentaires qui y sont développées. Tout comme sur Terre, l'interaction des plantes et des animaux avec leur environnement par l'exhalaison et l'inhalation d'éléments engendrant et soutenant la vie est la clef de leur abondance sur Jupiter.

Voilà qui est surprenant ! Qui développe et prend soin de ces animaux et de ces plantes ?

Des êtres d'apparence humaine ainsi que des êtres suprahumains, et ces derniers sont eux-mêmes des formes de vie plutôt insolites. Ils sont considérés comme suprahumains parce que leurs capacités cérébrales équivalent à celles d'un être de la dimension de sixième densité, mais ils ne sont pas forcément aussi avancés sur le plan spirituel. Par ailleurs, ils sont d'un tempérament émotionnel neutre qui ne varie jamais. Leur corps, d'apparence arachnéenne, est fait d'une substance gélatineuse. Leur tête est de forme ovale et leurs yeux sont énormes comparativement à la taille de leur tête.

Selon ce que l'on m'a dit, ces êtres proviennent de Sirius, mais n'ont pas été contactés depuis fort longtemps par leur haut conseil planétaire. Comme ils peuvent se reproduire naturellement, ils n'ont pas besoin de recourir à des techniques de clonage, mais ils le font dans leurs expérimentations sur les formes de vie animales et végétales qu'ils sont chargés de concevoir. Ils ont vécu sur la Terre durant de brèves périodes –

d'un point de vue cosmologique, mais se comptant en millénaires de votre point de vue – afin de procéder à l'implantation de nouvelles espèces animales et de s'assurer que les plus faibles d'entre elles étaient renforcées ou éliminées.

L'avènement de l'ère des dinosaures fut le résultat d'expériences réalisées sur les plus grands animaux terrestres jamais conçus sur Jupiter. Quant à leur disparition, elle survint à la suite d'un changement climatique planétaire radical. Ce changement était nécessaire pour permettre l'introduction de nombreuses autres espèces animales qui n'auraient pas eu la moindre chance de survivre si les dinosaures avaient encore été là. Jamais des animaux et des plantes n'ont été introduits sur Terre sans qu'il y ait eu au préalable un profond changement climatique.

Les dinosaures furent à l'époque considérés comme un triomphe sur le plan de la taille atteinte, mais comme les expériences menées ne visaient pas à les doter d'un cerveau de taille équivalente, ce dernier ne faisait pas le poids compte tenu de l'immensité du corps de ces gigantesques animaux. La masse corporelle de ces mastodontes mobilisait toute l'énergie assimilée afin de conserver la force nécessaire à leurs mouvements, ce qui eut pour effet de nuire au développement du cerveau, lequel n'eut jamais la taille envisagée à l'origine. Voilà pourquoi, somme toute, ces expériences furent, à cet égard, un quasi-échec puisqu'on espérait que ces bêtes disposent d'un degré d'intelligence plus élevé.

D'où tiens-tu ces informations, et qu'est-ce qui te permet de croire qu'elles sont fiables ?

Elles sont définitivement fiables, mère ! Pourquoi penses-tu qu'une chose aussi importante ne serait pas connue ici ? Tout comme pour de nombreuses autres choses dont je t'ai parlé et que tu as de la difficulté à croire, ces faits sont généralement bien connus ici et ailleurs. Un de mes amis, Hugo, a passé de nombreuses vies sur Jupiter et m'a décrit en détail le travail qu'il y accomplit. Cependant, avant même de le connaître, j'étais déjà bien au fait du programme de développement d'espèces animales et végétales qui existe sur cette planète. Tu conviendras certainement avec moi que tout cela démolit la théorie selon laquelle toute vie sur Terre serait d'abord apparue dans les océans !

Le clonage humain

Tu as sans doute entendu parler qu'un mouton (Dolly) vient d'être cloné et que certains ont exprimé des craintes que cela ne mène à des tentatives de clonage humain. Que penses-tu de tout cela ?

Mère, tu serais étonnée de tout ce que je pourrais te dire à ce sujet ! Le clonage est un processus relativement nouveau sur Terre, mais ailleurs dans l'univers on y a recours depuis des millions d'années pour empêcher des civilisations de s'éteindre. En outre, la découverte des techniques de clonage n'est pas aussi récente dans votre monde qu'on ne vous l'a laissé croire, puisque des adultes humains ont été reproduits de cette manière depuis un certain temps.

Matthieu, es-tu absolument certain de ce que tu avances ?

Oui, mère, je le suis. Tu te rappelles mon ami Hugo dont je t'ai récemment parlé. En raison de son expérience dans le clonage de plantes et d'animaux, il connaît bien cette méthode de reproduction. Je ne veux pas dire toutefois qu'il est la source de mes connaissances à ce propos, car la réalité du clonage est connue partout dans l'univers, mais si tu désires avoir quelques explications sur le processus de clonage humain, je peux lui demander de t'en parler.

Oui, je veux bien.

Mère, Hugo est ici en réponse à mon appel énergétique. Vas-y Hugo.

Bonjour, madame Suzy ! Je suis heureux de me joindre à vous. Si je comprends bien, vous aimeriez savoir s'il est vrai que des adultes humains ont été clonés sur la Terre. C'est effectivement le cas, et il y a déjà un moment que la chose se pratique, ainsi que Matthieu vous l'a affirmé. Je vais donc sans plus tarder vous raconter comment tout cela a débuté.

Grâce au clonage, il est possible, à partir de quelques cellules prélevées sur un être vivant, de reproduire une copie absolument identique de celui-ci. Ce matériel cellulaire est placé dans un contenant stérile renfermant un liquide nutritif favorisant la multiplication des cellules sans qu'aucune impureté ne vienne contaminer le milieu en question. Après un certain nombre de divisions cellulaires, l'embryon est ensuite transféré dans un plus grand contenant maintenu dans les mêmes conditions de stérilité, de température et de lumière.

Peu de temps après, on peut commencer à distinguer la forme du fœtus qui se développe sous nos yeux. Lorsque celui-ci a atteint le stade correspondant à environ six mois de gestation normale, il est de nouveau transféré dans une cuve remplie d'un liquide semblable au liquide amniotique présent dans l'utérus durant la grossesse. Lorsque le fœtus est rendu à terme, il est retiré du liquide et traité comme si la naissance était survenue par des moyens naturels, sauf, bien sûr, qu'il n'y a aucun cordon ombilical à couper. Puis une chirurgie esthétique mineure est alors effectuée pour remédier à l'absence d'un nombril normal.

Le processus de clonage humain ne nécessite pas une période de gestation de neuf mois, puisqu'il est accéléré par une stimulation chimique et les conditions idéales de croissance créées en laboratoire. La première partie du processus peut nécessiter six ou sept semaines, période au bout de laquelle on peut voir si le développement fœtal est parfait, et il faut ensuite de huit à dix semaines pour que sa croissance soit complétée. Comme il n'y a pas de naissance par voie naturelle, il n'est pas nécessaire de respecter la durée habituelle de gestation.

Le clonage n'est pas utilisé uniquement pour créer des enfants qui auront ensuite une croissance normale jusqu'à l'âge adulte. Lorsqu'il s'agit de produire le clone d'un adulte en particulier, la période de vieillissement pour passer du stade de bébé à celui d'un adulte dans la fleur de l'âge, soit de 30 à 35 ans, peut être accélérée pour ne durer que 350 à 400 jours. Il suffit alors d'une trentaine de jours de plus pour créer un clone ayant l'apparence d'une personne de 65 ans, ce qui est approximativement l'âge de la plupart des humains clonés sur Terre à l'époque actuelle.

La substance permettant un tel processus accéléré de vieillissement n'est pas encore connue de la science médicale, mais elle a été découverte par le petit groupe de scientifiques engagés dans le clonage d'êtres humains. Quelques très rares cas d'enfants atteints de progéria ont été observés dans le monde. Il s'agit d'une maladie ayant pour effet de provoquer le vieillissement du corps de six à huit fois plus rapidement qu'à la normale. Ainsi, un enfant de 10 ans qui en souffre peut avoir l'apparence et la fragilité d'une très vieille personne. C'est le mécanisme à l'origine de cette maladie qui est utilisé presque à la perfection dans le processus grâce auquel les jeunes clones atteignent en peu de temps l'âge adulte.

Cette méthode comporte toutefois certains désavantages, puisque le corps tout entier du sujet est soumis à ce vieillissement accéléré. Comme il est impossible de stopper le vieillissement des organes une fois l'apparence désirée atteinte, ceux-ci sont soumis à tout le stress lié à ce vieillissement rapide ainsi qu'à l'apparition des déficiences propres au patrimoine génétique familial de la personne clonée. Alors, même si l'individu nouvellement cloné présente au début une apparence plus fraîche et plus jeune que l'original ou le précédent clone, son état général se dégrade rapidement et il commence bientôt à montrer des signes manifestes de vieillissement.

Jusqu'ici, je n'ai abordé que la question du corps d'une personne clonée. La mise à niveau de son cerveau est une tout autre affaire. C'est assurément l'aspect le plus complexe du processus de croissance, tant durant la phase in vitro que durant l'étape suivante. Le cerveau humain est comparable à un ordinateur, et le téléchargement des connaissances emmagasinées dans le cerveau original vers celui du clone fonctionne exactement de la même manière que pour le transfert de données entre deux ordinateurs.

La création d'une copie exacte du cerveau original est réalisée à la perfection dans le cas d'un clone. Celui-ci bénéficie d'une éducation continue tout au long de la période de vieillissement accéléré jusqu'à l'âge adulte, et il fonctionne aussi normalement qu'il est possible de l'espérer compte tenu de l'apprentissage accéléré auquel il est soumis. Étant donné les vastes capacités du cerveau humain, non seulement l'assimilation des connaissances par le clone se fait-elle sans difficulté, mais il est également étonnant d'observer ses progrès extrêmement rapides. De notre point de vue, il s'agit là du seul aspect des progrès scientifiques sur votre planète qui commence à montrer des signes encourageants quant à la compréhension des extraordinaires aptitudes fonctionnelles du cerveau humain.

Il faut mentionner que ce processus intensif d'éducation continue est nécessaire, car autrement le transfert subit et brutal de toutes les connaissances dans un cerveau vierge provoquerait un important choc neurologique.

L'instruction des clones se déroule dès leur enfance, grâce à des tuteurs et à des pédagogues béhavioristes spécialement formés pour cette tâche. Ils procèdent comme vous avec vos enfants, en leur enseignant à devenir des individus conscients, vigilants et responsables ayant une personnalité et des compétences distinctives ainsi qu'un bon sens des responsabilités et des manières civilisées. Les tuteurs, dont les élèves sont pour le moins uniques en leur genre, se préparent à leur mission en étudiant les films personnels de la famille de l'original de chaque clone, et on leur fournit tous les détails intimes nécessaires sur l'histoire de sa famille, afin qu'ils connaissent bien la façon dont l'individu cloné s'exprime et se comporte.

Toutefois, il en va tout autrement lorsqu'il s'agit de produire en peu de temps un clone adulte. Une importante raison pour le vieillissement accéléré, c'est qu'il est alors possible pour le cerveau d'absorber l'information beaucoup plus rapidement et de fonctionner beaucoup mieux que la plupart des gens ne le réalisent. En fait, sans une telle assimilation accélérée, le clonage d'humains adultes serait impossible.

Chez un clone au vieillissement accéléré, le défi consiste à lui faire conserver toutes les connaissances acquises au cours de la vie de l'original. Au début, les facultés mémorielles du clone adulte sont tellement compromises que ce dernier donne l'impression d'avoir l'esprit embrouillé et de chercher ses mots jusqu'à ce que soudain les souvenirs lui reviennent ou que la pensée émergente du clone prenne le dessus et compense les trous de mémoire qu'il éprouve. Comme ce genre de chose survient à l'occasion chez les gens « ordinaires », ce comportement ne soulève pas les soupçons, car on met plutôt cela sur le compte d'une banale imperfection humaine.

Le téléchargement de toutes les connaissances contenues dans le cerveau de la personne clonée à l'origine, ou de celui du clone à remplacer, doit être fait au moment où un nouveau clone est requis. Ce transfert peut s'effectuer sans problème depuis le cerveau de la personne vers celui du premier clone. Mais une légère dégradation des souvenirs se produit ensuite avec chaque téléchargement successif d'un clone périmé à son remplaçant. Il n'est pas possible de se servir du cerveau original pour contourner ce problème, même si cet individu est toujours vivant, car ce cerveau original ne dispose pas des nouvelles connaissances acquises par les plus récents clones. On comprendra sans peine que le clone de remplacement doive posséder une copie conforme des souvenirs accumulés si l'on veut qu'il soit accepté par son entourage comme la vraie personne dont il tient le rôle.

Même si nous sommes heureux de constater les progrès récents de cette technique sur votre planète, le mauvais usage que l'on en fait neutralise notre satisfaction à cet égard. Des gens puissants sont clonés et l'ont été depuis de nombreuses années, et cette pratique ne repose nullement sur de bonnes intentions, puisque c'est toujours à des fins de contrôle que cela a été fait. Certains de vos leaders mondiaux en sont aujourd'hui à leur trentième génération de clones successifs. Le but du clonage de ces personnes de pouvoir est de prolonger leur longévité et leur influence dans le monde.

Un observateur averti parviendra à discerner les importants changements soudains dans leur apparence qui, du jour au lendemain, projette à la télévision ou en photo une image de parfaite santé et de jeunesse. Ce regain subit de vigueur et d'endurance est habituellement précédé de quelques jours d'absence après une période où cette personne manifestait des signes évidents de vieillesse. Ce remarquable contraste est chaque fois attribué à l'effet salutaire de quelques jours de vacances ou au retour à la santé après une prétendue maladie, mais ici nous savons que c'est simplement dû au fait qu'un nouveau clone a pris la place de l'ancien.

Plusieurs clones sont produits simultanément et éduqués selon la méthode expliquée plus haut, et ils sont prépositionnés en différents endroits du globe afin d'être toujours prêts à remplacer ces leaders au pied levé après avoir subi une insertion de dernière minute des plus récentes connaissances de leur précédent sosie. On doit cependant disposer de nombreuses versions de chaque clone, car l'art du clonage n'a pas encore atteint sur

Terre le degré de perfection atteint ailleurs dans l'univers. De fait, les corps de clones adultes vieillissent beaucoup plus rapidement que ceux de personnes ayant vieilli naturellement. Cette lacune est due en partie au processus de vieillissement accéléré de l'enfance à l'âge adulte, mais aussi au manque de maîtrise des scientifiques chargés d'appliquer cette procédure complexe. Enfin, l'atmosphère terrestre de la dimension de troisième densité est un autre facteur contribuant à ce problème.

Hugo, pardonnez-moi de vous interrompre, mais je voudrais savoir si les clones sont bien acceptés par les membres de la famille de la personne clonée ? Ils doivent sûrement avoir conscience de ce qui se passe.

Bien sûr, ils sont au courant de l'existence du ou des clones, et ils participent à leur éducation ainsi qu'aux efforts déployés pour garder cette pratique secrète. Si l'un deux résiste et fait mine de vouloir se révolter, il est lui-même cloné, habituellement contre son gré, et ses clones continuent ensuite à paraître en public à sa place. Dans certains cas, les personnes ayant été clonées sont mortes de leur mort naturelle, ou bien elles ont été assassinées si ce geste servait les fins de personnes encore plus puissantes. Mais la plupart d'entre elles vivent encore, sauf qu'on ne les voit plus. Seuls leurs clones sont vus en public.

En réponse à la question qui vous vient à l'esprit, madame, sachez que cinq pays ont développé un tel procédé de clonage et qu'ils obtiennent tous des résultats comparables avec leurs doubles, tandis qu'un autre pays en est encore à ses premiers balbutiements en cette matière. Tous les laboratoires de clonage sont conçus plus ou moins selon le même modèle, et les techniques employées diffèrent peu. Il y a quelques années, on retrouvait suffisamment de variations dans les techniques utilisées pour que des différences notables soient décelables dans la qualité des clones. La principale différence concernait le processus de vieillissement employé dans les différents laboratoires, et les faiblesses qui en résultaient dans le degré de stabilité physique et de réussite lors du téléchargement du contenu du cerveau. À la suite d'une entente intervenue pour favoriser les échanges technologiques, les imperfections observées purent être corrigées et, aujourd'hui, les clones possèdent tous les mêmes caractéristiques quant à leurs capacités fonctionnelles, leur apparence et leur taux de vieillissement dans tous les pays où ils sont produits.

J'aimerais maintenant aborder l'importante question de la présence d'une âme dans un corps cloné. Quant à savoir s'il y a ou non une âme dans ces corps fabriqués par l'homme, je puis vous assurer qu'aucune âme ne « naît » dans un corps cloné, mais il peut arriver qu'une âme choisisse d'en occuper un. Il y a de bonnes raisons pour qu'une âme le fasse, tout comme il y a d'excellentes raisons pour qu'elle s'en abstienne.

Dans le cas d'une âme ayant attendu de pouvoir faire l'expérience de la vie dans une forme physique, c'est là une occasion propice de le faire en ces derniers jours où la chose est encore possible, avant que ne surviennent les grands changements prévus dans le plan de Dieu pour élever la conscience de la planète et de tous ceux d'entre vous qui sont réceptifs à cet égard. Toutefois, toute âme choisissant de prendre possession d'un corps cloné sait qu'elle court alors le risque de tomber sous l'emprise des forces des ténèbres imprégnant la psyché de la personne clonée à l'origine et de tous ses clones successifs. Il s'agit d'un facteur particulièrement important à considérer puisque la qualité des fonctions cérébrales se dégrade avec chaque nouveau téléchargement des connaissances, ainsi que je l'ai déjà mentionné, ce qui a pour effet d'affaiblir la capacité de résistance mentale dont une âme a besoin pour éviter d'être prise au piège. De plus, comme l'espérance de vie des clones les plus récents est très courte, ces corps ne sont donc pas considérés comme capables d'offrir la vie paradisiaque à laquelle pourrait s'attendre un individu détenant un poste d'influence.

Pourquoi une âme accepterait-elle de s'exposer à un tel problème ? Le pouvoir considérable dont jouit une personne occupant un tel poste est justement la raison pour laquelle des âmes sont non seulement disposées, mais en fait impatientes de pouvoir habiter un clone. Elles le font avec la ferme intention de surmonter ses prédispositions génétiques, l'influence de ses souvenirs et la tendance naturelle à suivre les traces de l'âme de la personne clonée. Quand une âme est très forte, il lui est possible, par un effort de volonté, d'améliorer le caractère génétique et moral du clone au point où il semble y avoir un changement radical dans la santé, l'attitude et les activités de cette « personne ». Lorsque cela survient, c'est parce que l'intense volonté de l'âme attire à elle l'énergie lumineuse lui permettant d'insuffler au corps cloné une vigueur physique inaccessible aux âmes moins résolues, de sorte que cette âme arrive alors à maintenir la force vitale du corps beaucoup plus longtemps que ne le pourrait une âme plus faible.

À présent, vous vous demandez sans doute comment il est possible qu'un corps puisse vivre sans avoir une âme. C'est grâce à son métabolisme chimique qu'un corps physique peut fonctionner de manière tout à fait autonome. Sa force vitale est maintenue par son propre dynamisme énergétique alimenté par les processus interactifs naturels de son fonctionnement organique normal. Un clone sans âme possède donc la même mobilité et la même faculté de penser que tout autre corps humain normal.

Examinons maintenant ce qui ne se trouve pas dans un clone sans âme. D'abord, les émotions ne lui viennent pas aussi naturellement que chez un humain normal. Un clone sans âme doit acquérir un semblant de comportement émotionnel adapté à ce qui l'entoure, peut-être celui que l'on attend d'une personne ordinaire ou encore d'un membre de la haute société. Ce n'est qu'en se conformant au comportement attendu du milieu fréquenté par le clone que celui-ci donne l'impression d'avoir des émotions.

Mais l'élément le plus essentiel qui manque à un clone, c'est l'aspect spirituel inné dont un nouveau-né hérite par l'entremise de l'ovule et du sperme de ses parents. La force vitale de l'âme englobe les aspects de l'être le reliant à Dieu, soit la conscience, l'intuition et le sentiment qu'une partie de soi existe sur un plan supérieur distinct du fonctionnement normal de la conscience. Les clones sans âme sont donc privés de ces liens intimes avec Dieu et de toute forme d'émotion naturelle. Au lieu de cela, ils réagissent de façon mécanique et mentale, selon ce qu'il convient de faire ou de dire. Une fois qu'ils l'ont maîtrisée, cette faculté d'adaptation leur permet d'être aussi compétents que s'ils avaient passé une vie entière à acquérir de la sagesse et à apprendre à bien se comporter.

Les questions fusent de toutes parts dans votre esprit, madame ! Non, on ne peut absolument pas comparer ce que vous appelez les bébés-éprouvette avec les individus clonés qui n'ont pas du tout la même nature et qui ne sont certainement pas conçus pour les mêmes fins.

Je suis désolée, mais je ne peux m'empêcher de penser à des questions à vous poser, Hugo. Comme il est désormais de notoriété publique qu'un mouton a été cloné, savez-vous pourquoi des voix ne se sont pas élevées pour demander si la même chose pouvait être faite avec des humains ?

Eh bien, madame, même si le clonage de cet animal est un fait connu, vos médias ne continueront pas à s'intéresser à cet exploit. L'art du clonage en est encore à ses débuts, et les animaux ainsi produits ne vieilliront pas normalement comme dans le cas des animaux conçus de façon naturelle. Lorsque ce problème sera constaté, il ne fera sans doute pas l'objet de nombreux reportages. J'ajouterai que tout battage publicitaire autour de cette technique pourrait logiquement amener les gens à se dire que le clonage humain est également possible. Certaines personnes y ont effectivement songé, mais pour éviter que la majorité des gens acceptent l'idée qu'un tel exploit soit une possibilité réelle, la représentation du clonage humain dans les livres, les films et les séries télévisées de science-fiction limite cette possibilité au domaine du divertissement et la dépeint toujours comme une absurdité.

Merci de votre opinion, Hugo. Que savez-vous au sujet des extraterrestres appelés «petits gris»?

Eh bien, madame, permettez-moi de vous dire que nous savons tout ce qu'il est possible de savoir à leur propos. En ce qui a trait à leur présence sur la Terre, nous savons qu'il s'en trouve plusieurs dans des laboratoires souterrains, principalement dans le sud-ouest des États-Unis, et qu'ils se servent de leur matériel génétique pour s'y reproduire. Lors de leur arrivée sur Terre il y a plusieurs décennies, ils ont enseigné les techniques de clonage à des scientifiques choisis par votre gouvernement, et c'est ainsi que le clonage a débuté dans votre civilisation.

Depuis leur arrivée, ces êtres n'ont guère fait autre chose que d'user à mauvais escient de leurs capacités intellectuelles et technologiques. Ils ne comptaient pas rester longtemps, mais ils se sont retrouvés prisonniers de la densité terrestre et se sont rendu compte qu'ils ne pouvaient plus quitter la planète parce que leurs systèmes n'étaient plus en résonance avec la densité supérieure d'où ils étaient venus.

Afin de préserver la pureté de leur race, et pour s'assurer d'être en nombre suffisant pour survivre au cas où l'on tenterait de les exterminer, ils se sont clonés à de très nombreuses reprises. Non, madame, on ne peut affirmer qu'ils se sont constitué une armée, car ils n'ont pas l'intention d'engager le combat, mais leur nombre est tout de même considérable. Si les citoyens de la Terre avaient connaissance des vastes espaces habitables qui ont été créés sous terre, ils n'en reviendraient tout simplement pas. Leur étonnement serait tout aussi grand s'ils savaient que des êtres non terrestres résident en permanence sur la planète.

Ces êtres que vous appelez les « petits gris » sont d'une stature beaucoup plus petite que les humains de la Terre, et leur apparence est effectivement identique aux descriptions faites par les individus enlevés par ceux-ci à des fins d'expérimentation médicale et de reproduction. Certains d'entre eux sont responsables des enlèvements, conformément à ce qui a été rapporté, mais avec deux importantes exceptions ayant trait à l'endroit où les personnes kidnappées ont été emmenées et à l'identité réelle des ravisseurs. Comme ils sont désormais pris au piège sur votre planète, ces derniers ne sont donc plus en fait des extraterrestres, et leurs vaisseaux ont pénétré sous terre et ne se sont pas envolés dans l'espace.

Ces soi-disant extraterrestres ne vont pas ailleurs que dans l'immense dédale de leurs cités souterraines depuis leur arrivée il y a un peu plus d'un demi-siècle. Les seules occasions où ils ne se trouvent pas dans leurs quartiers souterrains, c'est lors de leurs brèves sorties pour procéder à des enlèvements. Se servant alors de petits vaisseaux de leur fabrication, ou d'engins conçus par les scientifiques à l'emploi de vos gouvernements, ils enlèvent des humains qu'ils ramènent dans leurs laboratoires souterrains construits tout spécialement pour y mener leurs expérimentations. Ces dernières ont pour but d'établir un programme d'hybridation à partir d'individus des deux civilisations, ce qui, aux yeux des « petits gris », augmenterait leurs chances de survie sur votre planète – ce que leur reproduction par voie de clonage ne leur permet pas.

Vos principaux leaders mondiaux voudraient bien que tout le monde ait peur des véritables extraterrestres, et ils ont envisagé la possibilité de faire participer ces « petits gris » à une démonstration d'agressivité dans le but de prouver leur position selon laquelle la crainte du public envers les extraterrestres est justifiée. Ces leaders savent fort bien qu'il n'y a rien à craindre des extraterrestres dans cette partie-ci de la galaxie ! Si leurs actions n'étaient pas si désespérément égoïstes et si négatives pour la Terre, il nous semblerait plutôt amusant de voir le gouvernement des États-Unis nier la présence dans vos cieux de représentants de civilisations réputées bienveillantes alors qu'au même moment ils permettent à une civilisation d'extraterrestres à l'esprit étroit de se cacher sous terre et d'y mener des expériences en secret.

Tous vos frères de l'espace dans votre système solaire sont de nature pacifique et amicale, et ils l'ont fait savoir à vos leaders gouvernementaux. La plupart sont ici expressément dans le but de *sauver* votre planète ! Ils collaborent pour empêcher la Terre de dévier de son orbite et vous aident d'une myriade d'autres façons. Ils rendent ces services dans un esprit de fraternité universelle depuis plusieurs années et vont poursuivre leur action au cours de la période de purification intensive qui s'amorce. Néanmoins, dans leurs déclarations officielles, les responsables gouvernementaux continuent d'inventer toutes sortes d'explications soi-disant logiques concernant les observations d'authentiques vaisseaux extraterrestres fréquemment rapportées.

Quelle bêtise, quels enfantillages ! Mais les conséquences de leur entêtement ont été tragiques pour les êtres de l'espace qui sont venus à leur rencontre il y a quelque temps en vue d'offrir leur assistance, notamment sur le plan technologique, afin d'assurer la préservation de votre planète. En échange, ils demandaient simplement à vos leaders mondiaux de cesser à la fois de construire des armes nucléaires et de préparer une guerre nucléaire qui aurait détruit la planète. Ceux-ci ont refusé de renoncer à leur contrôle maléfique, et ils ont tué ou capturé ces paisibles émissaires. En dépit de cela, les amis de ces êtres de l'espace continuent à vous aider !

Hugo, je ne sais que dire si ce n'est que je prie pour que nos leaders actuels soient influencés par la lumière qui, selon Matthieu, est continuellement transmise vers la Terre. Pouvons-nous maintenant revenir au clonage, je vous prie ? Ainsi, savez-vous quand et pourquoi le clonage a débuté ?

Je ne peux vous préciser quand le clonage fut pratiqué pour la première fois, mais tout ce qui a trait à cette technique se trouve dans la conscience universelle et est donc accessible à quiconque sait comment puiser dans cette source suprême de savoir. Je peux, si vous le désirez, vous parler d'une civilisation qui a institué cette méthode de reproduction afin d'éviter l'extinction.

Je vois ce qui vous intéresse. Très bien alors. Les organes reproducteurs de cette race s'étaient atrophiés en raison d'un manque chronique d'utilisation au cours d'une très longue période de vie souterraine après la contamination de l'atmosphère de leur planète par suite d'une terrible guerre. Le peu d'espace disponible sous la surface de leur monde interdisait toute augmentation de la population survivante et, au fil des millénaires, leurs corps se sont peu à peu adaptés à cette nouvelle circonstance.

Leurs corps ne subissaient pas le vieillissement cellulaire comme ceux des humains de la Terre, ce qui explique pourquoi ils pouvaient vivre très longtemps. Lorsqu'ils constatèrent finalement qu'il leur était de nouveau possible de retourner vivre dans l'atmosphère de leur planète, ils se rendirent compte qu'ils n'étaient plus assez nombreux pour éviter que leur espèce ne finisse par s'éteindre un jour et qu'il leur fallait donc trouver le moyen de se reproduire afin d'assurer la survie de leur civilisation. Le clonage leur parut donc être une planche de salut utile, simple et efficace.

Voilà qui est fascinant ! Merci Hugo. Comment se fait-il que vous en sachiez autant sur le clonage ?

J'ai étudié tout ce qui se rapporte au clonage afin de pouvoir y recourir sur Jupiter. De nombreuses expériences de clonage animal s'y déroulent constamment, et c'est par le biais de mon travail scientifique que j'ai appris ces techniques de reproduction, y compris celles reliées au clonage humain.

Je suis bien connu dans le Nirvana pour y avoir fait état de l'histoire de la formation de Jupiter et des expériences qui y sont menées sur la vie végétale et animale. Ainsi que Matthieu vous l'a mentionné, j'ai passé la plupart de mes incarnations sur cette planète. Je ne suis pas l'un de ces grands êtres insectoïdes qu'il a décrits, mais quand je m'y incarne, je n'ai pas la forme du corps éthérique que vous voyez en ce moment.

Je sais que Matthieu a déclaré qu'il s'agit d'êtres assez étranges, et il n'a pas tort, mais il se trompe en affirmant qu'ils n'ont pas d'émotions. Il n'a tout simplement pas conscience des émotions que ces êtres cachent tout au fond d'eux en raison de leur isolement à l'égard des autres civilisations. Leurs émotions sont très subtiles, ce qui explique peut-être pourquoi ils donnent l'impression de ne pas en avoir.

Je n'appartiens pas non plus à la race suprahumaine. Je ne possède pas une intelligence aussi développée que celle de ces suprahumains, mais j'ai progressé davantage qu'eux en d'autres domaines du fait de mes séjours répétés au Nirvana entre mes incarnations sur Jupiter. En ce moment, j'en apprends davantage sur la réalité spirituelle de sorte que lorsque j'y retournerai – *Oui, je vais bientôt me réincarner !* –, je pourrai partager avec ceux de mon espèce là-bas ces nouvelles connaissances sur la croissance spirituelle.

La dernière fois que j'ai vécu sur Jupiter, c'était il y a environ quarante ans, et j'ai vécu ici depuis la fin de cette précédente vie. Oui, je sais que mon séjour en ce royaume a duré plus longtemps que la moyenne du séjour de la plupart des âmes avant qu'elles ne se réincarnent pour apprendre de nouvelles leçons. J'avais beaucoup à apprendre afin que non seulement ma propre croissance, mais aussi celle de ceux à qui j'enseignerai par l'exemple, soit de plus en plus orientée vers la Lumière. Oui, madame, ceci répond à leurs vœux, car autrement mes efforts seraient vains.

Pourriez-vous me dire si Dieu approuve le clonage?

Je suis étonné de votre question! Je ne me suis jamais interrogé là-dessus. Je suppose qu'Il ne le désapprouve pas, car tout ce qui contribue au plus grand bien de l'univers ne peut certainement pas être considéré comme «mauvais» par Dieu. Comme pour toute autre chose, il me semble que c'est seulement s'il y a abus à cet égard que Dieu doit être déçu.

Madame Suzy, je vous demande respectueusement de reprendre cette discussion plus tard. Je viendrai directement en réponse à votre appel, ou bien Matthieu me contactera, si vous le préférez. Merci de votre bienveillance à mon égard. Sur ce, je vous salue.

Au revoir.

Le lendemain...

Madame Suzy, merci de me recevoir à nouveau. Il me fait plaisir de vous rapporter que le clonage est en soi parfaitement en accord avec la volonté divine. J'y ai beaucoup réfléchi depuis que vous m'avez posé cette question. J'en ai parlé avec l'un des membres du grand conseil, dont la sagesse en matière de spiritualité surpasse celle de toutes les autres âmes en ce royaume. Il a convenu avec moi que le clonage ne va pas à l'encontre de la volonté divine et que seuls le clonage abusif d'individus ou les motifs égoïstes de le faire étaient inacceptables.

J'ai donc maintenant l'esprit en paix, car je ne voulais pas risquer de brouiller votre réflexion à ce sujet par mes opinions, auxquelles vous accordez peut-être davantage de poids qu'elles ne le méritent. Il ne faut jamais supposer que parce qu'une information émane d'ici, elle est forcément vraie. Notre perspective céleste et la grande sagesse de nos maîtres sont nos seuls avantages.

J'ai aimé passer ce temps en votre compagnie, madame Suzanne et je suis heureux d'avoir pu ainsi vous être utile. Si vous avez d'autres questions à me poser plus tard, vous pourrez me contacter directement si vous le désirez. Je vais à présent vous quitter pour aller poursuivre mes autres activités, et je vous souhaite bonne chance dans la préparation de votre livre.

Au revoir, Hugo. Merci des efforts que vous avez déployés pour obtenir confirmation de l'approbation de Dieu en ce qui concerne le clonage, et merci aussi de vos bons souhaits.
Rebonjour Matthieu.

Rebonjour, chère âme. Hugo est conscient de ta grande appréciation à son égard puisqu'il capte tes sentiments, tout comme moi d'ailleurs. Son désir de reprendre contact avec toi, après avoir consulté un maître enseignant, afin de te transmettre cette confirmation était assez extraordinaire.

Et aussi, mère, sa grande patience face à tes nombreuses questions mentales hier l'était également. Je sais que tu ne peux t'empêcher d'avoir ces réactions spontanées lorsque tu reçois de l'information qui te fascine, et je sais également que tu ne peux comprendre à quel point tes formes-pensées constituent une forme de nuisance lorsqu'elles ne cessent de fuser, perturbant ainsi la concentration de l'âme qui s'efforce de te transmettre son message – ce qui équivaut souvent à tenter de donner un séminaire au beau milieu d'un feu d'artifice !

Eh bien, j'espère qu'il sait aussi que je ne peux m'empêcher de penser à toutes sortes de questions ! Sais-tu quels sentiments éprouvent les gens qui sont clonés ?

Les quelques personnes détenant des positions pour lesquelles le clonage est une pratique habituelle sont heureuses de savoir qu'en cas d'incapacité physique ou de mort soudaine, leur pouvoir et leur influence continueront à se faire sentir par l'entremise de leurs clones. Lorsque les connaissances d'une personne sont téléchargées une première fois dans le cerveau d'un clone, ce dernier a uniquement conscience de la possibilité qu'il en soit un. Comme le transfert des connaissances d'un clone à l'autre et à tous les clones suivants n'inclut aucune information confirmant leur véritable nature, ils n'ont tous que vaguement conscience de cette possibilité.

À quelle fréquence un clone doit-il être remplacé par un autre ?

Cela dépend de la qualité du matériel génétique de l'individu cloné à l'origine. En général, des cellules sont prélevées d'une personne pour fin de clonage seulement une fois qu'elle a atteint un important poste de pouvoir, et si cela survient après qu'elle s'est adonnée à la consommation de grandes quantités d'alcool ou de drogues, ou après le début d'une grave maladie, le corps n'est alors plus en état de fournir des cellules parfaitement saines, de sorte que les clones se détériorent rapidement, ce qui oblige à de fréquents remplacements.

* * *

Complément ajouté en 2008

Madame Suzy, comme il me fait plaisir de partager à nouveau vos pensées et de me joindre à vous pour vous transmettre un message ! En quoi puis-je vous aider en cette belle journée ensoleillée ?

Hugo ! Quelle agréable surprise de vous sentir à nouveau, près de dix ans après nos derniers contacts ! Apparemment, vous savez que je me demande si les clones auront un rôle à jouer quand l'Âge d'or de la Terre aura commencé.

Oui, je le sais, et c'est précisément la raison de ma présence. Le besoin de recourir à des clones pour assurer la continuité du pouvoir diminue rapidement alors que votre planète s'apprête à entrer dans l'ère promise qui verra sa délivrance des ténèbres. Toutefois, il nous fait plaisir de vous rapporter que les quelques individus clonés ont fait de grands progrès après avoir été occupés par des âmes assez fortes pour surmonter les tendances négatives des personnes clonées. La détermination de ces âmes a formé des êtres sains de corps et d'esprit, et ces personnes consacrent désormais leur vie à servir votre monde de façon positive.

Voilà qui est une excellente nouvelle ! J'ai donc raison de croire que le clonage deviendra inutile ici lorsque l'Âge d'or aura débuté.

Oui, et la révélation que des leaders étaient clonés depuis des décennies et que de noirs desseins étaient à l'origine de cette pratique contribuera à l'avènement de cette nouvelle ère.

Selon ce que je peux glaner sur Internet, il semble que de plus en plus de gens aient maintenant conscience de ce fait.

Nous avons constaté la même chose, bien évidemment, et vous avez tout à fait raison de présumer que c'est là le signe de l'éveil d'une plus grande conscience chez ces personnes. Toutefois, il n'en demeure pas moins que cette révélation provoquera une onde de choc au sein de la population.

Tout comme le feront bien d'autres vérités ! Êtes-vous toujours au Nirvana, Hugo ?

Non, madame Suzy. Je suis retourné sur Jupiter il y a deux années terrestres et j'y supervise le développement de nouvelles espèces végétales qui aideront à éliminer votre dépendance aux animaux comme source de nourriture. Ainsi que Matthieu vous l'a mentionné, l'idée même de manger de la chair deviendra inacceptable dans l'esprit des gens à mesure que grandira leur respect du caractère sacré de toute vie animale, et beaucoup seront heureux d'avoir accès à de nouvelles sources de protéines ayant les mêmes saveurs familières et sensiblement la même consistance.

Ces plantes seront introduites en même temps que plusieurs autres produits et technologies lorsque votre famille astrale pourra s'identifier à vous en toute sécurité et vous aider ouvertement à accélérer votre progrès à un point tel que vous en resterez pantois. En fait, peut-être que les âmes œuvrant comme vous pour la Lumière ne seront pas si étonnées que cela, mais la majorité des gens qui mènent une vie honorable, sans toutefois comprendre sur quoi déboucheront les vastes changements en cours, le seront certainement. Ils voient bien que tout se déglingue, mais ils ne savent pas qu'un monde nouveau émergera bientôt, tel un phénix renaissant de ses cendres.

Ce serait merveilleux de pouvoir vous rencontrer Hugo. Nous visiterez-vous un jour ?

Merci de cette invitation, madame Suzy. Ce sera certainement possible un jour, mais pas en ce moment, car le niveau de densité qui règne encore sur Terre piégerait le corps que je manifesterais. Les nombreux frères de l'espace vivant présentement parmi vous ont pris de minutieuses précautions avant de quitter leurs civilisations respectives et, une fois sur votre planète, ils ont subi un processus d'adaptation physique complexe avant de pouvoir circuler librement dans votre société. Mais leur venue sur Terre à cette époque est une mission qu'ils ont sciemment choisi d'accomplir. Comme vous le savez, ma mission est considérablement différente de la leur, et je ne dispose pas du temps nécessaire pour subir le processus d'adaptation qui serait requis même pour une brève visite.

Oui, je vois, et votre mission est assurément des plus importantes ! Merci beaucoup de votre visite ici en esprit aujourd'hui, Hugo. Il me tarde de pouvoir enfin vous rencontrer.

J'attends aussi avec impatience ce jour qui en sera un de réjouissances pour tous les êtres spirituels dans cet univers. Je dois maintenant vous quitter, madame Suzy. Soyez assurée que je serai toujours prêt à vous servir.

Merci et au revoir Hugo ! Matthieu ?

Bon après-midi, mère bien-aimée ! Oui, je suis au courant de la visite d'Hugo. Tandis que tu me posais tes questions sur le clonage, lui et moi en avions conféré, et même si j'étais en mesure de répondre à tes questions, nous avons senti que tu accueillerais sa visite surprise avec la joie que tu as manifestée.

Alors merci à toi aussi, Matthieu !

Mère, permets-moi de saisir cette occasion pour assurer chaque personne que toute âme occupant ses pensées et ses sentiments en a instantanément conscience.

Sixième partie

La fraternité universelle

Prothéro

Matthieu : Mère, avant que Prothéro ne commence sa présentation, j'aimerais te parler un peu de la sagesse de cette âme ancienne qui possède un degré de savoir exceptionnel sur les divers moyens de produire de l'électricité à partir de l'énergie universelle. Il s'est proposé pour faire cette présentation pour le livre en raison de son profond attachement envers la Terre. Son amour pour votre planète tient au lien intime unissant l'essence de son être à Shan – l'ancien nom de votre monde. Il a joué un rôle crucial, grâce à son expérience en matière de cocréation, lors des tout premiers stades de formation de cette planète, et son dévouement à cette époque surpassa de loin celui de la plupart des autres âmes.

Prothéro est prêt à commencer, mère.

Suzanne : *Je vous souhaite la bienvenue, Prothéro.*

Prothéro : Merci, et bien le bonjour, madame Suzanne. Il me fait plaisir de vous rencontrer et de profiter de cette occasion de pouvoir servir Dieu. Je suis un résident du royaume céleste que nous appelons le Nirvana, ainsi que Matthieu vous l'a expliqué. La plupart de mes vies antérieures se sont déroulées sur la Terre, mais je me suis également incarné sur d'autres planètes, dont notamment sur Sirius où j'ai eu la possibilité de connaître d'autres cultures.

Le sujet que je désire aborder dans mon exposé concerne l'apprentissage accéléré dont peuvent bénéficier en cette époque les âmes de la Terre. Jamais auparavant n'y a-t-il eu sur votre planète la possibilité de vivre autant d'expériences en aussi peu de temps. Non seulement vos actions, mais aussi vos sentiments et vos pensées revêtent une importance cruciale en ces dernières années de cette ère qui s'achève. On peut assurément qualifier de « purification » tout ce qui entoure les profonds changements en cours sur votre monde.

Ces propos ne visent absolument pas à vous effrayer, mais uniquement à vous faire prendre conscience du caractère exceptionnel de cette période de l'histoire de la Terre offrant la possibilité de compléter rapidement l'apprentissage des leçons que vous avez choisies avant de naître. Il est essentiel que vous complétiez toutes ces leçons prévues au cours de cette incarnation, sinon celle-ci devra être entièrement revécue. Non seulement les parties manquantes devront-elles être répétées, mais tous les événements les entourant devront l'être également, à défaut de quoi l'enchaînement des circonstances menant aux expériences à revivre ferait défaut.

Vous ne comprendrez sans doute pas clairement tout ceci avant votre transition jusqu'en ce royaume, ce qui est tout à fait normal. Toutefois, cela ne change rien à l'exigence de reprendre une vie dont certaines leçons n'ont pu être complétées. En fait, peu importe pourquoi les expériences censées être vécues ne l'ont pas été, toute âme insuffisamment préparée ne pourra accéder à la vie dans une dimension supérieure. Pour de nombreuses âmes, le passage en ce royaume a essentiellement pour but de les préparer à se réincarner dans des conditions identiques à celles de leur précédente vie afin de réussir cette fois à réaliser tous les objectifs qu'elles s'étaient fixés avant de naître.

Cela peut vous sembler injuste, mais c'est tout à fait équitable dans la perspective où l'âme profite ainsi d'une autre chance de remplir ses engagements à apprendre la même série de leçons, alors que d'autres âmes doivent pendant ce temps attendre que se présente à elles une occasion de vivre dans un corps physique.

Avant cette période dans l'histoire de votre planète, les âmes pouvaient passer des centaines, voire des milliers de vies à apprendre les leçons qu'elles choisissaient de vivre. Mais aujourd'hui, il ne reste que très peu de temps pour faire l'expérience d'une existence de mortel. Les âmes incarnées sur la Terre n'auront plus la possibilité de remplir leur contrat de vie ni de combler tout autre lien manquant dans le périple devant les ramener à l'unité au sein de la Lumière divine. S'il n'en était pas ainsi, et si la purification n'était pas absolument nécessaire et inévitable, il n'y aurait pas une telle précipitation pour préparer les âmes aux temps qui viennent. Sans une parfaite intégrité spirituelle, les corps physiques ne pourront tout simplement survivre dans l'intense Lumière de la nouvelle ère qui s'amorce.

Voici quelques conseils utiles pour grandir en conscience et en sagesse, et ainsi vous préparer à survivre aux changements en cours de réalisation :

Ne soyez pas effrayé ! La peur est l'antithèse de l'amour. Vous pensez peut-être que l'opposé de l'amour, c'est la haine, mais celle-ci n'est qu'un sous-produit de la peur. Il n'y a tout simplement rien à craindre ! La planète Terre est en voie de transition vers une dimension supérieure, et la peur ne peut que vous empêcher de comprendre ce qui arrive et d'entretenir des pensées positives et constructives. Il est de la plus haute importance que vos pensées positives soient suivies d'actions positives afin que vous puissiez ainsi accomplir ce que vous aviez prévu réaliser au cours de l'existence actuelle.

Au moment où vous avez choisi votre mission, vous aviez parfaitement conscience de ce qui va bientôt se produire et vous aviez hâte de vous incarner sur Terre. Cependant, une fois venu au monde, vous avez tout oublié de la mission et des leçons que vous aviez choisi de réaliser. Seule votre âme a conservé le souvenir précis de vos engagements prénataux, et elle attend patiemment que vous lui accordiez toute votre attention afin de vous les révéler.

Ce sont les forces des ténèbres opérant au sein de l'atmosphère terrestre qui alimentent la peur dans le monde. Méfiez-vous des situations qui font naître en vous de sinistres pressentiments. C'est peut-être votre intuition ou votre conscience supérieure qui cherche alors à vous avertir d'éviter ces situations, ou bien ce sont vos aides célestes qui tentent de vous alerter. Agissez sagement, afin de préserver votre être de tout danger. N'ayez pas peur, mais soyez vigilant !

Ne cherchez pas à vous soustraire aux responsabilités que vous savez devoir assumer. Ce sont celles que vous avez envers votre famille et vos amis, parfois envers des étrangers, mais aussi envers vous-même en ce qui a trait à l'accomplissement des plans que votre âme sait devoir réaliser. Si vous prenez la peine de méditer, même quelques minutes seulement, afin de libérer votre esprit de toute pensée superflue et perturbatrice, vous saurez alors avec certitude quelle voie suivre. Quand vous écoutez ainsi votre intuition, vous êtes alors en lien direct avec Dieu.

Laissez l'amour de la Lumière christique imprégner votre être. Il vous suffit de le demander. Alors, *demandez-le* ! Ouvrez votre esprit et pensez simplement *« Dieu, sois présent en moi »*, et Il le sera aussitôt !

Vous pouvez également recevoir l'assistance des aides célestes travaillant au service de Dieu et réalisant les missions qu'ils ont chacun choisi d'accomplir. Ce sont vos anges gardiens, vos esprits guides, ainsi que d'autres êtres ayant un surcroît d'énergie à offrir et dont le seul objectif est de vous aider à élever votre niveau d'énergie physique, émotionnelle et mentale. Une fois de plus, comprenez qu'il vous suffit de demander leur aide pour l'obtenir !

Vous trouverez dans ces pages d'autres sources d'inspiration et de savoir. Si, avant d'entreprendre la lecture de ce livre, vous n'aviez pas conscience du fait que vous êtes inséparable de Dieu et de toutes Ses créations, et aussi de l'aide constamment mise à votre disposition, alors puisse-t-il contribuer à vous guider vers la Lumière.

Ceci conclut ma présentation, madame Suzanne. C'est avec un profond respect pour votre travail que je vous transmets mes plus sincères salutations et que je vous encourage à poursuivre votre œuvre au service des autres.

Merci, Prothéro, de votre aide inestimable.

Menta

Bonjour, madame Suzy ! C'est dans un esprit de fraternité avec l'humanité tout entière que je suis ici. *Nous sommes vos amis !* L'important message que je vous apporte se veut un complément aux énergies transmises de partout dans l'univers en direction de votre planète, afin de contribuer à sa guérison. Sans cette aide, la Terre ne parviendrait pas à recouvrer son équilibre perturbé par la consommation excessive d'oxygène atmosphérique, l'énorme pollution chimique qu'elle subit, et toutes les vibrations négatives résultant des actions, des émotions et des pensées collectives de l'humanité.

Comme d'autres l'ont déjà souligné, c'est par suite de l'influence pernicieuse des forces des ténèbres, œuvrant sans répit pour réaliser leurs noirs desseins, que cette situation difficile a pu se développer. Pourtant, il faut savoir que ces êtres recèlent en eux la même étincelle divine du Créateur de tous les univers que tous les autres êtres qui existent. La seule chose qui ne provient pas de cet Être suprême, c'est la noirceur intérieure qui habite ces êtres malveillants, puisque Son essence n'est que pur Amour-Lumière. Tout ce qui existe dans le cosmos, sous forme physique ou sans forme aucune – de façon « désincarnée » comme vous dites –, commence par une idée, et les êtres les plus purs et les plus élevés dans la hiérarchie cosmique émanèrent de l'idée qu'avait le Créateur de Se manifester par l'entremise de ces premières âmes que vous appelez les archanges.

Seule l'énergie d'Amour-Lumière régnait dans ce royaume angélique où tout baignait dans un état de grâce qui dura un temps incommensurablement long. Un jour vint, cependant, où ces êtres angéliques qui ne possédaient pas le pouvoir de créer eux-mêmes quoi que ce soit, demandèrent au Créateur de leur permettre d'utiliser Son énergie afin de pouvoir manifester leurs propres pensées. Celui-ci accéda à leur requête d'un tel processus cocréatif, que vous connaissez sous le nom de « libre arbitre », grâce auquel ils purent dorénavant donner forme et substance à leurs pensées.

Au début, toutes les formes-pensées conçues par les archanges étaient compatibles avec celles du Créateur. Les archanges créèrent donc ensemble les premiers royaumes de fréquence vibratoire inférieure peuplés de dieux et d'anges, et toutes ces âmes rayonnaient l'énergie d'Amour-Lumière du Créateur des univers. Hélas, un jour vint où certains de ces anges eurent l'idée de concevoir d'horribles et misérables créatures, une expérience qui leur procura beaucoup de plaisir. Jamais le Créateur n'avait voulu une telle chose, mais alors même que ces anges quittaient délibérément la Source d'Amour et de Lumière à laquelle ils devaient leur existence, le Créateur respecta leur choix librement consenti. C'est ainsi que la chute de ces âmes, qui avaient perdu leur statut d'ange alors qu'elles tombaient de plus en plus loin de la Lumière, fut à l'origine des ténèbres. Elles formèrent bientôt avec leurs formes-pensées dégoûtantes, faites d'une substance indestructible, le gigantesque champ d'énergie aujourd'hui appelé forces des ténèbres. Pourtant, l'étincelle divine de leur âme ne cessa jamais d'être reliée au Créateur, car c'est Son énergie qui alimente leur force de vie. Comme chaque univers est un microcosme de l'ensemble du cosmos, depuis l'instant où ces êtres ténébreux ont rejeté la Lumière, il y a déjà si longtemps de cela, toutes les âmes de tous les univers ont disposé de la même faculté d'utiliser l'énergie infinie du Créateur aux fins lumineuses ou ténébreuses de leur choix.

Le Créateur sélectionna parmi les dieux de la Seconde Expression ceux à qui il confia la responsabilité de cocréer avec Lui leurs univers respectifs et tout ce qui s'y trouve. C'est pour cette raison que vous êtes tous inséparablement liés au Créateur par l'entremise du Dieu régnant sur votre univers. La seule règle commune que tous ces dieux sont tenus d'observer fut de toujours respecter le don du libre arbitre accordé par le Créateur à toutes les âmes vivant dans chacun de leur domaine. Vous avez donc le droit de choisir ce que vous souhaitez cocréer avec votre Dieu, auquel les humains ont donné une foule de noms différents, mais que, par respect pour le nom que vous avez coutume d'employer, madame Suzy, j'appellerai simplement Dieu. Recourant à Son énergie, chacun de vous peut choisir de créer le genre d'existence correspondant à ses propres pensées, que celles-ci s'inspirent de la Lumière ou des ténèbres, et tout ce qui existe dans votre monde a pris forme de cette manière.

Vous voyez, il n'y a pas de différence entre le processus créateur ayant engendré les archanges et celui par lequel une semence de fleur peut germer, croître et s'épanouir grâce à la force de vie qui l'habite, ou même celui qui permet à un talent de se développer et de fructifier. Toutes ces choses jaillissent au départ d'une idée : d'abord des âmes prirent forme à partir d'une pensée dans l'esprit de Dieu, puis d'autres idées engendrèrent des êtres et des choses de toutes les formes possibles, comme les innombrables espèces animales et végétales, la multitude d'objets qui existent aujourd'hui, les tableaux d'art et la musique, et même les lacs, les montagnes, les volcans, les tremblements de terre et tous les autres phénomènes naturels. Tout ce qui existe dans votre monde est le produit de la pensée, et il ne s'y trouve pas uniquement des idées inspirées par la beauté et la bonté.

Certaines idées engendrent la maladie, la pollution, les guerres et la cupidité, et vous aurez tous bientôt l'occasion de comprendre quelles sont les conséquences de ce genre de cocréation pour l'humanité et pour la Terre entière. Vous vous êtes enfoncés beaucoup trop profondément dans la dimension de troisième densité pour réussir à voir, à entendre et à penser en dehors du cadre étroit de vos capacités perceptives somme toute assez limitées. C'est bien dommage, car il y a tout autour de vous un univers merveilleux qui n'attend que d'être exploré, mais sa découverte est impossible avec les seules facultés de vision et de perception limitées dont vous disposez. Toutefois, les énergies vibratoires élevées qui affluent présentement vers votre planète offrent une belle occasion d'élargir l'horizon de vos perceptions.

Nous aimerions vous proposer un exercice de méditation ayant fait ses preuves pour ouvrir l'esprit et élever les fréquences vibratoires, afin que vous puissiez ainsi faire l'expérience des merveilles présentes autour de vous et en vous. Veuillez faire en sorte que rien ne vienne vous distraire durant votre méditation. Nous vous suggérons de formuler d'abord vos intentions à l'aide d'une courte prière. Dites, par exemple : *« Dieu de Lumière et d'Amour, accorde-moi de pouvoir éveiller ma conscience aux merveilles de Tes autres mondes. »*

1. Étendez-vous confortablement et croisez vos bras sur votre poitrine, paumes tournées vers le bas. Fermez les yeux, mais prenez garde de ne pas vous endormir. Laissez vos pensées vagabonder librement jusqu'à ce qu'elles finissent par se dissiper et s'apaiser.

2. Formez sur votre écran mental l'image d'un ciel d'un bleu éclatant parsemé de quelques nuages blancs. Tout en contemplant cette image, laissez votre esprit se détendre peu à peu jusqu'à ce qu'une profonde tranquillité vous habite. Si des pensées importunes montent en vous, demandez-leur gentiment de s'éloigner.

3. Lorsqu'une parfaite quiétude vous aura envahi, faites apparaître une image de vous-même dans ce ciel imagi-

naire. Servez-vous du souvenir d'une photo récente de vous pour créer une image à votre ressemblance.

4. Focalisez votre attention sur cette image de vous jusqu'à ce qu'elle vous semble flotter dans une aura de profonde sérénité. En fait, elle baignera alors dans un flot d'énergie cristalline. Observez passivement votre représentation en train d'explorer les sphères et les contacts de son choix.

5. Permettez que d'autres images et divers messages flottent jusqu'en votre esprit, mais évitez dans toute la mesure du possible de réagir à ce que vous percevrez. Une fois cette méditation terminée, prenez note des messages que vous pourrez avoir reçus.

Il vous faudra probablement répéter cet exercice durant quelques jours avant que vous ne receviez des messages, qui seront sans doute courts et pourront être accompagnés de sons ou d'images étranges apparaissant dans un contexte qui ne vous est pas familier. Ces messages pourront vous sembler n'avoir aucun rapport avec rien de ce que vous avez vécu ou imaginé, mais ils seront certainement importants. Vous traversez une période durant laquelle le voile entre les mondes s'amincit et où vous vous ressouvenez bribe par bribe de ce que vous savez déjà en votre âme. Plus vous pratiquerez cette forme de méditation, plus vos aperçus visuels, auditifs et sensitifs des autres plans d'existence se prolongeront.

Voilà, madame Suzy, je crois que cela suffira pour le message que je voulais vous transmettre aujourd'hui. À présent, je vais répondre aux questions que je perçois en votre esprit au sujet de notre peuple. Nous sommes un vaste et puissant champ d'énergie composé d'environ un milliard d'âmes. Lorsque nous adoptons une forme physique, nous allons vivre sur une planète appelée Retornon et située dans une galaxie au-delà de la constellation de la Lyre. Notre monde n'est qu'un parmi de nombreux autres mondes habités que vous n'avez pu voir encore avec vos télescopes. Je m'exprime en disant « je » et « nous » de façon interchangeable parce que même si je communique avec vous en tant qu'âme individuelle, je ne suis jamais séparée de notre conscience de groupe. Aucune âme n'est considérée comme meilleure qu'une autre, car tous les aspects composant notre conscience commune sont nécessaires à la stabilité de notre monde et à celle de notre conscience sans cesse plus vaste.

Nous ne sommes pas aussi équilibrés à certains égards que nous le sommes à d'autres. Voilà pourquoi nous nous considérons collectivement comme étant de nature féminine puisqu'ainsi nous pouvons attirer à nous des qualités associées à l'énergie divine, tels la force douce, la patience, la tendresse attentionnée, la sérénité, le talent artistique né de l'imagination, et la sagesse de tenir compte de l'intuition.

Notre entité collective ressemble davantage à un arbre qu'à un humain, car ce qui en tient lieu de « tête » est doté d'une abondance de senseurs semblables à de minuscules fleurs regroupées en plusieurs groupes compacts. Tels des millions de filaments lumineux se prolongeant jusqu'aux confins de la galaxie, les âmes composant notre être composite parcourent le vaste univers à la recherche de nouvelles connaissances ou, pour être plus précis, d'anciens souvenirs, puisqu'au niveau de la conscience supérieure de l'âme, tout est déjà connu. Chaque découverte effectuée par ces myriades d'âmes est aussitôt transmise automatiquement à l'ensemble de notre conscience de groupe.

Je vous envoie une image de nous qui vous aidera à mieux vous représenter qui nous sommes.

Merci, Menta. Je vois un gigantesque réseau d'étoiles scintillantes se déplaçant rapidement comme autant d'étoiles filantes.

Vous avez là un bon aperçu de ce à quoi nous ressemblons, mais il vous est impossible, en raison des limites présentes de votre esprit humain, de percevoir l'immensité de notre être. Bien que nous puissions circuler librement dans les vastes cieux, vos télescopes ne pourront jamais nous détecter en raison de la nature vacillante de la lumière que nous dégageons.

Comme vous pouvez vous incarner en tant qu'âmes individuelles, Menta, certains d'entre vous se trouvent-ils présentement ici dans une forme humaine ?

Nous pourrions aisément le faire et adopter une apparence parfaitement humaine, mais nous n'avons aucune raison de le faire en ce moment, tout simplement parce que le type d'aide que nous vous apportons ne nécessite pas notre présence sur la planète, à l'instar de nombreux « extraterrestres » vivant aujourd'hui parmi vous. Loin de moi l'idée de vous offenser, madame Suzy, mais nous voyons sous la forme d'immenses lumières aux couleurs magnifiques ces âmes très évoluées ayant quitté leur planète d'origine pour venir habiter un corps humain, conformément à un accord prénatal, ou ayant choisi de naître dans un corps humain afin de venir combler les besoins criants de la Terre en cette époque critique.

Puis-je vous poser une autre question, Menta ?

Je suis entièrement à votre service, madame Suzy. Quelle est votre question ?

Pour quelle raison êtes-vous intéressés à nous aider et à me transmettre de l'information pour ce livre ?

Pour une seule et même raison ! Doués d'une capacité de perception suprahumaine nous permettant de discerner tout ce qui arrive, nous sommes donc en mesure de voir les événements qui vont bientôt survenir sur Terre, lesquels constituent ses moyens de défense naturels servant à débarrasser son corps planétaire de la négativité qui menace sa survie. Au cours de la période durant laquelle cet état de fait sera corrigé, vous aurez besoin de l'amitié d'autres civilisations dont la plupart d'entre vous ne peuvent même pas imaginer l'existence. Nous sommes plus puissants que nombre d'entre elles faisant de leur mieux pour vous porter assistance, mais leur longueur d'onde spirituelle est moins élevée que la nôtre, de sorte que nous nous sommes portés volontaires pour réaliser une double mission : vous transmettre notre énergie et apporter notre soutien à la Lumière émanant de ces autres sources une fois qu'elles sont parvenues dans l'atmosphère terrestre. Cet aspect de notre travail est essentiel afin que vos corps puissent absorber ces rayons au niveau cellulaire et ainsi s'adapter aux fréquences supérieures dans lesquelles la Terre va bientôt entrer. Vous pourrez ainsi survivre physiquement au cours de ce processus d'ascension que certains qualifient de « transfert dimensionnel » et que d'autres qualifient de « grand nettoyage planétaire ».

Merci beaucoup, Menta, de toute l'attention bienveillante que vous nous prodiguez. Qui vous a demandé de nous venir en aide ?

Un cri de détresse lancé par la Terre elle-même s'est propagé partout dans les cieux, et nous avons répondu en raison de l'intérêt que nous portons à cette planète jadis si magnifique, où vivaient des âmes si pures et si lumineuses.

Pouvez-vous décrire ce cri de détresse de la Terre ?

C'était un son exprimant lassitude et résignation, comme un faible écho d'une vie jadis éclatante de santé mais devenue trop affaiblie pour hurler sa douleur. La faiblesse de cet appel nous indiqua que la Terre agonisait à cause de ses souffrances environnementales, et nous avons alors résolu de venir à son secours pour l'aider à survivre et à retrouver la santé. Dieu autorise une réponse sincèrement désintéressée à une telle demande d'aide, mais aucune intervention n'est permise, sauf dans le cas d'une invitation à participer à une opération conjointe de sauvetage. Notre conseil directeur approcha donc les hautes autorités du Conseil intergalactique afin d'offrir nos services. Comprenant l'état critique de la Terre et conscient du fait que son appel de détresse constituait une invitation à intervenir, le Conseil donna son approbation à notre participation après s'être assuré que nos motivations étaient purement désintéressées. Il était clair que nous allions fournir toute l'assistance nécessaire uniquement pour le bien de la Terre, sans chercher aucunement à prendre avantage de son état de grande faiblesse pour la conquérir. Non seulement l'idée d'une telle trahison ne nous viendrait-elle jamais à l'esprit, mais toute velléité de vouloir en faire la conquête constituerait une déclaration de guerre contre les gardiens de la paix du cosmos tout entier, et c'est là pour nous une chose tout à fait impossible à envisager ! La guerre n'est pas du domaine de l'énergie féminine ; elle est uniquement associée à la polarité masculine, et cela ne nous intéresse absolument pas.

À présent, madame Suzy, vous conviendrez que cette séance a assez duré pour aujourd'hui. Je vous remercie d'avoir bien voulu recevoir notre message et de nous avoir offert cette occasion de contribuer à diffuser de telles informations aux peuples de la Terre.

Merci de votre contribution, Menta. Il me fera plaisir de poursuivre demain cet échange avec vous. Matthieu, aimerais-tu ajouter quelque chose ?

Je suis là, mère, et je sais que tu as l'impression de n'avoir fait ici qu'un simple rêve. Menta est une entité si vaste que la sensation ressentie en sa présence est bien différente de celle que te procurent tes contacts avec d'autres sources. Ce fut une sublime expérience pour moi d'observer cette communication entre vous grâce à la faculté que j'ai de voir l'effet scintillant et la magnificence de son énergie tout à fait unique. C'était spectaculaire à contempler ! Je suis heureux que tu aies pu avoir toi-même un aperçu de son aspect extérieur, même si ta perception se limitait à ton petit écran mental. D'ici, c'est comme si je regardais à travers une immense fenêtre. Tu te demandes si Menta t'a transmis une image holographique. C'est le cas, puisque tu as perçu une image de sa force collective se déplaçant dans les cieux.

* * *

Un jour, toutes les âmes de l'univers seront de nouveau unies consciemment et réintégrées au sein de Dieu, mais cela ne surviendra que dans un lointain avenir, car de nombreux imposteurs et traîtres ne sont pas encore spirituellement conscients que c'est là le but ultime de tous les êtres vivants. Pour le moment, ils ne sont aucunement intéressés à s'en souvenir, puisque seul leur importe de piller et de dévaster les cieux.

Hier, j'ai mentionné le fait que ce sont les forces des ténèbres qui suscitent ce genre de comportement. Chaque âme recèle une part d'ombre tout autant qu'une parcelle de Lumière, lesquelles représentent les deux faces d'une même médaille. Chaque âme a toujours la possibilité de déterminer lequel de ces deux aspects aura préséance. Si vous décidez de laisser s'épanouir la Lumière en vous, vous absorberez cette essence vitale universelle et développerez votre potentiel divin, qui aura alors une influence grandissante dans votre vie. Par contre, si vous laissez vos tendances négatives s'accentuer, c'est l'influence des ténèbres qui prendra le dessus en vous.

C'est une manière très simplifiée de décrire l'évolution que peuvent prendre les polarités du bien et du mal en chaque personne, mais c'est suffisant pour en comprendre le principe de fonctionnement et ainsi faire des choix de vie plus éclairés. Chacun a ainsi constamment le choix de favoriser la polarité désirée, car une âme ne peut bien sûr exprimer à la fois son potentiel positif et son potentiel négatif, la Lumière et l'ombre. Vous devez donc constamment choisir quelle potentialité prendra le dessus en vous.

Par contre, vous disposez d'une conscience intérieure qui est là pour vous guider et vous encourager à faire les bons choix en toute chose puisqu'elle est conçue pour vous aider à choisir les pensées, les attitudes et les actions favorisant l'épanouissement du potentiel lumineux en vous. Ainsi, lorsque vous ressentez une sorte de tiraillement intérieur à l'égard d'une pensée ou d'une décision se formant en votre esprit, c'est votre conscience qui vous avertit alors sur-le-champ que le choix que vous vous apprêtez à faire n'est pas le « bon ».

Si les conseils de la conscience sont constamment ignorés, celle-ci aura alors tendance à perdre de son agilité et à se scléroser, de sorte qu'elle sera de moins en moins en mesure de vous alerter quand vous risquerez de faire un « mauvais » choix, et elle pourrait même finir par disparaître complètement. Voilà pourquoi on dit parfois de certaines personnes qu'elles n'ont pas de conscience, ce qui peut effectivement être le cas lorsque la part d'ombre en elles les domine entièrement.

Toutefois, il faut comprendre que, dans l'absolu, les choix posés ne sont ni bons ni mauvais, si ce n'est du point de vue d'un jugement moral. Il est juste d'affirmer que le libre arbitre permet tous les choix, mais face aux multiples possibilités aptes à aider l'âme à monter vers la Lumière, ou risquant de la faire chuter dans les ténèbres, selon la tendance générale de ces choix au cours d'une vie, il est important de choisir sagement, car il reste de moins en moins de temps avant le changement ascensionnel et il vous sera alors impossible d'effacer les mauvais choix ou de revenir en arrière pour effectuer des choix plus éclairés.

Même si vous n'avez plus aucun souvenir conscient de vos origines, alors que tout était parfaitement clair et limpide, votre âme possède toujours la clef de votre unité consciente avec le Tout universel. Pour bien choisir entre l'appel de la Lumière et l'attrait des ténèbres, il vous suffit donc simplement de laisser la conscience de votre âme guider vos pas dans votre cheminement vers la Lumière.

Je crois que vous avez une question, madame Suzy.

Je me demandais, Menta, si cela fonctionne de la même manière dans le cas d'une entité collective comme la vôtre. Possédez-vous une sorte de conscience commune ?

L'unique moyen grâce auquel nous pouvons fonctionner de concert, c'est par une fusion de tous nos esprits en une seule conscience. Toutes les formes de vie douées d'un degré d'intelligence supérieur à celui des minéraux comme la roche et le sable sont dotées d'un instinct naturel. Mais dans le cas d'une conscience de groupe, plus le degré d'intelligence est élevé, plus son niveau de conscience est étendu, ce qui permet à toutes les âmes qui en font partie de discerner instinctivement les choix guidés par la Lumière de ceux influencés par les ténèbres.

Nous avons choisi pour mission de servir la Lumière, et c'est ainsi que l'occasion nous a été donnée de vous venir en aide en cette époque de profonds changements. Considérez-nous comme vos amis. Nous allons maintenant vous laisser et continuer à servir les besoins de la Terre dans son processus de régénération de sa beauté et de sa santé. Adieu !

Lazare

Matthieu : Mère, le prochain exposé sera présenté par une âme représentant l'énergie de Lazare, un être universellement respecté et très puissant à qui Dieu a confié la responsabilité d'atténuer les effets destructeurs de la négativité qui, telle une pollution insidieuse et mortelle, a bien failli étouffer toute vie sur Terre.

Lazare : Bonjour, madame Suzy. Nous sommes un groupe d'âmes dont la puissance combinée surpasse celle de bien des âmes qui n'ont tout bonnement pas eu la chance de vivre autant d'existences que nous pour évoluer.

Bien que la purification planétaire en cours ne puisse être évitée, l'ampleur des destructions peut être atténuée dans une large mesure en réduisant le bombardement de négativité que subit la planète et l'étendue de ses effets. C'est avec enthousiasme que nous avons entrepris cette mission ! Le message que nous souhaitons livrer a pour but d'expliquer les causes de cette négativité, les raisons pour lesquelles elle doit être éliminée, et la manière de vous préparer spirituellement aux changements que cette purification provoquera.

De nombreux noms ont été attribués à l'entité à qui le Créateur à confié la responsabilité de gouverner cet univers, mais nous l'appellerons Dieu puisque ce nom vous est familier, madame Suzy. Dieu a des ennemis violents, et bien qu'ils ne soient pas aussi puissants que Lui, ce sont néanmoins de formidables ennemis. Dieu est l'incarnation de la Lumière, tandis que Ses ennemis sont à l'extrême opposé, et il est donc pertinent de les qualifier de « forces des ténèbres ». Leur énergie prédomine dans votre monde parce que la négativité a engourdi la conscience des âmes et empêché leur évolution vers la Lumière.

L'ampleur de la purification requise pour éliminer la négativité est sans précédent dans l'histoire de la Terre, et des révélations potentiellement bouleversantes doivent être faites afin de vous y préparer sur le plan spirituel. Si la peur est votre première réaction, n'allez pas croire que cela soit de votre faute. Les forces des ténèbres font tout en leur pouvoir pour faire naître la crainte de Dieu en vous, mais nous vous assurons qu'il n'y a absolument aucune raison de craindre Dieu ! Vous n'avez rien à craindre non plus des forces des ténèbres, puisque la Lumière christique présente dans votre âme peut dissiper sans peine leurs effets et illuminer la voie que vous devez suivre. Le lien de Lumière qui vous unit au Tout-Puissant n'a jamais été rompu – vous avez seulement oublié son existence.

L'énergie est neutre en soi, mais l'énergie négative de l'ombre, que nous appelons négativité, est violente et destructrice. L'énergie est indestructible, et le seul moyen de dissiper la négativité, qui s'agrège en une masse si dense qu'elle peut faire mourir une planète, consiste donc à la déloger et à la transmuter en Lumière. Tel est précisément le but de la purification en cours.

La négativité polluant la Terre est le résultat de milliers d'années de peur, de cupidité, de brutalité et de comportements sexuels extrêmes engendrés par ses habitants, mais aussi de corruption de vos classes dirigeantes, de fourberies commises par vos Églises, et d'endoctrinement de vos jeunes esprits. C'est là une forme de pollution des plus dévastatrices. La Terre est un être conscient et sensible, une âme pleine d'amour, et elle sombrait dans le désespoir parce que son corps planétaire agonisait sous l'effet de la négativité créée par la charge énergétique de ces pensées, intentions et actions malveillantes. Dieu, dans Sa sagesse, Sa puissance et Son amour infinis, décréta que la Terre n'allait pas périr comme ce fut le cas pour d'autres planètes et d'autres civilisations. Le salut de la Terre et de vos âmes constitue donc l'objectif de cette purification, qui va permettre d'élever la conscience des âmes incarnées sur la planète et celle de l'âme de la Terre afin que cesse son désespoir et que son corps retrouve la santé, la pureté et la beauté qu'elle avait auparavant.

Vous vous imaginez que les « désastres naturels » ne vous affectent pas s'ils ont lieu à l'autre bout du monde, mais chaque sursaut de l'écorce et des entrailles de la Terre provoque des changements dans votre psyché et dans chaque cellule de votre corps. S'il en est ainsi, c'est en raison des lois universelles dont vous avez convenu dans la plus haute antiquité. Comment cela est-il possible ? Certains d'entre vous croient en la réincarnation, alors que d'autres se moquent d'une telle idée. Eh bien, le fait de s'en moquer ne change rien à la réalité des multiples incarnations, sous une forme physique humaine ou non humaine, dont toutes les âmes ont besoin pour parvenir à retourner à la Source unique de Tout.

Nous ne sommes pas les seuls à vouloir de tout cœur vous aider à poursuivre votre voyage en compagnie de votre Terre-Mère. Des représentants d'autres civilisations manifestent depuis plus de cinquante ans leur présence dans votre atmosphère à bord de leurs immenses vaisseaux spatiaux. Bien que certains de ces êtres soient seulement curieux d'observer les événements dramatiques en cours dans ce système planétaire, la plupart sont des amis venus à votre rescousse ! Comme moi, ils viennent ici uniquement par amour et avec des intentions pacifiques afin de vous porter assistance et d'aider la Terre !

Leurs vies sont aussi précieuses que les vôtres, et pourtant, lorsque ces membres de votre famille universelle ont atterri afin de vous apporter des messages d'une grande importance pour votre survie et pour celle de la planète, ils ont été tués ou faits prisonniers. *Pourquoi ?* Parce que certains ont intérêt à vous maintenir dans l'ignorance quant à leur existence et aux vérités qu'ils révéleraient, mais que les forces de l'ombre ne veulent pas que vous appreniez.

À cause de l'influence des ténèbres sur eux, ceux qui s'efforcent de vous cacher la vérité ont l'intention d'asservir votre corps, votre esprit et votre âme. Vos gouvernements ne cessent de vous trahir et vos religions ont été tellement infiltrées que les enseignements donnés par Jésus-Christ, le principal messager de Dieu, ont été délibérément déformés par l'histoire de la crucifixion et de la résurrection. Le message que Jésus vous a transmis était que vous faites partie de Dieu, que vous n'êtes *jamais* séparés de Lui, et que vous n'avez une existence individuelle que lorsque vous vous incarnez dans un corps pour vivre et apprendre.

Jésus n'était pas censé mourir sur la croix, et en fait, il n'est pas mort ainsi. Cette fausse information avait pour but de faire de lui le seul fils de Dieu, mais il ne l'était *ni plus ni moins que vous* ! La grande différence, c'est que Jésus avait conscience du lien direct et inséparable l'unissant à Dieu et qu'il s'en est servi pour accomplir ce que vous appelez des « miracles ». Chaque âme est un enfant de Dieu et possède la faculté de cocréer avec Lui ! Toutes les âmes, partout dans cet univers, ne peuvent jamais être séparées de Dieu, ni les unes des autres, et partout où la vie existe, le même lien unit tous les animaux et toutes les plantes à Dieu. Il n'y a donc rien de sacrilège à proclamer « Je suis Dieu ». L'essence de votre âme est de nature divine, mais la grandeur et la puissance de Dieu dépassent votre entendement.

La vérité au sujet du sens du sacré que représente l'Église a également été déformée, puisque cela n'a rien à voir avec quelque édifice ou dogme que ce soit. L'expérience sacrée que l'Église représente est celle d'une communion directe entre chaque âme et Dieu, sans que le moindre intermédiaire ne soit nécessaire pour transmettre vos prières. Ces dernières sont tout simplement vos pensées et vos sentiments, dont Dieu a parfaitement conscience. Chacun de vos souhaits, chacune de vos intentions, chacun de vos gestes de miséricorde ou de folie – du moins, à vos yeux – est connu de Dieu.

Madame Suzy, le Conseil nous permet de continuer notre exposé un autre jour. Nous savons quelles questions vous avez à l'esprit au sujet, notamment au sujet de notre apparence et de notre civilisation, mais des êtres également désireux de vous aider sont venus pour vous transmettre leur message, et nous ne désirons pas les faire attendre plus longtemps. Icare est le nom de ce groupe – oui comme ce personnage mythologique qui est censé avoir volé avec des ailes faites de cire et de plumes. À présent, nous prenons congé afin de laisser la place à Icare.

Icare

Bonjour, madame Suzy. Merci de bien vouloir nous accueillir. Nous n'avons été informés que récemment au sujet du projet de purification et de préservation de votre planète, et nous sommes venus de notre monde appelé Redondole, situé près de Sirius, en réponse à l'appel de nombreuses autres civilisations venues porter assistance à votre planète Terre-Gaïa-Terra-Shan.

Nous sommes heureux et fiers de prendre part à cette mission. Ce genre de projet nous est quelque peu étranger puisque nous n'avons jamais rien connu d'autre que bonté et vérité là d'où nous venons. Dieu nous a accordé le privilège de venir aider à atténuer le traumatisme consécutif aux changements planétaires en cours et à l'élévation de la conscience de votre civilisation. Nous ne demandons qu'à mettre nos forces à votre disposition.

Vous désiriez demander à Lazare de décrire son apparence et son rôle exact, et nous présumons que vous aimeriez obtenir les mêmes informations de nous.

Oui, Icare, cela me conviendrait. Je vous en prie, poursuivez.

Très bien, merci. Comme bien d'autres récits mythologiques, l'histoire d'Icare est fondée sur des faits réels. Les ailes que portait Icare dans cette légende symbolisent la flotte de vaisseaux spatiaux dont nous disposons grâce à notre intelligence et à notre technologie supérieures. La puissance alimentant nos vaisseaux, nous fournissant chaleur et éclairage et comblant tous nos besoins, nous vient directement de sources divines.

Nous vous envoyons en ce moment une image de nous. Comme vous le voyez, nous n'avons pas une apparence humanoïde, mais nous sommes grands et élancés, notre peau est de couleur argentée, et nous avons de grands yeux et de longs doigts agiles.

Nous pouvons prendre la forme de notre choix, et même imiter la vôtre. C'est ainsi que plusieurs d'entre nous se trouvent déjà parmi vous, un fait dont vous n'avez absolument pas conscience ! Nous apportons notre aide à la purification en occupant des postes d'influence afin de pouvoir intervenir dans les décisions ayant une incidence sur l'environnement, la pollution et le développement industriel. Nous agissons également par d'autres voies dans le but de réduire la négativité sur Terre et, par conséquent, de diminuer la destruction de la vie sur les continents et dans les mers.

Nous faisons partie d'une force d'intervention d'apparence humaine qui ne peut révéler ouvertement sa présence ni le but qu'elle poursuit, qui est de sauver votre planète. Nous aimerions pouvoir nous montrer sous notre véritable jour et ne plus avoir à dissimuler notre présence parmi vous. Toutefois, le temps n'est pas encore venu, ainsi que nous le confirment les messages que nous recevons directement de Dieu, qui prend toutes les décisions importantes dans cet univers pour le plus grand bien de tous.

Nous faisons de notre mieux pour vous apporter notre aide, sans toutefois interférer avec votre libre arbitre, et ce, conformément aux lois divines universelles. Nous respectons toutes les décisions prises par les humains, pourvu qu'elles ne visent pas, comme c'est trop souvent le cas, votre propre destruction et celle de la planète. Le cas échéant, nous avons alors pleins pouvoirs pour contrecarrer de tels plans et ainsi empêcher, grâce à notre supériorité technologique, tout ce qui pourrait avoir des conséquences trop destructrices pour la planète et pour toute vie.

Permettez-moi de mieux expliquer ceci. Le don du libre arbitre offert par le Créateur a mené à des excès depuis fort longtemps. Néanmoins, ce privilège a été constamment respecté jusqu'à ce jour, sans la moindre intervention pour le restreindre. Récemment, toutefois, conformément au mandat que le Créateur leur a confié, les plus hauts Conseils cosmiques ont décrété que plus aucune explosion nucléaire ne serait permise dans l'espace, car de telles détonations ont eu, par le passé, des effets dévastateurs sur les âmes, et ce, même à de grandes distances du lieu de l'explosion. Je ne parle pas ici des corps physiques, mais bien des âmes, ces fragments éternels de Dieu. Il fut donc convenu de décréter cette seule exception à la loi du libre arbitre, et nous faisons partie des forces galactiques chargées d'empêcher toute tentative de détonation d'un engin nucléaire dans l'espace.

Nous ne souhaitons pas abuser de votre hospitalité ni en dire plus que nécessaire. Il nous fera plaisir de revenir répondre à d'autres questions si vous le désirez, mais nous croyons en avoir assez dit pour le moment. Aimeriez-vous ajouter quelque chose ?

Merci d'être venu aujourd'hui, Icare. Je suis curieuse de savoir pourquoi vous avez choisi de transmettre votre message par mon entremise. Et reviendrez-vous me parler de votre monde, de l'histoire de votre civilisation et de votre avenir parmi nous ?

Il nous fait grand plaisir d'être ici, à l'invitation de Dieu, afin de contribuer à votre livre, et nous serons heureux de revenir si vous nous y invitez. Nous venons ainsi uniquement sur invitation, à l'instar de tous les êtres de Lumière, afin ainsi de ne pas envahir l'intimité de vos pensées, laquelle est garantie en vertu des lois universelles. Si vous nous invitez, nous reviendrons et aborderons les questions que vous avez mentionnées, ainsi que d'autres sujets auxquels vous ne penserez peut-être pas.

À présent, c'est avec grâce et amour que nous prenons congé de vous. Un jour, nous vous saluerons chaleureusement dans les rues de vos cités, et ce, peut-être beaucoup plus tôt que vous ne vous l'imaginez. Au revoir.

* * *

Je n'ai pas invité Icare à revenir. Je fus tellement prise par le travail d'organisation, de classement et de révision des nombreuses transmissions reçues que j'en oubliai totalement son aimable offre. Toutefois, alors que je relisais ce message pendant la préparation du manuscrit, Icare me salua d'un ton enjoué par quelques mots d'encouragement et me confirma que son groupe et lui vivent toujours parmi nous, qu'ils réalisent leur mission et attendent avec impatience le jour où ils pourront enfin s'identifier ouvertement.

Lazare

Bonjour et bienvenue de nouveau, Lazare.

Nous vous saluons également, madame Suzy, mais pour nous, ce n'est pas *« de nouveau »* puisque notre énergie ne vous a jamais quittée. Nous allons poursuivre notre exposé et, ensuite, il nous fera plaisir de répondre à vos questions.

En plus de la Lumière présente en chaque âme, il existe d'autres forces d'une puissance difficile à imaginer dont vous devez absolument tenir compte. Ce sont les forces des ténèbres dont nous vous avons parlé auparavant. Il est important que chacun de vous fasse un examen de conscience afin de déterminer s'il a permis à leur influence de guider ses choix de vie jusqu'ici.

Comment pouvez-vous faire la distinction entre l'obscurité et la lumière ? Demandez à l'énergie dominante en vous – celle qui définit vos intérêts et vos désirs, et qui vous motive à agir ainsi que vous le faites – si elle appartient à la Lumière. Conformément aux lois universelles, la vérité doit jaillir, ou la preuve du mensonge doit être montrée. N'attendez aucune vérité des forces de l'ombre – elles sont incapables de l'exprimer –, mais elles ne peuvent dissimuler leur présence.

Détendez-vous, fermez les yeux et dites à l'énergie présente en vous de se montrer sous son vrai jour. Calmez l'agitation de vos pensées et laissez les images et les couleurs se former en votre esprit. Si vous voyez une brillante lumière blanche et dorée, avec peut-être des nuances pastel, et si cette lumière ne faiblit pas, vous pouvez alors être sûr d'être aligné sur les forces divines qui vous ont donné le pouvoir de régner sur vous-même. La lumière blanche et dorée soutenue est celle du Christ, et identifie les forces de la Lumière.

Les couleurs sombres mélangées, et plus particulièrement la vision de flammes rouges sur fond noir, révèlent que les ténèbres sont la source de vos idées, de vos intentions et de vos actions. Même si vous avez l'impression d'entendre *« nous sommes la Lumière »*, si vous recevez l'image de langues de feu, cela démontrera qu'il s'agit plutôt des forces de l'ombre et que vous leur avez cédé les pouvoirs que Dieu vous a donnés.

Si cet exercice fait naître en votre esprit ce genre d'image, exigez formellement que seule la Lumière puisse entrer en vous. Demandez aux forces divines de la Lumière christique de vous aider à vous débarrasser de toute influence pernicieuse émanant des ténèbres. *Demandez et vous recevrez* – c'est aussi simple que cela !

Nous sommes un immense groupe d'âmes doté de vastes pouvoirs, et pourtant nous pouvons nous exprimer en des termes faciles à comprendre. Des messagers de Dieu vous ont transmis les mêmes vérités à propos de votre moi divin depuis des siècles.

Merci, madame Suzy, d'avoir pris note de ce que nous désirions communiquer. À présent, nous aimerions répondre à vos précédentes questions.

Merci Lazare de ces précieuses informations. Pourquoi avez-vous été choisi pour nous les transmettre ?

C'est en raison de notre aptitude à le faire et de notre empressement à vouloir soulager la Terre de la négativité qui l'accable que le Conseil nous a demandé de vous fournir ces informations pour le livre que vous préparez. Nous sommes animés du même esprit fraternel que celui qui vous guide, ce qui fait de nous des collaborateurs naturels au service de Dieu.

Comment faites-vous pour soulager la Terre de la négativité qu'elle subit ?

Nous combinons nos énergies avec celles d'autres entités également désireuses de préserver la vie sur Terre. Nous sommes venus en grand nombre pour insuffler cette énergie dans son atmosphère, véritable poumon de votre planète, et ainsi éliminer plusieurs des polluants qui l'affaiblissaient au point de menacer sa vie.

Nous ne sommes pas des esprits guerriers, mais plutôt des experts dans le domaine de l'ingénierie. Notre énergie aide à stabiliser votre planète sur son orbite dans les zones où elle pourrait être gravement affectée par l'influence d'autres corps célestes. Nous atténuons les effets de ce que vous appelez les « désastres naturels » afin d'empêcher les importantes destructions qui autrement se produiraient. Nous diminuons l'intensité des forces tectoniques dans les profondeurs du globe susceptibles de déclencher des éruptions volcaniques d'une telle ampleur que des montagnes tout entières exploseraient en détruisant toutes les villes environnantes. Nous stabilisons les failles géologiques afin de réduire la gravité des tremblements de terre, qui libèrent tout de même de considérables quantités d'énergie sans toutefois anéantir de vastes régions, ce qui arriverait sûrement si ce n'était des mesures d'atténuation que nous mettons en œuvre.

Nous calmons la fureur des océans et tempérons la violence des vents afin de réduire la puissance des tempêtes et des tornades, ainsi que l'ampleur des inondations des régions côtières qui, sans notre intervention, seraient beaucoup plus dévastatrices. Nous faisons également dévier de leur trajectoire les grosses météorites qui pourraient frapper la Terre. Nous contribuons enfin au maintien des rythmes vitaux essentiels aux forces de vie dont dépend votre existence.

Ces quelques exemples suffisent-ils pour illustrer la nature de notre participation à la purification planétaire en cours ?

Oui, et tout cela me stupéfie ! Merci Lazare pour ces immenses services que votre groupe d'âmes rend à la Terre. J'aimerais que vous me parliez un peu de vous, du monde d'où vous venez et de son histoire. À quoi ressemblez-vous ? Certaines âmes de votre groupe vivent-elles sur la Terre ? Êtes-vous venus jusqu'ici à bord de vaisseaux spatiaux ?

Vous nous étonnez beaucoup ! Vous croyez que les habitants de la Terre pourraient être intéressés à en savoir davantage sur *nous* ?

Oui, absolument ! S'il vous plaît, dites-nous tout ce qui pourrait nous éclairer à votre sujet.

Eh bien alors, je vais poursuivre. Pour avoir une idée de l'apparence de notre entité collective, imaginez l'effet d'un vent puissant sur la cime de grands séquoias, accompagné d'un intense mouvement circulaire et d'un vrombissement soutenu, alors qu'au sol seul un souffle léger agite l'air. C'est là une bonne façon de nous imaginer. Nous n'avons ni visage, ni forme, ni couleur, et seul est perceptible le mouvement de notre énergie dont l'effet englobe une zone plus grande que votre système solaire.

Notre groupe se forma d'abord dans la civilisation sirienne. Nous voulions évoluer collectivement, mais nous étions limités par la faible capacité intellectuelle de certains de nos membres. Dans une entité ou conscience de groupe, tous les membres peuvent partager l'énergie générée par les meilleurs éléments, mais diluée par celle des plus faibles. Au lieu d'exclure de notre croissance les âmes plus faibles sur le plan intellectuel, nous avons choisi de fusionner nos consciences individuelles afin d'avoir des buts et des orientations communes. Nous n'avons jamais regretté cette décision, mais nous apprenons aujourd'hui qu'il est possible de s'individualiser tout en conservant l'aspiration de l'âme groupe à retourner vers la Lumière.

L'ensemble de notre énergie ne s'est jamais incarnée, mais les âmes de notre groupe qui s'incarnent adoptent la forme et les traits d'humains de race blanche possédant la ténacité et le pouvoir mental typiques de votre race rouge. Bien que la taille physique soit importante, puisqu'elle détermine le degré de force physique, c'est la personnalité identifiant l'âme qui compte surtout, ce qui explique pourquoi nous rendons hommage à vos peuples autochtones en qui nous nous reconnaissons. Nous avons également soutenu le désir de certaines de nos âmes qui souhaitaient s'incarner en d'autres civilisations ou faire l'expérience de la vie animale. Ainsi, de nombreuses baleines sur Terre possédaient jadis un peu de notre énergie, mais tout cela prit fin il y a environ deux siècles, à la suite du carnage consécutif à la chasse commerciale des baleines.

Mais revenons à notre histoire. Lorsque notre planète s'est mise à dévier de son orbite, il y a près de quatre millions de vos années terrestres, nous avons pris conscience, grâce à notre lien télépathique avec Dieu, que nos vies physiques allaient bientôt cesser si rien n'était fait pour éviter la destruction planétaire anticipée. Nous avons donc alors décidé de fusionner tout notre savoir intellectuel et spirituel, et de focaliser nos esprits vers un seul et unique objectif. Cela nous a permis de stabiliser l'orbite de notre planète et de sauver les corps physiques de notre peuple, qui comptait cinq milliards d'individus, ce qui ne représentait alors d'un très petit pourcentage de l'ensemble de la population sirienne. Nous avons conservé de cette époque la musique inspirée par des anges; elle est l'un des aspects essentiels de notre focalisation énergétique.

Notre lieu d'origine demeure en partie celui que nous avions sur Sirius, mais ayant appris avec le temps que la Terre offrait un nouvel environnement exempt de pollution intellectuelle, nous avons vécu depuis lors parmi vous, mais essentiellement sous forme d'esprits désincarnés. Ne craignez jamais que notre présence sur Terre n'entraîne une domination de notre part ! Jamais une telle chose ne pourrait se produire. C'est à la demande expresse de Dieu que nous sommes venus ici, afin d'y œuvrer uniquement sur le plan énergétique.

De quelles manières employez-vous votre énergie physique et intellectuelle ?

Parmi nos interventions qui sont à la portée de votre compréhension, mentionnons celles ayant trait aux phénomènes naturels et physiques, grâce au pouvoir combiné des éléments naturels. Sur le plan intellectuel, nous faisons en sorte que notre cheminement vers la Lumière soit plus direct, sans les détours occasionnés par la guerre et les conflits de tous genres. Si vous pouviez seulement voir, de notre perspective, toute l'énergie que vous gaspillez en querelles et en guerres interminables, vous y mettriez instantanément fin !

Lazare, le jour viendra-t-il où les membres de votre groupe qui sont dans un corps physique atterriront afin que nous puissions les rencontrer ?

Oh oui, mais pas tant que notre sécurité et celle des gens venus à notre rencontre aux sites d'atterrissage ne seront pas pleinement assurées. Beaucoup d'entre vous estiment que nous venons en paix, et *il en est de même parmi vos dirigeants gouvernementaux !* Ils savent que lorsque nous manifesterons publiquement notre présence, cela signifiera la fin de leur contrôle, de leurs tromperies et de leur cupidité, et ils ne seront donc pas vraiment heureux de nous voir.

Je comprends. À quoi vos vaisseaux spatiaux ressemblent-ils ? Parlez-nous un peu des sites d'atterrissage et de tout ce qui entoure ce sujet.

Nous disposons de plusieurs types de vaisseaux, dont nos petits vaisseaux de reconnaissance, capables de loger confortablement huit personnes, et nos gigantesques vaisseaux-mères suffisamment grands pour héberger la population entière d'une ville comme New York.

Les régions où nos petits vaisseaux atterriront ont été choisies, mais pas les endroits précis. L'imminence de notre atterrissage sera annoncée par l'émission de signaux sonores apaisants et d'une douce lumière indiquant qu'il n'y a rien à craindre. Nos vaisseaux seront parfaitement visibles dans le ciel peu avant l'atterrissage afin que les personnes intéressées puissent venir nous accueillir si elles le désirent. Nous nous adresserons à vous dans les langues que vous utilisez – et que nous avons étudiées – afin qu'il n'y ait aucun problème de communication.

Lors de nos premiers atterrissages, près d'une centaine de nos petits vaisseaux atterriront simultanément dans des zones isolées tout autour de votre planète, loin des endroits où des forces militaires pourraient réagir rapidement. Des hommes et des femmes adultes feront partie de ce premier contingent. Nous sommes plus grands que la plupart d'entre vous, mais à l'exception de ce fait et de nos uniformes, nous aurons l'apparence d'humains terrestres d'une grande beauté. Nos enfants nous accompagneront plus tard, car nous ne voulons pas les exposer aux risques que nous prendrons lors de ces premiers contacts. Nous nous mêlerons à la foule présente aux différents sites d'atterrissage, là où nous estimerons pouvoir le faire en toute sécurité, et si les circonstances sont favorables et que certaines personnes souhaitent alors monter à bord de nos vaisseaux, chaque commandant aura la latitude de déterminer si la chose peut être permise.

Toutefois, il ne vous sera pas possible de voyager avec nous en raison des différences dans la composition de l'atmosphère à l'intérieur de nos vaisseaux. Nos poumons ont en effet évolué de façon à nous permettre de respirer tant à bord de nos vaisseaux que durant nos sorties dans l'atmosphère des planètes que nous visitons.

Nous avons transmis à vos gouvernements, par des voies discrètes, la nature pacifique de nos intentions et ce que nous comptons faire pour vous venir en aide, mais cela n'a jamais été révélé publiquement. Grâce à un bon travail préparatoire avant nos premiers atterrissages, nous croyons qu'il sera possible de paraître à la télévision pour dire aux gens de partout dans le monde que nous sommes venus en paix et leur expliquer comment pour allons les aider.

Il me semble, avec ceci, avoir répondu à toutes vos questions, madame Suzy.

Merci beaucoup Lazare. J'ai hâte d'être témoin de ces atterrissages ! Y a-t-il autre chose que vous aimeriez transmettre ? Par exemple, quelle serait la chose la plus importante que les gens devraient savoir ?

Ouvrez votre cœur et votre esprit à Dieu. Laissez la Lumière pénétrer en vous. Débarrassez-vous des forces négatives qui tentent de vous contrôler et rétablissez le lien conscient qui vous unit directement à Dieu. Ce lien entre votre âme et Dieu a existé de toute éternité. Imprégnez-vous de cette réalité et vivez-la chaque instant. Prenez pleinement conscience de l'Unité, de l'inséparabilité de toute vie où qu'elle soit, partout dans l'univers, sur lequel Dieu règne avec Amour et Lumière.

Cela vous suffit-il ?

C'est parfait ! Merci, Lazare. Toute l'information que vous m'avez communiquée occupera une place importante dans le livre.

Nous sommes heureux d'avoir pu y contribuer. Nous vous transmettons maintenant nos affectueuses salutations et attendons avec impatience le jour où nous pourrons nous rencontrer en personne. Adieu et merci.

Post-scriptum : *Lazare et moi avons maintes fois eu l'occasion d'échanger des pensées depuis ces premières conversations, et une chaleureuse amitié s'est nouée entre nous. Un jour où il me transmettait ses salutations en pensée, je lui demandai de me dire comment les choses se déroulaient en ce qui concerne la purification terrestre.*

Notre bien-aimée Terra a retrouvé une bonne partie de sa vitalité antérieure grâce aux apports constants de Lumière dont elle bénéficie, mais nous contribuons également, grâce à notre technologie, à assurer sa stabilité. Les bouleversements liés à l'élimination de la négativité sur Terre ne sont pas encore terminés, comme vous le savez, et nous continuons à faire le maximum pour aider votre planète à cet égard jusqu'à ce qu'elle ait pleinement atteint le taux vibratoire de la dimension de quatrième densité. Le jour où cela sera réalisé, nous pourrons tous pousser des cris de joie, car notre travail ici sera alors terminé ! C'est également à ce moment-là que vous connaîtrez tous vos frères et sœurs de l'univers.

Comment va votre famille ?

Suzy, chère âme ! Ma famille se porte merveilleusement bien ! Merci de vous en informer. J'espère sincèrement que lorsque nous manifesterons ouvertement notre présence sur Terre, les gens seront capables de nous voir ainsi – avec des familles comme les vôtres, que nous aimons tout aussi profondément que vous aimez les vôtres.

Prométhée

Mère, j'aimerais maintenant te présenter une nouvelle entité venant de très loin. C'est un être puissant et bienveillant qui fait autorité en matière de maintien de la trajectoire orbitale de planètes comme la Terre, tout comme le font également d'autres entités dont tu as déjà reçu des messages. Son nom est Prométhée.

Bienvenue, Prométhée. Il me fera plaisir d'enregistrer l'information que le Conseil vous a demandé de me communiquer pour ce livre.

Bonjour, Suzy ! Merci de votre accueil chaleureux. Veuillez noter ce qui suit...

Au temps jadis, ainsi que vous dites sur Terre, de nombreuses civilisations d'outre-espace sont venues visiter votre planète afin de voir si son environnement offrait des conditions propices à la vie. À cette époque, la Terre était déjà renommée pour être un véritable paradis, et de nombreux explorateurs spatiaux désiraient venir admirer ses merveilleuses beautés.

Votre culture ne connaît pas encore toutes ces espèces intelligentes venues d'autres mondes. Certaines ne sont pas d'apparence humaine, mais cela n'enlève rien à leur grande intelligence et à leurs connaissances avancées en maints domaines dépassant tout ce que vos esprits actuels peuvent concevoir. Certains de ces êtres peuvent même avoir à vos yeux l'aspect de créatures nébuleuses semblables à celles qui sont parfois observées dans les maisons hantées. Mais, bien sûr, il ne s'agit pas ici de fantômes, car je n'utilise cet exemple que pour vous donner une idée de leur apparence.

Ces âmes suivent comme vous leur propre cheminement spirituel, et le degré de réalisation de leur véritable nature est plus avancé que ce que votre propre recherche intérieure vous a permis de découvrir à ce jour. Toute âme terrestre en quête d'un plus grand éveil spirituel reçoit leur soutien actif, et lorsque le jour viendra où ces êtres hautement évolués seront accueillis à bras ouverts, ils pourront mettre à profit leur vaste sagesse et leur puissance technologique afin d'assurer la santé et la pérennité de votre demeure planétaire.

Certains ont décrit votre époque actuelle comme une période de purification. Bien que ce terme soit correct, une certaine confusion entoure toutefois l'information reçue au sujet des différentes étapes de ce processus purificateur. Même si on a pu affirmer que le début de cette période serait annoncé par l'impact d'une météorite sur la Terre, ce qui peut effectivement se produire de temps à autre, un tel événement ne signalera pas le début de la purification, puisque celle-ci a commencé il y a plus d'une cinquantaine d'années déjà. Ayant débuté par un nombre grandissant de ce que vous appelez des « désastres naturels », lesquels ont à leur tour entraîné des changements dans les conditions climatiques mondiales, ce processus se poursuivra avec une intensité et une fréquence croissantes, jusqu'à ce que plus personne ne puisse nier que quelque chose de beaucoup plus important que de simples phénomènes météorologiques insolites se produisent.

Nous comprenons qu'il soit difficile pour vous de concevoir que des êtres intelligents ayant l'apparence de nuées blanches puissent circuler librement autour de votre planète sans que l'œil humain ne puisse déceler autre chose que d'étranges formations nuageuses. Pourtant, les forces incommensurables que nous mettons en œuvre dans le but d'assurer votre survie physique sont l'un des aspects les plus importants du processus de purification planétaire en cours.

Nous provenons d'un système planétaire situé dans la constellation dite d'Orion. Comptant parmi les ancêtres des humains actuels, nous avons évolué au point où il est devenu inutile pour nous de vivre sur le plan physique, et les progrès accomplis dans le développement de notre intelligence et l'acquisition de connaissances spirituelles nous ont permis de nous matérialiser sous une forme éthérique subtile composée de l'esprit de milliards d'âmes. Notre conscience collective ne comporte plus aucun aspect individualisé, et une parfaite harmonie règne au sein du mouvement rythmique de notre quête de toujours plus de Lumière.

L'occasion s'est présentée à nous d'offrir nos services dans la lutte pour la survie planétaire dont les signes sont de plus en plus manifestes partout sur Terre. Vous ne prenez pas encore la pleine mesure des conséquences néfastes des actions et des pensées négatives sur la santé de votre Terre-Mère. Vous n'avez que vaguement conscience des bouleversements ainsi déclenchés dans les entrailles de votre planète, et qui la poussent irrémédiablement à faire tout son possible pour dissiper la lourde atmosphère régnant à sa surface. Mais la majorité des victimes ne résulteront pas des pluies de cendres volcaniques ni des tremblements de terre, mais bien de la continuation des attitudes et des gestes de ceux parmi vous qui ont choisi de suivre la voie de l'ombre plutôt que celle de la Lumière divine.

Notre principale contribution sera d'assurer en partie votre sécurité. Tout ce que nous vous demandons en retour, c'est d'ouvrir votre cœur et de considérer les merveilleux avantages dont vous profiterez si vous suivez le sentier menant à la Lumière. Ces propos n'ont rien à voir avec de quelconques écrits sacrés ni avec les dires d'un prophète de malheur. C'est la pure vérité transmise directement par Dieu à Ses enfants, peu importe leurs croyances et le sentier ténébreux ou lumineux qu'ils suivent.

Notre message peut se résumer à ceci : Accepter d'accueillir à bras ouverts ceux qui apparaîtront bientôt à vous sous toutes sortes de formes étranges et en provenance de lieux encore plus étranges. Sachez que parmi eux, nous sommes ceux qui ont le plus foi en votre évolution spirituelle. Nous n'approuvons pas ceux qui laissent la peur s'emparer d'eux, et en fait, nous ne pouvons nous approcher d'une personne dont l'aura est marquée par la peur, car nous détestons cette énergie qui est l'antithèse même de notre nature profonde. C'est uniquement parce que nous sommes au service de Dieu, à qui nous avons promis de vous porter assistance, que nous manifestons notre présence dans vos cieux.

Acceptez également d'accueillir les autres âmes qui se sont elles aussi engagées à assurer votre sécurité physique et planétaire. C'est la seule chose dont j'espère vous persuader, et le seul objectif de mon message aujourd'hui. Moi, Prométhée d'Orion, je vous présente maintenant mes humbles salutations et demeure votre serviteur dans la Lumière et l'Amour christiques. Au revoir !

Merci, Prométhée. C'était un très beau message.

Agnès

Au cours de la seule transmission que j'ai reçue d'Agnès, j'avais le sentiment de ne pas être séparée d'elle et de flotter dans son énergie, qui était tel un océan de liquide doré. Plus tard, Matthieu me confia que lui et moi étions auparavant de la même civilisation qu'elle et que nos incarnations sur Terre avaient commencé lors du programme de peuplement mené par son groupe. Apparemment, la conscience qu'avait mon âme d'être à nouveau réunie avec elle était si intense qu'elle a provoqué cette impression de fusion avec son énergie.

Agnès ne m'a envoyé aucune image d'elle et je n'ai pas eu la chance de lui poser des questions après son exposé, mais au moment où elle me faisait ses adieux, j'ai distinctement perçu un parfum de fleur flotter autour de moi.

* * *

Bienvenue, Agnès. Merci d'être venue offrir de l'information aux gens de la Terre.

C'est un privilège pour moi, Suzanne. Je suis prête à vous transmettre un important message. Je vous entoure de vibrations de paix et vous assure de mon attention aux besoins de la Terre afin qu'elle retrouve l'éclat radieux du paradis qu'elle était jadis.

Longue pause…

Votre énergie est merveilleuse Agnès. Me direz-vous, je vous prie, pourquoi et comment vous souhaitez porter assistance à la Terre ?

Nous sommes témoins des difficultés que connaît votre magnifique planète. Sa beauté d'antan s'est considérablement dégradée par suite des actions négatives des civilisations qui l'ont habitée à diverses époques depuis si longtemps que vous n'avez plus qu'un vague souvenir de leur existence.

Ma civilisation fut en partie responsable du peuplement originel de la Terre. Non seulement les humains qui y vivent nous ont-ils toujours été très chers, mais nous affectionnons aussi tout particulièrement ce paradis jadis choisi comme lieu d'évolution pour votre espèce, et d'apprentissage pour vos âmes. Il était prévu qu'un jour nous puissions renouer contact avec vous et célébrer dignement nos retrouvailles, mais aucun d'entre vous n'a encore rien fait pour tenter d'encourager une telle rencontre. Cela est sans doute dû à la peur, mais ce fait ne diminue en rien l'amour et les liens fraternels qui nous unissent. Tout ceci vous permet donc de comprendre pourquoi nous sommes ici en cette période de profonds changements planétaires.

L'assistance que nous comptons apporter sera dispensée sur le plan individuel plutôt que collectif. D'autres civilisations déjà présentes ici veilleront à maintenir la stabilité de l'équilibre planétaire et à canaliser un surcroît d'énergie afin de raviver vos souvenirs au niveau cellulaire. Notre aide n'est donc pas requise à cet égard. Mais si le besoin s'en fait sentir, nous pourrons intervenir rapidement en transmettant notre amour pour ainsi prévenir tout cataclysme naturel risquant d'entraîner la destruction de nos frères et sœurs terrestres.

L'un de nos principaux objectifs est de retrouver les âmes ayant la même origine que nous. Néanmoins, toutes les âmes sont également précieuses aux yeux de Dieu, et nous ne voulons donc nullement en dénigrer certaines pour en placer d'autres sur un piédestal. Mais c'est comme si un vaste rassemblement de tous les membres d'une même famille était organisé. En un tel cas, les gens n'invitent pas les simples passants à se joindre à leur réunion familiale. Il en est de même pour ce que nous désirons accomplir.

Nous ne nous présenterons pas à ces membres de notre famille d'âmes sous notre forme habituelle, puisque les gens sont rarement heureux de se retrouver face à un étranger. De toute manière, nous sommes déjà présents à vos côtés, et certains d'entre vous ont perçu notre rayonnement énergétique chaleureux et affectueux. Ils ne nous reconnaissent pas comme lorsque deux frères se rencontrent, mais l'expérience leur procure un sentiment d'émerveillement et de douceur. Même si leur âme pressent les liens profonds qui nous unissent à eux, ils ne comprennent pas consciemment qui nous sommes et ne retirent donc de l'expérience que les merveilleux sentiments déjà mentionnés.

Que cherchons-nous à accomplir par ces contacts initiaux ? Nous désirons jeter les bases d'une reconnaissance mutuelle sur le plan de l'âme, en vue de notre future réunion, en marchant main dans la main avec vous vers la Lumière. Un sentiment de familiarité sera ainsi créé sans qu'aucune explication ne soit nécessaire, et plus tard, lorsque vos souvenirs profonds referont surface, ils seront sereinement accueillis, même s'ils pourraient alors vous surprendre.

Toutefois, nous ne pourrons rétablir tous les liens souhaités, mais ce que nous venons de décrire serait effectivement une expérience heureuse pour vous et pour nous. Tous ceux que nous cherchons à contacter n'éprouveront pas un tel sentiment de joie. Certains refuseront de sortir du rêve égocentrique qu'ils ont créé dans leur expérience de la réalité superficielle. Bien souvent, ce qu'ils vivent n'a que peu de rapport avec ce que leur âme désire réellement accomplir au cours de cette incarnation.

Vous êtes nombreux à avoir ainsi perdu votre chemin, et lorsque nous accédons à votre cœur et à votre esprit afin de vous guider vers la Lumière, il est fréquent que vous refusiez de dévier de la voie que vous vous êtes tracée. Cela nous déçoit, bien évidemment, mais ce n'est pas notre rôle de faire davantage que de vous indiquer subtilement la direction à suivre. Nous ne pouvons vous tirer ni vous pousser vers la Lumière.

Pourquoi choisissons-nous de vous contacter aujourd'hui ? Pourquoi ne pas l'avoir fait plus tôt ? Ou même, pourquoi venons-nous si tôt pour tenter de rétablir les liens avec vous ? Il est possible que vous ne soyez pas disposés à croire que cette planète puisse connaître sous peu de profonds changements qui auront des effets dévastateurs à sa surface. Le niveau des mers montera et les eaux envahiront les terres basses, inondant ainsi de nombreuses villes. De nouvelles chaînes de montagnes se formeront, tandis qu'ailleurs de profonds canyons se creuseront. De grands courants marins ralentiront avec le changement de salinité des eaux, et les régions polaires fondront pour ensuite se reformer. De longues périodes d'obscurité assombriront le ciel, alors que le soleil sera partiellement caché à votre vue par les immenses nuages de poussière qui s'élèveront dans l'atmosphère. De nombreuses années s'écouleront ensuite avant que l'atmosphère ne soit purifiée et que les terres et les mers ne retrouvent leur calme.

Voilà les motifs de notre présence ici en ce moment. Comme je l'ai mentionné, nous sommes déjà venus ici par le passé. Nous ne vous abandonnerons pas après tous ces grands bouleversements. Mais cette période est un moment crucial pour réévaluer le chemin parcouru jusqu'ici. Le rôle que nous jouons ici est celui d'un phare destiné à vous guider sur la voie du retour à l'Unité. En Dieu, nous trouvons le sens véritable de notre existence. Mais chacun doit d'abord reconnaître que Dieu est présent en chaque âme. Dieu n'est pas l'être dominateur imposant à tous de strictes règles, tel qu'Il est souvent dépeint par vos religions. Ce Dieu qui existe en chacun nous relie tous en une vaste famille cheminant dans l'amour et la Lumière vers l'unité universelle.

Nous sommes ici pour vous guider, si vous le voulez bien. Nous désirons offrir notre aide à certains d'entre vous plus particulièrement, s'ils le désirent et le permettent, car ils sont membres de notre famille d'âmes, alors que de nombreux autres ne le sont pas. Ils sont ainsi des millions à faire partie de notre famille élargie, et d'autres ancêtres comme nous contacteront également bientôt les membres de leur propre famille.

Seuls certains parmi ceux et celles qui liront ce livre seront des membres de notre famille d'âmes. Mais tous les ancêtres des humains sont là aujourd'hui pour vous tendre la main et vous guider sur le plan spirituel, si vous y consentez. La mission que Dieu nous a confiée est de rejoindre toutes les âmes qui voudront bien nous accueillir. Vous ne nous verrez sans doute jamais sous une forme dense, mais ne doutez pas un instant de notre présence en force et de notre désir de marcher main dans la main avec vous jusqu'à ce que tous vos souvenirs anciens aient refait surface et que vous nous acceptiez comme vos compagnons dans notre périple commun vers la Lumière.

Nous sommes à votre service, et c'est avec amour que nous destinons ce message à tous les humains de la Terre. Adieu.

Septième partie

Le Décret du Créateur

À l'automne 1995, Matthieu me confia que les forces des ténèbres avaient intensifié leur bombardement d'énergie négative afin de contrecarrer les efforts accrus des êtres de Lumière visant à nous protéger de leurs attaques psychiques. Les réseaux de communication télépathique entre le Nirvana et la Terre étaient en voie d'être renforcés par une infusion additionnelle d'énergie lumineuse, et ce, dans le but d'empêcher toute incursion de la part des forces de l'ombre. Durant nos séances, à partir de ce moment-là et au cours des six à huit mois qui suivirent, Matthieu était entouré d'une centaine d'âmes dont l'énergie composite permettait des échanges ininterrompus.

Pendant cette période, il arrivait souvent que les transmissions émanent, comme ce fut le cas pour celle qui suit, d'une telle conscience de groupe résultant du savoir collectif de tous les individus participants amalgamés grâce à un processus de synthèse universelle. Lorsque Matthieu s'exprimait à titre personnel, il était alors soutenu par l'énergie collective de ce groupe d'âmes. Dans les deux cas, il s'adressa à moi en disant « mère ».

Message reçu le 17 octobre 1995

Matthieu/Groupe : Nous t'accueillons ce matin avec une nouvelle d'une extraordinaire importance ! Le Créateur a décrété que les entités formant l'apex des forces des ténèbres ne pourront plus désormais profiter de leur libre arbitre pour maintenir d'autres âmes sous leur emprise et ainsi les empêcher d'exercer leur propre libre arbitre. Nous aurions aimé que tu puisses être toi-même témoin de la jubilation que cette nouvelle a suscitée parmi tous les êtres spirituellement évolués, partout dans cet univers, lorsqu'elle leur fut transmise par les messagers du Créateur !

Permets-moi de t'expliquer pourquoi ce décret représente une éclatante victoire d'une ampleur sans précédent pour les forces de la Lumière. Conformément à la règle établie par le Créateur, les choix effectués en vertu du libre arbitre dont jouissent tous les êtres de Lumière ont *toujours été* respectés et continueront à l'être. Toutefois, les forces de l'ombre ont enfreint cette règle fondamentale, puisque les entités au sommet de la hiérarchie des ténèbres ont usé de leur libre arbitre pour influencer les âmes sur qui les ténèbres exercent une fascination malsaine. Par cette pratique, elles n'ont cessé d'accroître leur puissance, ce qui a considérablement intensifié leur capacité à imposer conjointement leur volonté aux êtres de Lumière. Voilà pourquoi, depuis des temps immémoriaux, les forces des ténèbres ont pu engendrer impunément une telle négativité d'un bout à l'autre de l'univers, et que les êtres de Lumière ont été impuissants à s'y opposer.

Conformément à ce qui est statué dans le décret du Créateur, Dieu a retiré aux forces de l'ombre toute possibilité d'abuser de leur libre arbitre et a ainsi rendu la liberté aux âmes tombées sous leur joug. Comme le libre arbitre de toutes les âmes peut être désormais pleinement respecté, le combat auparavant inégal entre la Lumière et les ténèbres est terminé !

En ce qui concerne la Terre, l'effet le plus important est le suivant : l'épuration nécessaire pour débarrasser votre planète de la quantité massive de négativité accumulée pourra être d'une ampleur et d'une intensité beaucoup moins grandes que celle qui était anticipée avant la promulgation de ce décret. Lorsque le processus de purification débuta il y a une cinquantaine d'années, cette négativité ne cessait de s'amplifier et la survie même de votre planète était gravement menacée. La Lumière requise pour sauver le corps de la Terre était également indispensable pour restructurer la configuration cellulaire de ses habitants humains, une sorte de « mise à niveau » de l'ADN effectuée par l'entremise de l'âme et qui est essentielle, tant pour une plus grande lucidité spirituelle que pour la survie physique dans les dimensions plus élevées où la Terre est en voie d'ascensionner.

Cette restructuration cellulaire aurait pu se faire en un clin d'œil, mais elle est toujours en cours parce que la bataille entre les forces de la Lumière et celles des ténèbres l'a considérablement ralentie, et ces dernières n'ont cessé de manigancer pour empêcher l'éveil des consciences sur Terre. Tout au long des cinq dernières décennies, la Lumière émanant de puissantes sources extraplanétaires a contribué à dissiper cette négativité. Sans cet apport soutenu et substantiel de Lumière, les forces de l'ombre seraient sans doute parvenues à asservir toutes les âmes incarnées sur Terre. Grâce à cette aide extraordinaire, il n'y a plus désormais le moindre risque qu'une telle chose se produise.

Toutefois, même si les forces des ténèbres ne peuvent plus contrôler les âmes qu'elles avaient asservies, l'influence pernicieuse qu'elles ont subie durant si longtemps ne peut être brusquement éliminée. Toutes ces âmes déséquilibrées, de même que tous les autres individus affligés de pernicieuses tendances, continuent cependant à générer de la négativité, laquelle disparaîtra graduellement jusqu'à ce que la population de la planète ne soit plus composée que d'âmes vivant dans la Lumière.

D'ici à ce que la Terre soit parvenue à se débarrasser de toute cette négativité, elle continuera à s'en soulager par l'entremise de divers bouleversements géophysiques. Heureusement, grâce à toute l'aide reçue de sources invisibles, l'ampleur des dommages et le nombre de victimes qu'ils feront seront réduits. En plus de la puissante Lumière transmise par des civilisations hautement évoluées, celles-ci atténueront, grâce à leur technologie avancée, les effets des tremblements de terre, des éruptions volcaniques et des violentes tempêtes qui surviendront. Au nombre de ces civilisations, mère, se trouvent celles dont certains représentants t'ont récemment communiqué d'importants messages à l'intention des gens de la Terre.

Matthieu, les mots me manquent pour t'exprimer ma joie d'entendre cette bonne nouvelle au sujet du décret du Créateur et de ses répercussions sur la Terre. Je me demande toutefois si ces messages seront désormais aussi pertinents qu'auparavant.

Mais absolument, mère ! Ces âmes se sont dévouées durant des décennies pour aider à sauvegarder la planète ! Très peu de gens savent que c'est uniquement grâce à l'intervention de votre bienveillante famille de l'espace que la stabilité de l'orbite de la Terre a pu être préservée tout au long de son long combat pour échapper à l'agonie qui la menaçait. Même si cette purification ne sera pas aussi cataclysmique que précédemment anticipé, les habitants de la Terre doivent avoir conscience de la volonté indéfectible de ces civilisations de poursuivre leur mission d'aide, quelles que puissent en être les exigences. En outre, leur aide inestimable est aussi vitale maintenant qu'elle l'était auparavant, puisque les forces des ténèbres considèrent toujours l'asservissement des âmes de la Terre comme un objectif à atteindre coûte que coûte et que, dans leur ferveur à gagner cette bataille, elles s'acharnent à semer toujours davantage la peur, le chaos, le mensonge, la confusion et la violence.

Ces messages sont donc définitivement tout aussi importants aujourd'hui qu'avant la promulgation de ce décret par le Créateur. Il est primordial que vous ayez conscience de votre appartenance à notre famille universelle et de toute l'aide que tant d'êtres prodiguent à la Terre, afin d'élever la conscience planétaire pour qu'ainsi vous ne soyez plus la proie des ruses déployées par ces êtres retors. Les âmes spirituellement évoluées de partout dans cet univers souhaitent sincèrement que cette aide ininterrompue soit connue et appréciée afin que vous puissiez accueillir vos frères et sœurs dans un esprit de coopération ouverte et affectueuse. Les messages que tu reçois, mère, contribueront à ouvrir la voie à tous ces changements.

Oui, je le comprends mieux maintenant. À part le fait que la purification sera moins drastique que prévu, à quoi pouvons-nous également nous attendre ?

Sur le plan individuel, la dualité présente en chaque âme sera résolue avec succès une fois que l'ensemble des choix karmiques personnels requis pour réaliser l'équilibre nécessaire à la réintégration avec Dieu auront été faits. Des vérités cachées depuis longtemps seront révélées, comme le fait que chacun de vous est une partie inséparable de Dieu et de toutes les autres âmes, et que la communication télépathique est une faculté innée. Ces vérités et maintes autres seront peu à peu dévoilées au cours des prochaines années, à mesure que s'intensifiera la puissance de la Lumière qui pourra ainsi entrer plus librement dans les cœurs et dans les esprits. Toutes les âmes ne se montreront pas réceptives à cette Lumière, et ce n'est pas si grave au fond, puisqu'elles auront de nouveau la chance, au cours de maintes autres vies, d'embrasser la Lumière.

De nombreux changements se produiront à tous les échelons de tous les gouvernements tandis que les leaders corrompus et tyranniques seront remplacés par des personnes démontrant une grande sagesse et une profonde intégrité spirituelle. Ce processus nécessitera plusieurs années parce que les leaders actuels et leurs partisans s'y opposeront de toutes leurs forces, mais la Lumière finira par régner avec une telle intensité que leur pouvoir cessera tout simplement d'exister.

Votre système monétaire subira également de profonds changements. Ce n'est pas le besoin, mais bien la cupidité, qui constitue le fondement du commerce et de l'ensemble de l'économie mondiale, et avec des assises aussi ténébreuses, ces systèmes ne pourront survivre à l'intensification incessante de la Lumière. Lorsque l'honneur sera à nouveau au cœur de tous les moyens d'échange de biens et de services, ce qui contribue au bien de tous deviendra le nouveau standard universel.

Les nombreux instruments destinés au contrôle des esprits, qui sont omniprésents dans votre monde à l'instigation des maîtres de l'ombre, finiront par être entièrement éliminés à mesure que les âmes réaliseront à quoi ils servent réellement. Ceux qui viennent tout juste d'être libérés du joug des ténèbres ont perdu l'usage de leur conscience au cours de leur captivité ; cette faculté vitale est ravivée et fortifiée par toute la Lumière qui afflue afin de les aider à exercer à des fins positives leur libre arbitre nouvellement retrouvé.

En résumé, mère, toutes les mesures déployées pour maintenir les gens dans l'ignorance, l'illusion, la peur et la misère disparaîtront lorsque toutes les ténèbres auront été transmutées en Lumière. Une transformation aussi profonde ne peut s'accomplir du jour au lendemain. Quoi qu'il en soit, nous vous invitons tous à célébrer le fait que tout au long de votre voyage exaltant vers la nouvelle ère qui s'amorce, des êtres de Lumière de tous les coins de l'univers seront à vos côtés pour vous aider et vous guider tendrement.

Huitième partie

Les controverses

NOTE : Le matériel suivant est aussi pertinent aujourd'hui qu'il l'était à l'époque où Matthieu l'a transmis, soit en 1994 et 1995. Dans certains cas, il a été mis à jour afin d'inclure des informations communiquées dans ses messages plus récents. Lorsqu'il m'a donné le matériel original, Matthieu vivait au Nirvana, le royaume spirituel où les âmes incarnées sur Terre vont séjourner entre deux vies. En 1998, on lui a donné le choix entre devenir membre du Conseil du Nirvana, s'incarner dans une civilisation très avancée, ou accepter l'invitation d'autres civilisations à venir les aider à améliorer leur propre royaume spirituel. Il a choisi cette dernière option et, depuis lors, il a voyagé, sur le plan astral ou à bord de vaisseaux spatiaux, d'un bout à l'autre de cette galaxie, et aussi dans d'autres galaxies, manifestant chaque fois un corps adapté à la civilisation visitée.

L'avortement

Suzanne : *Matthieu, tu m'as expliqué qu'il y a des âmes au Nirvana chargées de surveiller tout ce qui se passe sur Terre. J'aimerais savoir si vous avez des opinions sur nos questions controversées ou si vous considérez que ce serait là porter des jugements de valeur.*

Matthieu : Eh bien, mère, nous ne sommes pas si différents de vous au point de ne pas avoir d'opinions sur vos problèmes, mais avoir une opinion ce n'est certainement pas la même chose que juger les individus concernés ! Je vois quel sujet tu désires aborder, mais pose-moi d'abord ta question, si tu veux bien.

D'accord. Quelle est votre opinion sur l'avortement ?

Il est clair pour nous ici que mettre fin à la vie d'un fœtus prive inévitablement une âme d'une occasion de s'incarner. Toutefois, jamais nous ne condamnons les femmes qui choisissent de ne pas mener à terme leur grossesse. Souvent, leur décision fait partie d'un contrat prénatal, l'âme du fœtus et celle de la mère ayant alors choisi de vivre l'expérience de l'avortement et de l'ajustement émotionnel consécutif à ce dernier afin d'en retirer les leçons qui y sont associées.

En raison de la négativité entourant toute cette question, nous sommes davantage préoccupés ici par les pressions exercées par certains individus sur les personnes qui sont en faveur de permettre aux femmes de décider elles-mêmes si elles veulent un enfant ou si elles préfèrent se faire avorter. Le motif avoué de ceux qui s'opposent résolument à l'avortement est de sauver la vie des fœtus, mais au fond, ce qui les motive surtout, c'est leur désir de contrôler les autres, et c'est bien davantage ce motif qui les pousse à organiser des protestations publiques. En général, ces individus et la majorité des gens n'ont pas conscience de ce qui les anime, mais le fait qu'ils ne font généralement rien pour aider ou protéger les bébés non désirés, venus au monde par suite de leurs pressions, constitue un signe révélateur de leurs véritables motifs.

Nous ne portons aucun jugement ici sur ces gens, pas plus que sur ceux qui effectuent les avortements, celles qui se font avorter ou les gens qui s'opposent activement à cette pratique. De notre point de vue, les débordements entourant cette question sont des épreuves nécessaires dans le cheminement évolutif de toutes les personnes concernées.

Tu as mentionné qu'une âme est rattachée à chaque fœtus. Qu'advient-il de l'âme lors d'un avortement?

Une âme peut entrer dans un fœtus en ayant parfaitement consciente qu'il risque de subir un avortement. Il arrive souvent qu'une âme soit présente dans les environs du lieu où une grossesse est sur le point de débuter, et ce, parce qu'elle est attirée par l'énergie émanant des parents potentiels. La même chose se produit même lorsqu'il est probable ou presque certain que si la conception survient, un avortement sera ensuite pratiqué.

Quant au fœtus, il n'a conscience de rien en dehors de sa propre sensation d'exister. L'âme qui entre dans ce corps peut choisir de le faire sans réserve, ou seulement sur une base provisoire dans le cas où il est anticipé qu'il y aura un avortement ou une mort à la naissance. En certains cas, les âmes en cause sont prêtes à risquer de n'avoir qu'une courte existence dans l'espoir que le fœtus aura finalement la possibilité de se développer et de venir au monde. Mais même lorsqu'il ne fait aucun doute qu'il y aura un avortement, certaines âmes sont tout de même disposées à se contenter de cette brève existence.

En général, ce choix est fondé sur l'effet principal de cette expérience, qui est de nature émotionnelle. Le temps que dure une grossesse est une période calme pour le fœtus, qui ne ressent alors que des sensations physiques fort apaisantes, et l'envers de cette image idyllique contribue également à l'apprentissage émotionnel de l'âme. Une grossesse non désirée suscite habituellement un intense conflit émotionnel peu avant que ne survienne l'avortement, et toute cette énergie est absorbée par le fœtus, dans la mesure où cela peut se substituer à ce même type d'expérience dans le cours normal d'une incarnation physique.

Si tous avaient connaissance de ces faits sur Terre, l'avortement ne ferait l'objet d'aucune controverse religieuse, légale ou politique.

Le contrôle des naissances

Votre attitude au sujet du contrôle des naissances est-elle similaire à votre perception de l'avortement, soit qu'il prive des âmes de l'occasion de s'incarner ?

Non, nous avons un point de vue différent sur la question du contrôle des naissances. La Terre n'est pas censée être uniquement un lieu de reproduction servant à offrir à des âmes la possibilité de s'incarner ! Combien de personnes votre planète peut-elle supporter dans sa condition critique actuelle ? De combien d'enfants les mêmes parents peuvent-ils prendre soin avec une attention diligente tout en répondant aux besoins essentiels de chacun ? Dans les pays où le taux de natalité est élevé, où les conditions de vie sont déplorables, et où l'espérance de vie est faible, comment les enfants peuvent-ils progresser dans la vie sans la sécurité que procurent l'amour et la supervision de leurs parents ? De nombreux enfants sont même abandonnés et doivent se débrouiller complètement seuls. La régulation des naissances est définitivement une solution raisonnable !

Bien qu'il soit vrai que certaines âmes choisissent à dessein le désordre, la pauvreté et de piètres conditions de vie dans le but d'équilibrer le bilan karmique de précédentes vies, le fait que tant de gens soient confrontés à une telle situation génère beaucoup plus de négativité que ne l'exige l'apprentissage des leçons karmiques, et ce, en raison de la misère extrême que subissent des milliards d'êtres humains. Tous ces gens doivent endurer des conditions beaucoup trop difficiles, et, par conséquent, peu d'âmes, ici au Nirvana, sont intéressées à s'incarner dans les régions où l'on retrouve les taux de natalité les plus élevés. Au lieu de soumettre votre monde à une surpopulation toujours plus effrénée, dissipez la négativité engendrée par ces souffrances excessives et guérissez les esprits affectés.

La plupart des gens qui connaissent bien les mesures recommandées pour favoriser la régulation des naissances approuvent ces méthodes de planification familiale – même ceux qui observent religieusement les autres doctrines imposées par les « autorités » religieuses. Dans les pays où l'éducation et les moyens contraceptifs sont difficilement accessibles, les mères sont découragées par suite de leurs trop nombreuses grossesses, alors qu'elles ne peuvent même pas prendre correctement soin des enfants qu'elles ont déjà dans les conditions de pauvreté extrême où elles vivent – quand elles ne doivent pas carrément subir un régime tyrannique. Bien sûr, ces mères ne sont pas les seules à éprouver de tels sentiments, mais le désespoir est plus fréquent chez celles-ci que chez les mères vivant dans les pays où les moyens contraceptifs sont aisément disponibles.

Votre monde ne s'en porterait que mieux si les parents choisissaient de ne pas avoir davantage d'enfants que le nombre qu'ils sont en mesure de bien élever avec amour et sagesse, et la contraception est assurément le moyen le plus efficace d'y parvenir.

Considérez-vous que la loi chinoise obligeant les parents à n'avoir qu'un seul enfant soit acceptable ?

Nous ne pouvons approuver toute restriction ou tout déni du libre arbitre individuel. Cependant, si cette politique résultait d'un choix individuel éclairé plutôt que d'une obligation imposée à tous par une quelconque autorité, nous la verrions certainement d'un très bon œil.

Croyez-vous que la grande disponibilité des moyens contraceptifs ait pu favoriser la promiscuité sexuelle chez les adolescents, ou bien n'avez-vous aucune opinion à ce sujet ?

Mère, nous avons bien sûr des opinions sur tout ce qui vous intéresse. Nous sommes bien plus conscients de ce qui se passe dans vos existences que vous ne l'imaginez ! Nous savons que plusieurs d'entre vous estiment que l'accessibilité aux moyens contraceptifs a pour effet d'encourager les relations sexuelles précoces chez les jeunes gens, mais le fait qu'une chose soit disponible ne signifie en rien qu'il s'agit là d'un encouragement, pas plus qu'on ne peut forcément espérer qu'une utilisation raisonnable et équilibrée en sera faite. C'est uniquement une question de libre choix ! Ainsi, même si la majorité des gens savent à quel point il est salutaire pour le corps et pour l'esprit de faire de l'exercice, de s'alimenter sainement et de méditer régulièrement, rares sont les voix qui s'élèvent pour demander que ces pratiques soient largement favorisées. Quoi qu'on dise de toute la publicité tapageuse à connotation sexuelle visant tant à vendre des shampooings que des voitures de sport, l'activité sexuelle est avant tout une question de choix.

Le véritable enjeu entourant toutes les grandes problématiques sociales est l'érosion des fondements de la volonté humaine et le manque d'attitudes coopératives, harmonieuses et dénuées de toute forme de jugement chez les familles, les voisins et les collègues de travail. Étendez cette situation aux villes et aux nations, et vous constatez que les humains souffrent d'un manque de conscience spirituelle du lien inséparable qui les unit à Dieu et les uns aux autres. Les nombreuses raisons avancées pour expliquer la promiscuité entre adolescents et les autres types de comportements considérés comme des problèmes sociaux ne tiennent nullement compte de la cause principale, soit l'influence des forces des ténèbres qui veulent à tout prix vous empêcher de prendre conscience du lien intime unissant toutes les âmes. Plus vous serez nombreux à vous éveiller à la vérité sur l'existence de votre moi divin, plus il vous sera facile de vivre en harmonie avec votre conscience intérieure.

La peine capitale

Quelle opinion a-t-on au Nirvana sur la peine de mort?

Le meurtre «légal» de tout être humain n'est pas un acte juste aux yeux de Dieu. Il ne corrige nullement un assassinat et il constitue la perpétration du même acte. Le premier geste est considéré comme étant le résultat de l'application de la justice, tandis que le second est considéré comme un acte criminel, alors que l'un et l'autre sont tout aussi répréhensibles.

Une sentence d'emprisonnement à perpétuité, plutôt qu'une exécution, protège la société des individus reconnus coupables de meurtre,ù mais ne te semble-t-il pas injuste qu'un individu ayant, par exemple, sadiquement torturé et tué plusieurs personnes reçoive la même sentence qu'un autre, uniquement accusé de meurtre sans préméditation? N'aurais-tu pas autre chose à recommander?

Des recommandations émanant de tout autre endroit que de votre monde ne seraient pas efficaces, mère. Nous ne pouvons que prier – *qu'espérer!* – que les gens finissent par voir les choses du point de vue de Dieu afin de comprendre qu'en ces temps d'apprentissage accéléré, alors qu'il reste de moins en moins de temps pour faire l'expérience des leçons choisies, la peine capitale n'est pas dans le meilleur intérêt de personne!

Manifestement, il est nécessaire d'empêcher en permanence les meurtriers de récidiver, et l'emprisonnement joue parfaitement ce rôle. Mais cette mesure ne sera requise que de façon intérimaire, d'ici à ce que l'élimination totale de tout comportement violent sur Terre soit réalisée, et elle le *sera* ! La Lumière qui est transmise dans les cœurs et les esprits humains diminuera de plus en plus le besoin d'emprisonner les gens, car ils seront de moins en moins enclins à faire du tort aux autres. Cette réduction de la violence arriverait beaucoup plus rapidement si le débat entourant la peine de mort n'était pas autant polarisé entre les gens ayant des points de vues opposés à ce sujet. S'il y avait moins d'appuis au sein de la population américaine en faveur de l'exécution des meurtriers, ceux qui s'y opposent pourraient être moins virulents dans leurs propos, ce qui réduirait l'intensité de la polarisation du débat.

Pour ce qui est de déterminer quel serait un châtiment équitable, il importe avant tout de souligner le très grand nombre de personnes emprisonnées dans votre pays pour des actions n'ayant engendré qu'une négativité insignifiante en regard du degré élevé de négativité que génèrent leurs émotions collectives durant et après leur incarcération. En outre, trop souvent on découvre que les peines de prison, et même parfois l'exécution de détenus, résultent d'un verdict de culpabilité injustifié. Le système judiciaire de trop nombreux pays est fondé sur des lois injustes, voire inhumaines, et offre aux accusés trop peu de moyens de se défendre. En plus d'être rongés par le mensonge et la corruption, ces systèmes de « justice » donnent lieu à une application arbitraire de points techniques légaux. Comme pour bien d'autres situations dans votre monde qui sont consécutives à l'influence des forces des ténèbres, ces injustices arrivent également à leur fin.

Le suicide assisté

Après avoir entendu ton opinion sur la peine capitale, je présume que tu n'approuves pas non plus le suicide assisté par un médecin.

Tu sais quels ennuis les suppositions peuvent causer, mère ! Nous voyons bien que cette question est en effet très controversée sur Terre, mais elle n'est l'objet d'aucune controverse en ce royaume. Le fait que l'euthanasie soit approuvée ici constitue la principale raison pour laquelle on en parle tant sur Terre !

Nous ne voyons manifestement pas la chose du même œil que vous, surtout si l'on se fie au nom que vous avez donné à cet instrument de la grâce divine permettant à la psyché de la personne mourante de se voir épargner tout traumatisme additionnel. Les personnes à l'agonie, qui endurent souvent d'intenses souffrances en raison de leur état physique et de l'angoisse manifestée par leurs proches, éprouvent un traumatisme équivalant à celui subi par des blessés sur un champ de bataille ou par des prisonniers soumis à la torture. Quand la psyché d'une âme est gravement abîmée avant la mort physique, elle est dans un triste état à son arrivée ici, et les traitements prolongés requis pour qu'elle puisse retrouver tous ses moyens retardent considérablement son ajustement à la vie en ce royaume. On ne peut donc que vivement souhaiter que tout soit mis en œuvre pour éviter ce long processus de guérison, ou à tout le moins pour en réduire la durée, et le suicide assisté par un médecin, ainsi que vous l'appelez, y contribue certainement.

Les conditions pour une euthanasie sont réunies lorsque le médecin traitant constate que son patient n'est plus en mesure de supporter encore bien longtemps des douleurs réfractaires à tout traitement et son état d'incapacité complète, et qu'il sait que plus aucun médicament ni traitement ne peut redonner un minimum de qualité de vie. Nous observons souvent qu'au moment où les personnes mourantes demandent de l'aide pour mettre fin à leur existence physique, la durée de leur vie a déjà dépassé celle qui était prévue dans leur contrat prénatal. Elles ont alors souffert beaucoup plus longtemps et vécu largement au-delà du degré de débilité que ce qui avait été convenu avant leur incarnation, et l'entêtement à vouloir prolonger la vie de leur corps affaibli n'est ni utile ni désirable à quelque niveau que ce soit. Voilà pourquoi un grand calme intérieur s'installe chez ces patients lorsque l'on consent à respecter leur décision de mettre fin à leurs jours avec l'aide d'un médecin.

Nous n'approuvons pas l'idée qu'un comité ait le pouvoir de décider s'il convient d'autoriser un tel choix librement consenti du patient et de son médecin. La même désapprobation s'applique à tout groupe tentant de dicter aux autres ce qu'ils devraient penser, sentir ou faire. Nous éprouvons généralement peu de sympathie en ce royaume à l'égard des personnes de l'extérieur qui estiment avoir le pouvoir de juger les autres, ainsi que la responsabilité, voire même le droit, de s'ingérer dans des situations où les choses ne sont pas conformes à leur philosophie. De notre point de vue, ces gens auraient tout avantage à pratiquer leur propre philosophie au sein des groupes y adhérant, et à laisser les autres jouir du même privilège.

Les transplantations d'organes

Matthieu, comment considère-t-on la transplantation d'organes au Nirvana ?

Si la transplantation d'organes n'était pas bénéfique pour les gens sur Terre, le concept à l'origine de cette pratique médicale n'aurait pas filtré jusqu'à vos médecins à partir de l'univers, où la forme-pensée de la transplantation existe depuis longtemps. Le corps physique n'est qu'un véhicule temporaire pour l'âme. Lorsque celle-ci quitte un corps dont elle n'a plus besoin, tout organe encore sain transplanté avec succès dans un corps peinant à demeurer en vie peut offrir au receveur une qualité de vie grandement améliorée et une meilleure longévité.

Ce que vous ignorez toutefois, c'est la teneur du contrat de vie des personnes qui bénéficient d'un tel don d'organes. La transplantation peut en effet aboutir à un échec s'il était prévu dans leur contrat prénatal qu'elles subissent alors une défaillance physique ou la mort, et on ne peut donc, dans leur cas, attribuer l'échec de la transplantation à l'incompétence du chirurgien ou à une déficience dans les traitements postopératoires.

Il est vrai que des abus peuvent survenir même pour une telle pratique visant à sauver des vies, car tout ce qui est conçu à de bonnes fins peut aussi être utilisé à de mauvaises fins, mais avec une saine éthique médicale et son application rigoureuse, la possibilité que de tels abus surviennent peut être considérablement minimisée. Il est également vrai que des gens ont été tués dans certains pays uniquement pour prélever sur eux des organes qui ont ensuite été revendus à fort prix. Ce genre d'événements malheureux, comme tout autre abus exécrable du libre arbitre sur Terre, cesseront bientôt avec l'intensification ininterrompue de la Lumière et la transmutation prochaine de tout ce qui ternit la pureté originelle des êtres humains.

Les vaccins

Es-tu au courant, Matthieu, que des chercheurs en médecine sont d'avis que certains vaccins pourraient bien être la cause de l'autisme ?

Oh, nous en sommes très conscients, mère, et ils n'ont pas tort de prétendre que certains vaccins peuvent en effet causer beaucoup plus de tort que de bien – en fait, certains ont même été conçus précisément dans le but de créer des problèmes ! Bien sûr, tel n'était pas l'objectif de ceux qui ont mis au point les premiers vaccins, qui visaient à préserver la vie en éradiquant la maladie, mais les choses ont évolué jusqu'à la situation lamentable que vous connaissez aujourd'hui.

Le *véritable* autisme est une maladie rare que certaines âmes choisissent pour équilibrer le bilan karmique de vies antérieures. Certains de vos chercheurs ont découvert que les effets des vaccins provoquent des symptômes semblables à l'autisme, et c'est effectivement le cas, mais ce que les gens ignorent, c'est que les vaccins sont justement conçus pour engendrer de tels effets négatifs.

Ce n'est là qu'un exemple de plus des méfaits des forces des ténèbres. Il suffit d'une poignée d'esprits sous l'emprise de l'ombre – ceux qui conçoivent ces idées, et leurs acolytes qui développent ou contaminent des vaccins – pour exécuter ce sinistre complot. Dans bien des pays, la vaccination des enfants n'est pas faite sur une base volontaire. Les vaccins sont rendus obligatoires par des responsables politiques sans méfiance qui se contentent de suivre les recommandations des autorités médicales, ce qui entraîne de graves conséquences pour les dissidents qui refusent de faire vacciner leurs enfants. Les vaccins sont administrés par du personnel médical bien intentionné qui n'a pas conscience d'infecter les gens au lieu de les protéger contre la maladie.

On trouvera la preuve de cet état de fait dans certains virus désormais répandus partout sur Terre. Le plus pernicieux d'entre eux, celui qui cause ce que vous appelez le sida, est une combinaison adroitement conçue de virus mutants ayant été créés en laboratoire précisément dans le but de provoquer les ravages observés. Il est tellement ridicule de prétendre que cette maladie a été transmise à l'homme par des singes ! Si tel était le cas, on doit se demander comment on a pu si facilement remonter jusqu'à eux pour leur en attribuer la faute alors que, contrairement aux humains, ils n'en sont nullement affectés. Et comme ce virus ne se transmet pas par l'air, comment les premiers humains contaminés par ce virus ont-ils pu avoir été mordus par des singes infectés ? Cette maladie ne fut pas découverte dans les pays où les singes vivent, puisqu'elle fut diagnostiquée pour la première fois chez des individus homosexuels vivant dans deux villes des côtes atlantique et pacifique d'un continent situé à des milliers de kilomètres de l'Afrique ! On ne peut que se demander pourquoi, alors que le public exige de connaître la vérité au sujet de nombreuses histoires « officielles », personne ne remet en question celle ayant trait aux origines du sida.

En plus des millions de personnes qui souffrent de cette maladie et du bilan des victimes qui ne cesse de s'alourdir, de nombreuses autres conséquences négatives sont dues à ce fléau : la souffrance physique et émotionnelle, ainsi que le désespoir des malades et de leurs familles ; le chagrin et les épreuves des survivants ; le grand nombre d'enfants orphelins ; la peur engendrée par la propagation rapide de cette maladie « incurable » qui a mis à genoux des nations entières. C'est sciemment que les vaccins ayant d'abord propagé cette maladie et que, plus tard, les médicaments censés la traiter ont été conçus dans le but justement de créer toutes ces répercussions négatives. La misère et le chagrin ainsi provoqués ont tellement dépassé le degré de difficulté que toutes ces âmes avaient choisi de vivre, que leur souffrance est tout simplement indescriptible.

J'aimerais maintenant expliquer pourquoi les plus récents virus créés en laboratoire, tels ceux du SRAS (syndrome respiratoire aigu sévère) et de la grippe aviaire, n'ont pas entraîné les pandémies qu'ils étaient supposés déclencher. Vous vous souvenez peut-être de tout le tapage médiatique ayant entouré l'apparition de chacune de ces maladies et semé la peur dans la population avec des scénarios catastrophe de pandémie mondiale ; des vaccins qui, étrangement, avaient été rapidement offerts et distribués partout ; des grands titres qui claironnaient chaque nouveau cas diagnostiqué – et toute cette agitation qui disparut du jour au lendemain parce qu'il n'y avait finalement eu que fort peu de personnes atteintes et encore moins de morts. La Terre, qui est un être doué de conscience et dont l'âme était attristée par les intentions malveillantes de ceux qui avaient mis au point ces virus, ne voulait pas qu'ils fassent souffrir et mourir des millions de ses habitants. Elle a donc adressé à Dieu une urgente requête d'assistance et, pour respecter son libre choix, Il a donc autorisé les civilisations possédant des moyens technologiques avancés à neutraliser ces virus.

Mère, je sais que je me suis beaucoup éloigné du sujet soulevé par ta question sur l'autisme et que j'ai, une fois de plus, attribué la responsabilité de tous ces maux aux forces des ténèbres – et à juste titre d'ailleurs, puisqu'elles sont à l'origine de TOUS les types de souffrance, de désespoir et de dévastation dans votre monde –, mais il est nécessaire que la vérité à propos des vaccins soit largement connue afin que des mesures soient prises pour y remédier.

Les dépendances

L'alcool et les drogues illicites ont des effets nocifs évidents, mais provoquent-ils aussi des effets qui le sont moins ?

Oui, absolument ! Les effets combinés ne se limitent pas au déséquilibre qu'ils créent dans le corps et le cerveau des gens qui en consomment, ni même aux morts qu'ils entraînent et à tout le chagrin que ces décès suscitent. Il suffit de penser aux comportements insupportables ou aux crimes découlant de l'usage des drogues, ou encore au grand nombre de personnes emprisonnées à cause de délits reliés aux drogues, ou même à la corruption, à la cupidité et à l'impitoyable brutalité de ceux qui retirent des profits faramineux du commerce de ces drogues. Tout cela produit une négativité endémique, mais l'effet le plus vicieux des drogues, dont l'alcool, est la barrière chimique qu'elles forment entre la conscience de la personne et son âme. Cette barrière réduit la capacité des consommateurs de drogues à absorber la Lumière, laquelle est essentielle pour établir l'équilibre intérieur. Combien de fois ai-je rappelé que l'équilibre est une condition *essentielle* à l'évolution de l'âme ! À présent, on peut mieux comprendre pourquoi les êtres sous le joug des ténèbres désirent si ardemment susciter toujours plus de curiosité au sujet des états euphoriques créés par ces stupéfiants, et ainsi maintenir en permanence les gens dépendants de toutes ces drogues.

Je ne veux nullement insinuer par là que les personnes ayant une telle dépendance sont de connivence avec les forces de l'ombre ! Toutefois, comme le degré de lumière intérieure et d'équilibre de ces personnes est grandement diminué, elles font indirectement le jeu de ces forces ténébreuses dont l'unique but est d'anéantir toute Lumière sur votre planète. Le calvaire intérieur de chaque âme ainsi diminuée a des répercussions dans l'ensemble de l'univers, et lorsque l'on considère le nombre de personnes souffrant d'une dépendance à l'alcool ou à la drogue sur Terre aujourd'hui, on peut constater que l'effet cumulatif total équivaut à un véritable coup d'État orchestré par les ténèbres.

Quel conseil peux-tu offrir à ceux qui cherchent à surmonter une dépendance ?

La clef, c'est de désirer *de tout cœur* vaincre sa dépendance. Ce processus commence par un regard honnête et lucide sur soi, en admettant sans détour que l'on souffre de toxicomanie, ce qui est déjà très difficile, car un des effets des drogues est justement d'inciter au refus d'admettre que l'on a un problème alors que sa vie, comme toxicomane, est totalement centrée sur l'obtention de la prochaine dose. Si les gens comprennent réellement ce qu'est la prière et quel est son pouvoir, ils peuvent y recourir pour surmonter leur dépendance. Aucun pouvoir sur Terre n'est plus grand que celui de la Lumière, et l'énergie lumineuse que procure la prière est d'une portée inestimable ! Prier, ce n'est pas s'agenouiller humblement en public ou même en privé. C'est tout simplement entrer en intime communion avec Dieu et Lui confier ses pensées et ses sentiments, n'importe où et n'importe quand. C'est Lui demander calmement « *Aide-moi à surmonter mon besoin de drogues* », ou « *Donne-moi la force de cesser de boire* », ou toute autre demande simple du genre qui nous vient naturellement à l'esprit. Les désirs profonds du cœur transmettent aussi clairement nos demandes à Dieu.

Le soutien spirituel de notre famille et de nos amis est essentiel, et l'aide experte apportée par le personnel d'une clinique de réhabilitation ayant fait ses preuves peut également s'avérer nécessaire. Visualiser que la personne en traitement a une santé rayonnante et qu'elle est baignée par la lumière du soleil peut être une forme efficace d'aide pratiquée par un groupe de soutien. Visualiser de la lumière autour de soi et autour des autres – et de la Terre aussi – est extraordinairement inspirant et salutaire.

Qu'aimerais-tu dire au sujet des médicaments sur ordonnance ? Certains peuvent créer une dépendance.

Oui, c'est le cas de plusieurs – de toute évidence le phénomène de dépendance ne se limite pas aux drogues illicites –, et mêmes les médicaments qui n'entraînent aucune dépendance physiologique peuvent aisément devenir des béquilles émotionnelles. À l'instar de tant de choses sur Terre qui étaient à l'origine l'expression de bonnes intentions, ce qui était bien sûr le cas des médicaments, des produits pharmaceutiques sont maintenant développés et utilisés à une telle échelle que c'en est stupéfiant même pour nous. Les tablettes des pharmacies offrent une profusion de produits chimiques et souvent même de formes synthétiques de substances naturelles qui peuvent soulager certains problèmes mais aussi en créer bien d'autres en raison de leurs nombreux effets secondaires. La consommation généralisée de médicaments n'est vraiment pas une bonne chose pour vous, puisque ce cocktail de puissants composés chimiques entrave les mécanismes naturels d'autoguérison de votre corps et peut même les dérégler. L'industrie pharmaceutique est la seule à avoir intérêt à ce que les gens essaient tous les médicaments en vente libre pouvant parfois leur apporter un soulagement temporaire, ou se procurent, sans jamais se poser la moindre question, tout ce que leurs médecins leur prescrivent.

Il est tout particulièrement triste pour nous de voir le grand nombre d'enfants qui sont drogués aujourd'hui afin de museler en eux des comportements souvent dus à des circonstances sur lesquelles ils n'ont aucun contrôle et dont ils n'ont même pas conscience. Les additifs alimentaires nuisibles et l'omniprésente pollution toxique, y compris les ondes électromagnétiques très nocives, en plus des changements planétaires de cette époque unique ont un impact considérable sur le corps et l'esprit des gens. Les adultes ont également des réactions excessives qu'ils ne comprennent pas non plus. Les fréquences vibratoires plus élevées qui règnent désormais amplifient toutes les émotions – autrement dit, tout ce qui est « bien » devient meilleur et tout ce qui est « mauvais » devient pire –, et les changements observés dans le tempérament, le niveau de stress et le comportement des gens sont des réactions naturelles à ces nouvelles énergies. Tous ces tranquillisants que les gens consomment en quantités astronomiques, au point qu'on peut parler d'une véritable pandémie chimique, sont tout particulièrement risqués, car ils modifient les ondes cérébrales et intensifient les effets des polluants toxiques et des fréquences supérieures que la Terre a atteintes dans son processus d'ascension toujours en cours.

Diverses méthodes « alternatives » de soins de santé peuvent effectivement réduire ou éliminer la dépendance aux médicaments chimiques, et les thérapies holistiques qui intègrent notre approche de la vie procurent de grands bienfaits. Transformer une attitude négative en une perception positive des choses est tout particulièrement utile pour réaliser l'équilibre au sein du corps, de l'esprit et de l'âme, ce qui, de notre point de vue, constitue véritablement une santé optimale !

L'obsession du jeu, du sexe, de la bouffe, ou toute autre forme d'obsession, peut également être considérée comme une dépendance. Les individus s'adonnant à ces activités peuvent devenir sérieusement déséquilibrés – et là encore on ne saurait trop insister sur l'importance de l'équilibre –, et mes suggestions pour vaincre une dépendance à la drogue s'appliquent aussi à ces autres comportements.

Les armes à feu

Tu dois certainement savoir que la question du contrôle des armes à feu est très controversée dans ce pays, et je suis curieuse de connaître ton opinion à ce sujet.

Il n'y a pas d'opposition ici contre les armes à feu en soi. Leur fabrication exige une précision rigoureuse, et leurs composantes forment un tout équilibré. Comme pour tout autre objet bien conçu et réalisé avec art, nous admirons le talent de ceux qui les créent.

Toutefois, nous nous opposons avec véhémence à l'usage qu'on en fait. De tous les objets ayant été manifestés à ce jour sur Terre par les formes-pensées donnant naissance aux civilisations, les armes à feu sont l'un de ceux à avoir été les plus mal employés. Le but de leur création était à l'origine de faciliter la chasse des animaux pour l'alimentation humaine. De fait, seuls de nobles sentiments présidèrent à la recherche d'un moyen pour y arriver, ce qui permit d'accéder aux formes-pensées correspondantes dans l'univers. Toutefois, en un rien de temps, on se mit à les utiliser à de tout autres fins. Ce phénomène a pris une telle ampleur que leur existence paralyse de peur une partie de votre population, laquelle a incité de nombreuses personnes à s'en procurer une, ce qui n'a fait qu'amplifier les craintes des gens qui n'en possèdent pas. Tout ceci est l'œuvre de la peur et fait la démonstration du principe d'équilibre entre les polarités propres à la densité de troisième dimension.

Il n'est guère sensé de craindre un objet qui ne peut penser ni agir de lui-même. Ceci nous ramène une fois de plus au problème de la faiblesse de volonté, de jugement et d'esprit des gens qui n'ont pas clairement conscience du lien spirituel qui les unit à Dieu. Comme nous avons déjà examiné en détail la nature de ce lien, l'importance de l'équilibre et le combat auquel se livrent les forces des ténèbres et celles de la Lumière, tu peux facilement comprendre pourquoi on a fait un si mauvais usage des armes à feu. Leur conception n'a nullement été influencée par les ténèbres, mais ce sont définitivement ces dernières qui ont incité des gens peu éclairés à s'en servir non pas pour chasser des animaux, mais pour tuer des humains.

Avec l'évolution des choses sur Terre, les objectifs visés et les moyens pour les réaliser ont évolué de pair. Imagine ce qui arriverait aujourd'hui si, subitement, toutes les armes à feu disparaissaient. Comment les soldats feraient-ils la guerre sans leurs fusils ? Sans armes, quoi d'autre les gangs de rue et les meurtriers de tout acabit pourraient-ils utiliser ? Assurément, ils trouveraient vite d'autres moyens, car le conditionnement psychique des troupes de combat, des jeunes gens participant aux guerres de gangs et des tueurs à gage n'aurait nullement disparu.

Les gens qui plaident en faveur du droit à la possession d'armes à feu ne pensent qu'à la menace posée par les criminels, non aux armes comme telles. Les partisans des deux camps opposés dans ce débat savent bien que s'il n'y avait plus aucune arme en circulation, plus personne ne ferait feu sur qui que ce soit. En dépit de ce que je viens de mentionner sur le conditionnement psychique à la violence, les deux camps ont une vision franchement naïve de toute la question. Un juste milieu existe définitivement ici. Comme pour toute autre situation, un équilibre entre les forces qui s'opposent doit être trouvé afin de mettre fin à l'inutile polarisation entourant ce sujet, mais les deux camps se refusent à voir le moindre mérite dans les arguments de l'autre. S'ils cessaient un peu leurs hauts cris, tout le monde en bénéficierait, tout autant que votre planète ! Comme je l'ai déjà signalé, ce qui alimente toute la controverse autour du débat sur la peine capitale aux États-Unis, ce sont les crimes effroyables qui y sont commis. La ferveur excessive des opposants à tout contrôle des armes à feu joue en quelque sorte le même rôle.

Bien des gens estiment que les armes sont le seul moyen dont ils disposent pour défendre leur demeure et leur famille. Bien que ce désir de protection soit compréhensible, ce ne sont pas les armes qui leur permettront d'éliminer toute menace à leur vie et à leur liberté, mais bien la Lumière qui est transmise avec sans cesse plus d'intensité vers les âmes réceptives sur Terre, afin de favoriser un équilibrage des questions vivement controversées y faisant rage. Toutefois, si vous adoptiez une attitude plus modérée envers les armes à feu, cela pourrait vous rapprocher du jour où plus personne n'aura le désir de menacer, de tuer ou de dominer qui que ce soit.

Avec tous ces sujets de profonds désaccords entre les gens, il ne faut pas se surprendre qu'il y ait autant de colère dans notre société. C'est peut-être là un aspect inévitable de la nature humaine, mais je préfère de loin être en présence de gens aimants et aimables.

Il est certain que l'amour et l'amabilité sont des traits beaucoup plus agréables que la colère, mère, mais il est inexact d'affirmer que l'amour fait partie de la nature humaine. L'amour est un élément fondamental de l'essence lumineuse de l'âme, ce qui lui donne une capacité illimitée à sentir les choses et à exprimer ce qu'elle ressent, et l'amour est fort différent de l'amabilité et des autres comportements appris qu'une personne développe et qui, pris dans leur ensemble, forment sa personnalité.

On peut également considérer la colère comme un trait de personnalité, mais c'est en fait également un aspect plus ou moins dominant dans le caractère d'une âme. Comme la colère est l'une des caractéristiques négatives les plus fréquemment observées chez les humains de votre monde, de nombreuses âmes choisissent de vivre des expériences capables de leur enseigner le contrôle de leur colère au moment où elles déterminent le contenu de leur contrat prénatal, et les choses qu'elles ont besoin d'apprendre touchent à l'ensemble des manières dont cette émotion s'exprime, et sont calibrées en fonction de l'ensemble des expériences vécues par chaque âme.

L'aptitude à exprimer la colère est plus ou moins élastique, tout comme l'est celle à exprimer la plupart des autres émotions humaines. Si tel n'était pas le cas, chacun jouirait automatiquement d'une parfaite maîtrise émotionnelle, ce qui priverait les âmes des précieux apprentissages qu'offre la vie sur Terre. Cette capacité plus ou moins grande à exprimer sa colère peut s'observer dans le comportement des gens engagés dans un débat sur un sujet controversé. La colère manifestée par un individu peut différer considérablement de celle d'un autre, même si les deux ont atteint le degré maximal d'intensité dont ils sont capables, et tant la ferme expression d'inquiétude de l'un que la rage explosive de l'autre montrent la maîtrise que chacun de ces individus a atteint dans les leçons qu'il a choisi d'apprendre. Certaines âmes sont parvenues à une telle maîtrise de la colère qu'elles n'éprouvent nullement cette émotion, mais font plutôt uniquement montre d'un sentiment de déception ou de tristesse à l'égard d'une situation conflictuelle, alors que celles qui explosent en une colère incontrôlée n'ont manifestement pas encore appris leur leçon à ce sujet.

L'intensité de la colère dépend également du degré d'importance accordé à ce qui fait l'objet du conflit. Lorsqu'un sujet ne suscite que peu de contrariété ou de mésentente, la quantité d'énergie générée par la colère est proportionnellement minime. L'inverse est également vrai lorsqu'une question concerne quelque chose de si profondément ancré dans la psyché d'une personne que cela touche aux fondements mêmes de son être, comme une remise en question de son intégrité ou une attaque directe contre ses convictions profondes, et c'est dans ces situations que l'on peut le mieux observer les différences dans le degré de colère que des individus peuvent exprimer.

Par ailleurs, une personne qui, de votre point de vue, possède un tempérament colérique avait peut-être auparavant un caractère encore plus féroce, et rien ne dit qu'elle restera ainsi durant toute sa vie. Si elle le désire sincèrement, demande l'aide de Dieu et y met toute sa volonté, elle peut effectivement réussir à vaincre sa colère, ce qui constituait fort probablement la principale leçon qu'elle avait choisi d'apprendre au cours de cette existence.

La ceinture photonique

On ne peut pas dire que l'existence d'une ceinture ou bande photonique soit un sujet controversé, puisque je n'ai jamais rien entendu de source officielle là-dessus, mais ce que je sais à ce propos est déroutant et contradictoire. Pourrais-tu s'il te plaît me donner une réponse définitive sur toute cette histoire ?

Non mère, pas plus que vos scientifiques d'ailleurs, ce qui explique pourquoi le peu qu'ils savent au sujet de la ceinture photonique a mené à toutes sortes d'interprétations divergentes. Mais je peux te dire en quoi elle consiste et démolir la théorie selon laquelle la Terre est déjà entrée à l'intérieur de celle-ci.

Ce phénomène naturel est constitué de particules atomiques et d'ions superchargés qui se sont assemblés en une vaste bande à la suite de l'explosion d'une supernova il y a des milliards d'années de cela. Cette bande a peu à peu adopté une forme ovoïde, ce qui lui a permis d'acquérir une plus grande vitesse orbitale et de prendre de l'expansion en attirant en elle d'autres débris cosmiques jusqu'à atteindre une masse détectable à plusieurs années-lumière de la Terre. Le cycle complet de son orbite irrégulière dure de 24 000 à 27 000 ans, son point le plus près de votre planète survenant à deux reprises au cours de sa période de rotation. Comme son précédent passage à proximité relative de la Terre remonte à environ 12 000 ans et que son prochain passage devrait en principe avoir lieu dans un proche avenir, il est naturel que certains scientifiques émettent diverses hypothèses quant à ses effets sur votre planète.

Dans leurs télescopes, le bord d'attaque de cette bande apparaît sous la forme d'une nuée dense et sombre se distinguant facilement sur le fond noir et clair de l'espace. Lorsque vos astronomes ont découvert ce phénomène, ils n'ont pu en établir l'étendue avec précision ni en déterminer sa trajectoire, et ils se sont fait dire par leurs gouvernements respectifs de ne pas en ébruiter l'existence. Un motif charitable pouvant expliquer ce silence pourrait être d'éviter d'effrayer les gens avec quelque chose qui ne se produira peut-être pas, mais la dissimulation délibérée de telles informations cache habituellement de sinistres objectifs. Dans ce cas-ci, il s'agit d'empêcher qu'une situation, sur laquelle les humains n'exercent aucun contrôle, de motiver les gens à se tourner directement vers Dieu pour chercher en Lui leur salut.

Au-delà de cette explication à l'absence de toute reconnaissance officielle relativement à l'existence d'une ceinture photonique, il faut également constater toute la confusion suscitée par l'ensemble des théories avancées, dont une collision qui détruirait totalement la planète ; un passage à proximité qui y anéantirait toute vie ; l'influence du champ gravitationnel de la bande qui attirerait la Terre en elle, avec des effets inconnus sur celle-ci ; la planète qui pénétrerait en douceur dans cette bande, qui l'accompagnerait pendant un certain nombre d'années pour ensuite en sortir ; et l'idée que la Terre se trouverait déjà à l'intérieur de celle-ci. Cette dernière théorie est absurde. N'oublie pas toutefois que les scientifiques et les responsables gouvernementaux ne savent pas que la Terre fait présentement son ascension vers les plans supérieurs d'énergie et que même si la trajectoire de la ceinture la fait passer à proximité de l'endroit où se trouvait la Terre lors de son précédent passage, cette dernière en sera bien loin lorsqu'elle y repassera. Quant aux quelques individus qui ont entendu par voie télépathique que vous êtes déjà entrés dans cette bande, ils ont obtenu de fausses informations parce qu'ils ne sont pas entrés en communication avec des sources évoluées sur le plan spirituel.

Il faut savoir que la ceinture photonique se trouve sur un plan d'énergie de quatrième densité, soit dans la quatrième dimension. Bien que ces deux termes soient employés pour indiquer le degré d'évolution de l'âme et également la forme – cette dernière définition s'appliquant à la composition de la bande photonique –, il est plus correct, d'un point de vue scientifique, de parler de densité. La majorité des habitants de la Terre sont des êtres de troisième densité tant par la forme que sur le plan spirituel, et pour survivre physiquement à une entrée dans cette bande de la dimension de quatrième densité, les vibrations de leur corps et leur clarté spirituelle doivent correspondre à celles de ce même niveau. À l'heure actuelle, seul un infime pourcentage de la population est parvenu à ce stade d'évolution, et le fait que vous soyez aujourd'hui des milliards de personnes à vivre sur la Terre est une preuve irréfutable que votre planète n'est pas entrée dans la bande photonique.

Même si cette seule preuve suffit, il y en a d'autres. La bande est si vaste et dégage une énergie si puissante que le fait d'y pénétrer aurait sans doute des conséquences aussi cataclysmiques que par le passé, et de toute évidence rien de tel ne s'est produit. En outre, bien avant que cela n'arrive, la présence de cette bande serait visible à l'œil nu dans le ciel. Quant au nom qu'on lui a donné, il est fort approprié puisqu'elle est essentiellement composée de photons. Les éléments dominants dans la composition d'un corps céleste déterminent le type d'énergie qui y prévaut, et sur la Terre ce sont les électrons qui prédominent. Si votre planète se trouvait à l'intérieur de la bande photonique, votre principale source d'énergie serait les photons, et non les électrons qui fournissent présentement votre énergie électrique. Non seulement aucun de vos appareils ne fonctionne à l'énergie photonique, mais vous n'avez même pas d'adaptateurs qui pourraient leur permettre de fonctionner.

Sinon, indépendamment du sujet de la ceinture photonique, je m'empresse d'ajouter que les ouvriers de la Lumière, tant dans l'espace que sur la Terre, travaillent main dans la main vers le même objectif, soit élever votre conscience spirituelle, une condition essentielle pour que la restructuration cellulaire puisse se réaliser. Cette restructuration élève la fréquence énergétique, ce qui rend possible la vie physique dans les densités supérieures où la Terre se dirige et réactive aussi votre faculté innée de communication télépathique.

Merci de toutes ces explications, Matthieu. Lorsque la Terre sera entièrement dans la dimension de quatrième densité où le Nirvana se trouve déjà, ces deux mondes s'uniront-ils ?

Le Nirvana est un lieu de séjour où les âmes désincarnées vivent dans leur corps éthérique, et vos corps de quatrième densité seront toujours bel et bien physiques, et ces deux mondes ne pourront donc fusionner. Toutefois, notre destination est la même que la vôtre, et à mesure que votre densité s'élèvera ensuite de la quatrième à la cinquième dimension, celle du Nirvana en fera tout autant.

Qu'en sera-t-il des civilisations, de type humanoïde ou d'autres types, ailleurs dans le système solaire ? Feront-elles toutes également leur ascension ?

Si les populations de ces civilisations, dont certaines peuvent être appelées suprahumaines en raison de leur degré élevé d'avancement intellectuel, sont aussi évoluées sur le plan spirituel, alors bien sûr elles suivront le même mouvement ascensionnel.

Le contrôle de l'esprit

Comment définirais-tu le contrôle de l'esprit ?

C'est la manipulation des aptitudes mentales et du comportement d'une personne dans le but de l'amener à faire des choses contraires à son tempérament habituel, à ses désirs et à ses motivations. Pour y parvenir, on peut avoir recours à des suggestions précises données sous hypnose, à des drogues, à la privation sensorielle, à la torture physique, à des micropuces implantées, ou à toute combinaison de ces méthodes capable de programmer et d'activer la personne dont l'esprit a été manipulé.

Au sens plus large, la publication par les médias d'informations erronées et l'omission de faits constituent également une forme de contrôle de l'esprit – que les journalistes aient conscience ou non que ces informations sont fausses ou mensongères, ou qu'elles ont pour but d'influencer les gens, et non de les informer honnêtement. Dans un autre contexte, ce contrôle peut être défini comme le conditionnement stratégique de la population par l'entremise des gouvernements, des écoles, des religions, des centres militaires et d'autres agences et institutions, afin que les gens croient à ce qu'on leur dit sans se demander si cela repose sur des faits avérés, sur un bon jugement, ou même si c'est rationnel, et qu'ainsi ils acceptent de se comporter conformément à ce conditionnement. Si tu avais connaissance de l'énorme quantité de désinformation que l'on fait passer pour la vérité, parfois innocemment et quelquefois délibérément, tu trouverais cela alarmant. Considère seulement l'influence que la Bible a eu sur la vie des gens et rappelle-toi ce que je t'ai dit à propos des nombreuses distorsions intentionnelles que contient l'édition actuelle comparativement à la première version, sans compter les énormes déviations par rapport au récit original.

Oui, je me souviens. Je fais de mon mieux pour user de discernement, mais il m'est vraiment difficile de savoir ce qui est vrai et ce qui ne l'est pas, ou à quelles sources me fier.

Mère, l'âme connaît TOUJOURS la vérité ! Tous les humains de la Terre se doivent d'entrer en contact avec leur âme et de faire confiance à ce qui résonne juste, à ce qui entre aisément en résonance avec tout leur être, et de ne plus se fier uniquement à des sources extérieures. Si tu arrêtes d'essayer de tout analyser, si tu mets en veilleuse ta faculté de raisonnement logique, pour te fier plutôt à ton intuition – cette réaction instantanée à toute situation ou information qui est un message transmis à ta conscience par ton âme –, tu obtiendras toutes les réponses dont tu as besoin.

Je vais faire de mon mieux ! Certains des terroristes actifs au Moyen-Orient ont-ils été soumis à une forme ou l'autre de contrôle de l'esprit ?

La plupart n'ont subi aucun contrôle artificiel de leur esprit, car c'est inutile dans leur cas. Ces gens sont tellement marqués par la haine engendrée par ce que leur peuple et leur pays ont enduré qu'ils n'ont besoin d'aucune influence extérieure pour être motivés à agir. Par ailleurs, ce ne sont pas toutes les activités terroristes qui sont perpétrées par ceux qui sont blâmés pour ces dernières.

Lors de nombreux actes apparemment insensés, tels le fait de tirer au hasard dans une foule, les meurtres des tueurs en série et les assassinats gratuits, des individus à l'esprit artificiellement contrôlé réagissent involontairement à leur programmation qui les oblige à agir en réponse à un stimulus précis. La plupart d'entre eux ont été programmés depuis leur plus jeune âge dans une institution spéciale où ils avaient été emmenés de force, ou bien on leur a implanté une micropuce programmée au cours de leur service militaire ou alors qu'ils étaient en prison. Une section spéciale de la CIA était chargée de ce programme et veillait à placer ces personnes en des endroits stratégiques dans le monde afin d'y semer la terreur lorsque cela était politiquement requis.

Tu dois sans doute savoir que l'idée d'implanter des puces électroniques chez les humains soulève une forte opposition. Leurs partisans prétendent qu'elles ne sont employées qu'à des fins positives et utiles, mais peuvent-elles être programmées pour contrôler l'esprit des gens ?

Les gens ont bien raison de s'opposer à ces implants électroniques ! Il est vrai que les bienfaits annoncés pourraient s'avérer utiles – comme retrouver des enfants perdus, des personnes âgées atteintes de démence, ou des animaux domestiques égarés –, mais ces micropuces n'ont pas été conçues dans ce but. Elles sont destinées à renforcer le contrôle exercé par certains individus sous l'emprise des ténèbres occupant des positions clefs au sommet de la hiérarchie du pouvoir mondial, en leur permettant de suivre tout le monde à la trace ! Il est clair que ces puces sous-cutanées peuvent être programmées dans le but de réaliser tous les objectifs souhaités par ces pouvoirs occultes.

Mère, il peut sembler que j'attribue la responsabilité de tout ce que tu considères comme le « mal » en ce monde à des forces invisibles que des cerveaux de troisième densité ne peuvent comprendre. Néanmoins, il est exact de dire que toutes les formes de souffrance et de destruction sur Terre sont l'œuvre des « forces de l'ombre », ce vaste et puissant champ de force universel composé des innombrables formes-pensées négatives, douées de conscience et de substance, qui se sont accumulées depuis le début des temps. Ces formes-pensées s'attachent spontanément à tout courant d'énergie que des individus à la volonté chancelante attirent à eux par leurs propres formes-pensées, motivations et émotions, et ce, conformément à la loi universelle selon laquelle les semblables s'attirent. Lorsque ces individus sont obsédés par la violence, la rage, la cupidité, le mensonge, la corruption, la vengeance, les préjugés ou le désir de contrôler les autres par tous les moyens possibles, des formes-pensées identiques émanant du champ de force des ténèbres les envahissent et ils en deviennent alors les instruments, tout comme des marionnettes manipulées selon la volonté des marionnettistes qui les contrôlent.

Les ténèbres en provenance d'ailleurs influencent et même contrôlent les gens qui, à leur tour, conçoivent et mettent en œuvre tout ce qui a un effet négatif important sur la vie en votre monde, et ceci a été réalisé dans une large mesure au moyen du contrôle généralisé des esprits que j'ai décrit plus haut. Mais, encore une fois, je m'empresse de rappeler que tout cela est sur le point de prendre fin grâce à l'accroissement constant de la Lumière sur Terre.

Je suis heureuse que tu confirmes cette bonne nouvelle ! Les décès résultant de meurtres commis par des gens sous l'emprise d'une forme ou l'autre de contrôle de l'esprit font-ils partie de ce qui avait été prévu dans le contrat de vie prénatal des victimes ?

Il arrive souvent en effet que ce type de crime mette fin à des vies plus tôt que ce qui avait été prévu dans les leçons choisies par ces âmes. Toutefois, il faut distinguer la leçon de la source de la leçon. Même si le contrôle de l'esprit que subissait le meurtrier est un facteur déterminant, au niveau de l'âme un individu peut avoir délibérément choisi d'être l'auteur du crime ou la victime d'un meurtre si l'accomplissement du contrat de vie de son âme – c'est-à-dire chaque élément du contrat prénatal qui est convenu par tous ceux qui veulent partager l'existence de cette âme – nécessite de faire l'expérience de l'un ou l'autre de ces rôles.

Dans un tel cas, le meurtrier ne faisait peut-être pas partie de l'entente qui prévoyait la mort de la « victime » à ce moment-là de son existence. Je t'ai demandé de mettre des guillemets ici parce que dans de tels arrangements, il n'est jamais exact de dire qu'une âme est la victime, et l'autre, le meurtrier. Ces conventions sont fondées sur l'amour inconditionnel, et non seulement les âmes en profitent-elles sur le plan de leur propre croissance spirituelle, mais toutes les autres âmes qui y sont associées de près ou de loin en retirent également des avantages alors que chacune remplit le rôle attendu d'elle afin de donner l'occasion à toutes les âmes participantes de contrebalancer ce qu'elles ont précédemment vécu. Quoi qu'il en soit, quand l'événement entraînant la mort survient après la réalisation de ce qui avait été prévu dans le contrat de la « victime », ce n'est pas considéré comme une interruption prématurée de la vie de cette personne, même si la cause ou la source de cette expérience diffère de celle qui avait été envisagée lorsque l'entente avait été convenue, car le facteur temps, soit le moment prévu pour la mort, reste l'élément décisif.

C'est une tout autre question cependant lorsqu'un événement cause la mort « prématurée » de quelqu'un, soit avant que l'âme n'ait atteint l'âge choisi pour décéder et qu'aucune entente n'a été convenue entre les principales parties concernées pour amender le contrat de vie. Non seulement cela empêche-t-il la pleine réalisation des dispositions du contrat de l'âme dont la vie a été écourtée, mais cela peut aussi avoir de sérieuses conséquences pour toutes les autres âmes ayant participé à l'entente, ainsi que des répercussions sur plusieurs vies subséquentes. Des mesures d'équilibrage doivent alors être trouvées afin de fournir de nouvelles occasions d'apprentissage à toutes les âmes touchées de près ou de loin par cette situation imprévue. Quand une fusillade meurtrière perpétrée par un tireur fou – dans une résidence, sur un campus universitaire, dans un bureau ou un magasin, peu importe où le tueur est programmé pour se rendre – résulte en de nombreuses morts « prématurées », les répercussions négatives sont incalculables. Si l'événement a lieu avant l'échéance du contrat de vie du meurtrier, cela constitue également une interruption prématurée de son existence puisque les tueurs à l'esprit contrôlé sont programmés pour se tuer eux-mêmes une fois leur crime commis, afin qu'on ne puisse les capturer vivants.

Peut-on affirmer qu'avoir l'esprit contrôlé ne fait jamais partie d'un contrat prénatal ?

Absolument ! *Jamais aucun contrat de vie ne soumettrait une âme à une telle expérience !* Le contrôle de l'esprit est l'une des tactiques les plus pernicieuses employées par les forces de l'ombre dont l'objectif ultime est de soumettre toutes les âmes de l'univers à leur volonté et de s'approprier l'ensemble de la Création. Elles ont même l'audace de croire qu'elles sont supérieures au Créateur, ce qui est aussi loin de la réalité que l'obscurité est différente de la lumière ! L'essence du Créateur est Amour pur, qui est la même énergie que la Lumière et la force la plus puissante du cosmos. Si l'on considère que même une seule étincelle de lumière est suffisante pour éclairer une pièce auparavant plongée dans l'obscurité, il est facile de comprendre que l'Amour-Lumière infini du Créateur ne peut qu'être et demeurer victorieux.

Pour en revenir aux techniques de contrôle de l'esprit, le fait que leur usage soit désormais si répandu explique pourquoi le Créateur a émis Son décret ayant pour effet de libérer les innombrables âmes tombées sous l'emprise de l'apex des forces des ténèbres. Toutefois, ces âmes étaient affaiblies par leur extrêmement longue privation de toute possibilité d'exercer leur libre arbitre, et plusieurs sont encore sous la coupe des forces de l'ombre, ce qui leur permet de continuer à utiliser toutes les méthodes de contrôle de l'esprit déjà mentionnées.

En dépit de l'abondance sans cesse croissante de Lumière, le contrôle des esprits est si répandu que c'est comme si une chape opaque enveloppait la planète entière. Les plus vils motifs sont à l'origine des guerres, de la torture satanique, des sacrifices humains et des autres formes de perversion de l'esprit humain. C'est ce même contrôle des esprits qui est à la source de la pauvreté abjecte, de nombreuses maladies infectieuses, des assassinats et des valeurs tordues guidant la plupart des leaders mondiaux. Il faut enfin signaler que même certains désastres « naturels » se produisant en des endroits stratégiques sont le résultat de manipulations technologiques faites par des esprits sous le contrôle des ténèbres.

Il est important que vous connaissiez la vérité sur tout cela, mais de grâce ne laissez pas ces informations vous mener au désespoir ! Gardez bien à l'esprit que tout ce qui appartient à l'ombre est révélé par la Lumière afin de vous inciter à remédier aux maux de votre monde. Mais il importe par-dessus tout que vous ne sombriez pas dans la peur ! L'arme la plus efficace des ténèbres, et ce qui les nourrit, c'est l'énergie de la peur, justement parce que cette énergie est incompatible avec la Lumière. Non seulement la peur est-elle un frein au rire, à la joie, à une perception lucide des choses, à un bon jugement, à des actions réfléchies et à la paix du cœur et de l'esprit, mais surtout son effet le plus dommageable est de bloquer la communication entre votre conscience et votre âme, où réside la vérité sur le lien inséparable qui vous unit à Dieu et à toutes les autres âmes dans notre univers.

L'essence du message que les êtres de la Lumière la plus élevée désirent transmettre par mon entremise, c'est de *ne jamais laisser place en vous à la peur*. Aimez-vous et prenez soin les uns les autres, ne déviez pas de la mission choisie par votre âme, en écoutant votre intuition, cette petite voix intérieure qui exprime la pensée de votre âme, et sachez que vous êtes tous éternellement Un avec Dieu et les uns avec les autres.

Armageddon

Matthieu, puisque le règne des ténèbres arrive à son terme sur Terre, peut-on en conclure que l'Armageddon n'aura pas lieu ?

L'Armageddon est le nom associé aux événements prophétisés qui sont causés par les mêmes pouvoirs ténébreux ayant inventé le concept d'une fin cataclysmique des temps. *L'Armageddon n'est rien de plus qu'un concept !* Comme tout ce qui existe dans cet univers, ce concept est composé de formes-pensées. La source des formes-pensées est l'initiateur de leurs effets désirés, et la source du concept de l'Armageddon est le puissant champ de force universel des formes-pensées négatives. La diffusion d'informations stratégiques – notamment en inspirant le contenu du livre de l'Apocalypse – visant à concrétiser ce concept a été entièrement contrôlée par des âmes tombées sous l'influence de l'initiateur des forces des ténèbres. Le but de l'Apocalypse est de conditionner les « croyants » à situer les événements contemporains dans le contexte de l'Armageddon. L'énergie investie par ces croyants dans ce type de pensées négatives, tout particulièrement la peur de la fin des temps, a attiré à votre planète les événements correspondant aux anciennes prophéties apocalyptiques.

L'intention derrière le récit de la bataille de l'Armageddon est la capitulation totale des forces de la Lumière sur Terre, *et ce n'est définitivement pas ce qui va se passer !* Avec l'infusion de la Lumière christique, les formes-pensées apocalyptiques sont transmutées en Lumière, ce qui contrecarre les plans de conquête planétaire des pouvoirs ténébreux.

Je ne peux que déplorer le fait que la chute des âmes ayant perdu dans la haute antiquité la grâce divine fut si prononcée qu'une telle noirceur put s'inscrire dans la conscience humaine. Lorsque j'aurai progressé davantage, je comprendrai peut-être mieux les choses, de telle sorte que ce que je considère encore maintenant comme de l'injustice tragique et brutale ne me paraîtra plus aussi triste qu'en ce moment. Je ne doute plus que le plan du Créateur soit parfait jusque dans ses moindres détails, dont tout ce qui touche au libre arbitre et à la loi de cause à effet, et que tout ce qui arrive favorise la croissance spirituelle de toutes les âmes, même les expériences ne faisant pas partie des leçons choisies avant de naître. On nous a affirmé que le Plan, qui est au-delà de ma compréhension à mon niveau actuel d'évolution, fut jadis approuvé par les fragments divins de la Première Expression et, par l'entremise du patrimoine génétique spirituel que chacun porte en lui, par toutes les âmes subséquentes. Tout au fond de nous, au cœur même de l'âme, nous approuvons donc tout ce qui arrive.

Plus tôt l'énergie circulera de nouveau harmonieusement au sein de chaque âme, plus tôt régnera l'équanimité dans toutes les activités au sein de l'âme, de l'esprit et du corps de Tout Ce Qui Est. Lorsque toutes les âmes auront atteint la perfection, il n'y aura plus aucune division, et toutes les âmes reviendront se fondre dans le creuset de l'Amour et de la Lumière divine et réintégreront le Créateur.

Neuvième partie

Une réponse spirituelle au terrorisme

Alors que je regardais les bulletins télévisés le 11 septembre 2001, mes pensées allaient vers toutes les personnes qui aimaient ces âmes dont l'existence terrestre venait de se terminer si brusquement et si tragiquement. Au cours des jours qui suivirent, le souvenir de ce que j'avais moi-même vécu lors de la perte d'êtres chers fit naître en moi une compassion si intense pour tous ces gens en état de choc et écrasés par la tristesse que je ne voulais même pas demander à Matthieu pourquoi une telle horreur était survenue. Sa réponse n'aurait pu rien changer à quoi que ce soit.

Puis, j'ai reçu un courriel d'une personne qui était au courant de mes communications régulières avec Matthieu. Un homme représentant les gens qui avaient perdu la vie dans l'effondrement des tours à New York l'avait contactée, ainsi que le faisaient parfois ses patients durant leur transition entre la Terre et le Ciel. Il lui avait confié qu'ils voulaient qu'on se rappelle d'eux comme de martyrs pour la paix et non comme les victimes d'un acte de terrorisme. Il lui révéla aussi que la terreur avait son origine à l'intérieur même de notre pays et non à l'extérieur de nos frontières. Ces âmes demandèrent enfin à pouvoir s'exprimer d'une voix commune par l'entremise de Matthieu.

* * *

Message reçu le 16 septembre 2001

Matthieu, je viens d'apprendre de Kalama Hawkrider qu'un représentant des personnes qui ont péri dans les tours lui a dit qu'elles t'ont confié un message. Si tu as quelque chose à me transmettre, je suis certaine que Jean Hudon et Michael Russ le diffuseront.

Oui, mère, j'ai leur message, et on m'a également demandé de parler au nom du Conseil du Nirvana et d'autres âmes séjournant en ce royaume. Nous pleurons. Nous avons conscience de l'ensemble de la situation, mais nous pleurons tout de même. Qui ne le ferait pas en ces jours de tristesse déchirante et de désespoir ? Nous recommandons vivement à toutes les âmes de rayonner amour, compassion et paix, et de laisser ces émotions grandir en leur cœur. Dans quelques instants, les êtres bien-aimés qui viennent à peine d'arriver ici transmettront dans leurs propres mots le message qu'ils désirent communiquer.

Chacun d'eux est traité avec amour, douceur et compréhension. Beaucoup reconnaissent ce décor familier grâce aux souvenirs qu'ils conservent de précédents séjours et se rappellent qu'ils savaient que cela allait se produire et qu'ils avaient consenti, avant de s'incarner, à y participer. Mais ils savent fort bien, tout comme nous, que le fait de savoir cela ne peut réconforter les gens qui les aiment.

Les esprits ténébreux à l'origine de cette angoissante expérience en apparence inexplicable prétendent que la guerre rendra justice à tous ceux qui sont morts. Mais la guerre qu'ils proposent a plutôt pour but de créer encore plus de négativité dans une tentative désespérée d'anéantir toute Lumière sur cette planète. Ceux qui ont perpétré ce crime veulent semer la peur et la haine en vous afin que vous demandiez que « justice » soit faite, car ils savent que ce n'est qu'en perpétuant le cycle de violence qu'ils ont mis en branle qu'ils pourront maintenir leur emprise pernicieuse sur ce monde, en cette époque critique où chaque âme doit choisir entre la Lumière et les ténèbres. Il est impérieux que vous choisissiez, et c'est bien sûr la Lumière que vous devez choisir !

Ce qui s'est produit n'était pas une attaque d'une nation contre une autre. Ce n'était pas non plus le fait d'une infime minorité qui cherchait à s'en prendre à l'humanité tout entière. Cette folie meurtrière a ses racines dans un occulte pouvoir malveillant dont, pour la plupart, vous ignorez l'existence, mais ses intentions sont si diaboliques que la Terre elle-même en est bouleversée. Cette vérité sera un jour révélée, mais pour l'instant nous vous enjoignons de ne laisser fuser de votre cœur qu'amour et guérison pour toute vie. Laissez votre moi divin soutenir votre lumière intérieure afin que votre moi conscient résiste à l'appel des ténèbres qui ne veulent qu'inciter à la vengeance, à la haine et à toujours plus de tueries.

Faites que les milliers de vies sacrifiées dans ce brasier ardent représentent autre chose que ce que les forces de l'ombre voudraient vous faire percevoir. D'une voix collective, ces âmes récemment disparues clament :

> « *Que plus une seule vie ne soit prise. Plus que jamais, c'est maintenant le moment de laisser briller l'amour, mais aussi de faire preuve de compassion, de soutenir dans leur guérison les êtres éplorés et meurtris, et d'apporter votre aide à la Terre pour qu'elle aussi puisse guérir. Nous tenons à vous dire que les personnes au cœur endurci qui veulent faire périr des innocents par désir de vengeance pour notre mort ont besoin de Lumière encore plus que toutes les autres. Nous vous implorons, tous autant que nous sommes en ce royaume céleste, de parler d'amour, d'encourager les gens à s'ouvrir les yeux afin de voir clairement ce qui se passe sur la Terre et à s'élever au-dessus de cette tragédie perpétrée par des êtres d'une extrême noirceur pour qui votre planète tout entière peut être sacrifiée sur l'autel de leur quête du*

pouvoir absolu. Nous pouvons discerner tout cela d'où nous sommes. Nous vous demandons de soutenir le travail admirable des innombrables ouvriers de la Lumière en élevant bien haut votre cœur afin d'y laisser entrer la Lumière et en apportant à ceux que le chagrin afflige tout le réconfort dont ils ont besoin. Il faut que notre appel soit entendu. Nous sommes à l'œuvre dans la Lumière afin de vous aider et nous sommes éternellement liés à vous dans l'Amour.»

* * *

Message reçu quelques jours plus tard

Mère, nous comprenons pourquoi l'immense majorité des gens ne mettent pas en doute la véracité des reportages ni même leur vraisemblance. L'énormité de ce qui s'est produit les bouleverse trop pour qu'ils soient capables de voir les failles évidentes dans la version officielle des faits.

Pourtant, certaines personnes ont exprimé des doutes, Matthieu. Je viens de lire un rapport diffusé sur Internet selon lequel les tours se sont effondrées parce que des charges explosives les ont fait imploser, tout comme lors d'une démolition contrôlée.

C'est exactement ce qui s'est passé. Les tours n'auraient pu s'effondrer si l'on n'avait pas fait exploser des charges placées au préalable en des points stratégiques de leur structure.

Pourquoi aurait-on voulu faire cela ?

Les tours ne seraient pas tombées autrement. De plus, il fallait que leur destruction suscite une profonde réaction d'horreur, qu'elle soit transmise dans le monde entier – d'ailleurs on peut se demander pourquoi des équipes de télévision se trouvaient sur place dès le début, prêtes à retransmettre en direct les images de cet événement – et que le tout soit diffusé en boucle dans les jours suivants. Le nombre de personnes ayant perdu la vie devait être choquant au point d'éclipser toute conjecture au sujet de l'improbabilité de l'effondrement des tours selon les causes officielles, ou sur la façon dont des avions à moitié pleins ont pu tomber sous le contrôle de quelques individus armés de simples couteaux à lame rétractable et être détournés sans rencontrer la moindre résistance dans un espace aérien censé être ultra protégé. Ceux que l'on a accusés d'être les infâmes responsables de ces crimes devaient être des suspects naturels et avoir été endoctrinés durant toute leur vie à haïr, mais le fait d'avoir si rapidement identifié autant d'individus n'est-il pas en soi extrêmement suspect ? A-t-on seulement jamais présenté la moindre preuve à l'appui de l'une ou l'autre des conclusions officielles ? Bien sûr que non, puisqu'il n'y en a aucune.

La déclaration immédiate de guerre s'est rapidement mutée en patriotisme à tous crins, ce qui a comblé les attentes des véritables auteurs de ce crime qui ont pu ainsi mieux justifier leur choix d'entrer en guerre. De plus, jamais de véritables « patriotes » ne pouvaient-ils se permettre de douter de la version officielle de leur gouvernement. Il fallait enfin créer de toutes pièces un événement si marquant que le monde entier se rallierait à la lutte mondiale au terrorisme, et pour obtenir ce soutien, les sites choisis pour l'attaque devaient inclure des citoyens de nombreux autres pays.

Les milliers de morts du 11 septembre 2001 n'ont aucune importance aux yeux de ceux qui ont provoqué cette tragédie puisqu'il n'est pas dans leur nature d'éprouver de la compassion, de l'amour ou de l'empathie, ni de s'embarrasser d'une conscience ou d'un sens de l'honneur. Bien au contraire, ces individus sont motivés par la cupidité et la soif du pouvoir. Ce groupe de puissants individus unis dans leur objectif de domination mondiale est connu sous plusieurs noms – les

Illuminatis, le gouvernement secret ou occulte, le nouvel ordre mondial, les élitistes, les globalistes, la cabale –, et leurs intentions ainsi que leurs actions, basées sur la négativité, font d'eux des marionnettes ou des pions naturels des forces des ténèbres universelles. C'est l'influence de ces forces qui a incité ce groupe à monter de toutes pièces cet événement diabolique afin de faire naître la peur partout dans le monde.

L'apex des forces des ténèbres règne sur un colossal champ de force émanant des âmes qui ont jadis renoncé de leur plein gré à la Lumière et à l'Amour ayant servi à les créer. Depuis le jour lointain de ce choix fatidique, ces âmes ont erré dans l'univers, tourmentées par la plaie béante de ce grand vide obscur au cœur de leur essence. Le seul moyen de guérir cette blessure consiste à remplir de nouveau ce vide de la Lumière et de l'Amour qui, à l'origine, formaient leur être. Voilà pourquoi, à l'instar des âmes ayant quitté la Terre durant cet événement atroce, nous vous demandons instamment de rayonner Lumière et Amour afin que ces énergies puissent atteindre ces êtres ténébreux qui en ont tant besoin. Ils savent que s'ils acceptent la guérison proposée, ils devront renoncer à leur pouvoir unifié, ce qu'ils ont refusé de faire jusqu'ici.

Ce sont eux qui manipulent ceux qui veulent plus de violence et de morts afin que, prétendent-ils, « justice » soit rendue et que votre monde soit débarrassé de la peur et de la violence. *Jamais* leur approche ne permettra d'éliminer la peur. *Jamais* elle ne réussira à débarrasser votre monde de l'amertume, du désir de vengeance, des préjugés et de la haine. *Jamais* on ne pourra ainsi éviter que de jeunes enfants grandissent pour devenir des martyrs. Loin d'éliminer les causes profondes du « terrorisme », la guerre ne fait qu'alimenter le cycle de la violence et assurer la perpétuation des ténèbres en engendrant toujours plus de massacres, de chagrin et d'horreur.

Les « marionnettes » soumises à l'emprise des ténèbres peuvent passer des décennies à élaborer des plans pour fomenter des conflits, perpétuer la guerre et subjuguer les peuples de la Terre. Si tel plan ne fonctionne pas, alors tel autre le remplacera ; si tel dirigeant ne suit pas leurs consignes, alors d'autres seront soigneusement préparés en vue d'exécuter un jour leurs vils complots. Voilà des millénaires que progressent ainsi, inlassablement, les plans diaboliques de ceux qui, par la violence, l'oppression, la corruption et l'appauvrissement, font tout en leur pouvoir pour engendrer le chaos et la peur.

La Lumière ne peut coexister avec la négativité, et la peur est la plus puissante des émotions négatives. À l'opposé de la Lumière, sur le plan vibratoire, la peur est un élément essentiel dans les plans tramés par les cerveaux dirigeants des ténèbres sur la Terre. Toutefois, elle n'est qu'un outil pour réaliser leur ultime objectif : *la conquête de la planète tout entière*. Les événements du 11 septembre 2001 ne sont qu'une manœuvre stratégique de plus dans l'ancien conflit opposant les forces de l'ombre aux forces de la Lumière – dont les armes et l'armure sont l'amour, la compassion et la vérité –, et de l'issue de ce combat dépend l'avenir de la Terre.

Matthieu, sais-tu déjà comment tout cela va se terminer ?

Nous savons d'ores et déjà, mère, que Dieu ne laissera pas votre planète être détruite. Nous n'avons ni le pouvoir ni l'autorité de modifier le cours des événements, mais des civilisations avancées ont été autorisées par Dieu à recourir aux moyens technologiques considérables dont elles disposent pour empêcher certains types de destruction, y compris la guerre nucléaire. Les préparatifs militaires et les discours belliqueux de ceux qui sont au service des ténèbres montrent bien à quel point ils sont désespérés, car ils ont conscience que le contrôle qu'ils exercent sur le monde leur glisse entre les doigts. C'est d'ailleurs cette situation qui est à l'origine de leur plus récent assaut contre l'esprit même de la Terre.

Une « guerre mondiale au terrorisme » sera déclenchée, même si elle aura pour conséquence de détruire le principal pays ciblé, ainsi qu'une bonne partie de sa population si nécessaire. Toutefois, il deviendra vite évident que la mainmise sur le pétrole de l'Irak en est le véritable enjeu, et cela passera donc forcément par la conquête de ce pays.

Dans quelle mesure, Matthieu, les récentes semaines ont-elles été préjudiciables pour les forces de la Lumière ?

Elles ont subi un recul passager en raison du choc, de la douleur et de la peur causés par cet événement tragique. Cependant, la Lumière ayant afflué vers la Terre, de partout dans cette galaxie et même d'ailleurs dans l'univers, est encore plus intense qu'avant le 11 septembre. Cette infusion de Lumière a empêché les forces de l'ombre de s'assurer du plein contrôle de la Terre, et ce, même temporairement, ce qui leur avait permis dans le passé de détruire d'autres mondes. Conformément au souhait exprimé par la Terre, Dieu a décrété que plus jamais un événement aussi grave que cette récente tragédie n'arriverait à ses habitants.

Toutefois, une chose nous laisse perplexes à l'égard de ces êtres ténébreux dont l'âme possède la faculté de s'incarner dans la forme de leur choix. Ceux d'entre eux qui vivent parmi vous ont des capacités intellectuelles supérieures à celles des humains de la dimension de troisième densité. Mais comme ils sont totalement dépourvus de toute compréhension spirituelle, ils ne parviennent pas, en dépit de leur intelligence, à comprendre qu'en revenant dans la Lumière ils disposeraient de possibilités de manifestation infinies. Par ailleurs, des âmes hautement évoluées sur les plans spirituel, intellectuel et technologique se trouvent également sur la planète, en son sein et autour de celle-ci pour y ancrer de vastes faisceaux de Lumière transmis en direction de la Terre à partir de civilisations éloignées, afin de l'aider à s'élever hors de la dimension de troisième densité, milieu fertile pour les forces de l'ombre.

Une certaine confusion règne au sujet d'une prétendue masse critique à atteindre avant que la Terre ne puisse entreprendre son ascension. Il n'est pas nécessaire qu'un certain pourcentage d'âmes incarnées sur la planète forme une quelconque « masse critique » ; il faut plutôt qu'un certain degré de Lumière puisse y être maintenu pour que son ascension commence. Cette intensité vibratoire a déjà été atteinte et dépassée, et l'ascension, un phénomène souvent mal compris, est assurée. Le voyage ascensionnel de la Terre est bien engagé et le corps de toutes les âmes réceptives à la Lumière sera transformé au niveau cellulaire afin de pouvoir l'accompagner dans son périple. Les âmes qui n'accepteront pas la Lumière ne seront tout simplement pas du voyage. Leur corps physique mourra, et elles se rendront automatiquement jusqu'aux plans d'existence compatibles avec les choix qu'elles effectuent en ce moment.

Les centaines de millions d'âmes dont l'existence a été rendue insupportablement misérable par les actions des forces de l'ombre quitteront volontairement ce monde physique afin d'aller poursuivre leur évolution dans les royaumes supérieurs, d'où elles pourront mieux vous aider. Des millions d'entre elles sont déjà parties pour ces mêmes raisons. Y aura-t-il des moments où vous ne pourrez voir la Lumière à cause de la violence et des catastrophes mettant fin à ces vies ? Oui, évidemment, puisque les émotions naturelles comme le chagrin, l'anxiété et la peur affaiblissent la conscience de votre propre divinité, et c'est précisément durant de tels moments que vous aurez le plus besoin de vous rappeler l'existence de l'immense force spirituelle présente en vous. Si tu me demandes de te transmettre une pensée si profonde et si inspirante qu'elle serait la seule dont tu aurais besoin de te souvenir, ce serait celle-ci : *Apprends à connaître ton moi divin.*

Complément ajouté en 2008

Matthieu, cette guerre dure depuis cinq ans déjà et l'on se sert toujours des événements du 11 septembre 2001 pour justifier toutes les morts et toute la destruction en Irak et en Afghanistan. Il existe même aujourd'hui des preuves de ce qui s'est réellement passé ce jour-là. Alors, pourquoi la vérité n'éclate-t-elle pas au grand jour?

Mère, même si le champ de force des âmes malveillantes a été refoulé hors de votre système solaire par les forces de la Lumière, l'influence que ces âmes ont eu sur leurs « marionnettes » perdure toujours, et une fois mise en branle l'énergie des intentions et des actions de ces individus, elle ne peut que suivre son cours normal. Toutefois, l'effet de cette influence tire à sa fin, et ces personnes le savent. Elles voient bien que leur contrôle s'est complètement effrité, et elles sont tellement submergées par la peur qu'elles ne peuvent plus penser ni agir rationnellement, si ce n'est qu'elles ont l'intime conviction que la vérité précipitera leur chute. La vérité sur le 11 septembre et bien d'autres vérités depuis longtemps étouffées feront inévitablement surface!

Les bouleversements en cours dans les gouvernements et les économies annoncent des changements dramatiques à venir partout sur la planète. En deux mots, les « vieux systèmes » sont dysfonctionnels et de nouveaux sont en voie d'émerger. Les dirigeants encore sous la coupe des ténèbres seront remplacés par des âmes spirituellement évoluées possédant la sagesse et l'expérience nécessaires pour faire entrer votre monde dans une ère de paix et d'harmonie, au sein de l'humanité et avec la Nature. Cet Âge d'or, que des êtres de Lumière incarnés sur Terre s'activent à créer en collaboration avec vos frères et sœurs de l'espace, se profile à l'horizon de votre monde.

Lexique

Âme : Force de vie spirituelle ; essence inviolée de chaque être, inextricablement connectée à Dieu et à toutes les autres formes de vie dans l'ensemble de l'univers.

Âme cumulative : Composite en éternelle expansion de toutes les expériences vécues au fil de toutes les existences de tous les personnages individuels d'une âme.

Âme perdue : Âme dont les choix librement consentis l'ont amenée à se retrancher dans le plan d'existence de la plus basse densité.

Androgynie : État équilibré des énergies mâle et femelle.

Ange gardien : Principal assistant céleste affecté à chaque personne pour la guider spirituellement et la protéger physiquement.

Archanges : Premiers êtres créés par le Créateur.

Archives akashiques : Système universel d'enregistrement et de mémorisation de toutes les expériences vécues par les âmes dans l'ensemble de leurs vies.

Aspect d'une âme : Partie différenciée d'une âme cumulative, également appelée « personnage ».

Christ : État d'Unité avec Dieu.

Cocréation : Processus grâce auquel les âmes manifestent en conjonction avec le Créateur, ou produit de ce processus.

Conscience universelle : L'ensemble du savoir de l'univers ; le total de toutes les formes-pensées auxquelles toute âme peut avoir accès.

Corps éthérique : Corps utilisé dans les royaumes spirituels.

Cosmos : L'ensemble de la création ; terme parfois employé comme synonyme du mot « univers ».

Créateur : Être suprême du cosmos, également appelé « Tout divin », « Tout Ce Qui Est », « Je Suis », etc. ; employé parfois comme synonyme de « Dieu » pour désigner l'Être Suprême de notre univers.

Densité : Conformément aux lois universelles, dimensions où vivent les âmes selon leur degré d'évolution, depuis la pure Lumière d'amour du Créateur jusqu'à l'obscurité spirituelle la plus complète.

Dieu : Un des noms donnés à l'Être Suprême de notre univers, et possédant toute la puissance, toute la sagesse et tout le savoir du Créateur.

Empreinte de vie : Registre d'une âme dans les archives akashiques ; compte rendu complet des pensées, des impressions et des actions rattachées à chaque existence d'une âme, ainsi que leurs conséquences.

Énergie : Base de toute vie partout dans le cosmos.

Engagement prénatal : Entente convenue sur le plan de l'âme avant l'incarnation, par toutes les principales âmes participant à une existence commune.

Équilibre : But ultime de toutes les expériences de vie.

Esprits guides : Êtres désincarnés autres que les anges, jouant pour nous le rôle d'aides invisibles.

Extraterrestre : Tout ce qui provient de l'extérieur de la planète Terre ; civilisations non-terrestres.

Forces des ténèbres : Puissances dont l'origine remonte à la plus haute Antiquité et dont les choix, au fil de leurs expériences de vie, ont fini par éliminer toute Lumière en elles, sauf une étincelle en leur âme ; adversaires des êtres de Lumière et de la Lumière elle-même; le Mal.

Formes-pensées : Substances énergétiques indélébiles et éternelles produites par les processus mentaux de toutes les âmes depuis le Commencement ; matière de base du savoir universel.

Karma : Cause et effet des choix d'une âme dans l'exercice de son libre arbitre ; base sur laquelle s'effectue la sélection des expériences de vie dans les existences subséquentes.

Libre arbitre : Aptitude de chaque âme à choisir et à manifester les différentes expériences vécues au cours d'une vie.

Lois universelles : Paramètres régissant les expériences vécues par toutes les âmes et auxquels tous sont assujettis ; également appelées « lois de Dieu », « lois de la nature ».

Lumière : Sagesse, amour et pouvoir d'amour du Créateur, manifestés sous forme d'énergie.

Lumière Christique : Manifestation de l'amour du Créateur constamment disponible à tous les êtres pour l'évolution de l'âme et la protection contre les forces des ténèbres.

Manifestation : Processus de cocréation avec le Créateur, ou produit de ce processus ; faculté naturelle de chaque âme ; aspect indivisible du libre arbitre.

Mission : But principal de chaque existence, choisi par l'âme avant la naissance de son personnage, afin de favoriser son développement spirituel.

Négativité : Conformément aux lois universelles, les forces destructrices mises en branle et amplifiées par des formes-pensées issues des ténèbres.

Personnage : Essence indépendante et inviolée d'une âme vivant l'expérience d'une existence incarnée.

Plan d'existence : Royaume composé de diverses régions apparentées, permettant d'offrir certains types précis d'expérience de vie.

Prière : Communion directe avec Dieu par l'entremise des pensées et des sentiments.

Réincarnation : Retour à la vie physique après une vie désincarnée.

Réintégration : Retour au Créateur de toutes les âmes grâce à l'évolution spirituelle.

Royaumes angéliques : Plans d'amour et de Lumière qui sont les plus proches du Créateur.

Transition : Libération de l'âme, dont la conscience passe du corps physique au corps éthérique, et voyage ultrarapide jusqu'au Nirvana ; mort.

Univers : Un des nombreux endroits aux dimensions incalculables manifestés par le Créateur.

Autre livre de Suzanne Ward disponible en français

Fruit d'une collaboration télépathique sans précédent entre une mère, Suzanne Ward, et son fils, Matthieu, mort à l'âge de 17 ans dans un accident de la route en 1980, ce livre exceptionnel décrit l'accueil que nous recevons de l'autre côté du voile de la mort, dans un royaume céleste d'une ineffable beauté où notre évolution spirituelle se poursuit, en préparation à une nouvelle existence sur la Terre ou ailleurs dans l'univers.

> *« Ce livre est un message d'espoir, de joie et de bonheur. Matthieu explique avec des mots simples et à la portée de tous son voyage vers l'extraordinaire, vers la beauté, vers l'Amour et la Lumière du cœur. »*
>
> – Karine, (Liège, Belgique)

* * *

Pour découvrir les autres livres de Suzanne Ward et les plus récents messages de Matthieu (en anglais seulement) : www.matthewbooks.com